党性党风党纪十二讲

张荣臣　王启超／主编

人民东方出版传媒
People's Oriental Publishing & Media
東方出版社
The Oriental Press

图书在版编目（CIP）数据

党性党风党纪十二讲 / 张荣臣，王启超主编 . 北京：东方出版社，2025. 5.
ISBN 978-7-5207-4207-8

Ⅰ . D263.3；D261.3

中国国家版本馆 CIP 数据核字第 20250K6P46 号

党性党风党纪十二讲

DANGXING DANGFENG DANGJI SHI'ERJIANG

主　　编：张荣臣　王启超
责任编辑：陈钟华　姚　伟
责任校对：金学勇
出　　版：东方出版社
发　　行：人民东方出版传媒有限公司
地　　址：北京市东城区朝阳门内大街 166 号
邮　　编：100010
印　　刷：三河市龙大印装有限公司
版　　次：2025 年 5 月第 1 版
印　　次：2025 年 5 月北京第 1 次印刷
开　　本：710 毫米 ×1000 毫米　1/16
印　　张：16
字　　数：238 千字
书　　号：ISBN 978-7-5207-4207-8
定　　价：68.00 元
发行电话：（010）85924663　85924644　85924641

前　言

近日，中共中央办公厅印发《关于在全党开展深入贯彻中央八项规定精神学习教育的通知》(以下简称《通知》)。《通知》指出，为贯彻落实党的二十届三中全会部署，巩固拓展学习贯彻习近平新时代中国特色社会主义思想主题教育成果，巩固深化党纪学习教育成果，锲而不舍落实中央八项规定精神，推进作风建设常态化长效化，经党中央同意，在全党开展深入贯彻中央八项规定精神学习教育，并于2025年全国两会后启动、7月底前基本结束。

《通知》明确，要坚持以习近平新时代中国特色社会主义思想为指导，持续深化党的创新理论武装，组织全党认真学习领会习近平总书记关于加强党的作风建设的重要论述，学习领会和贯彻落实中央八项规定及其实施细则精神，系统总结党的十八大以来深入贯彻中央八项规定精神取得的显著成效，集中整治违反中央八项规定及其实施细则精神的突出问题，运用由风及腐案例加强警示教育，引导党员干部锤炼党性、提高思想觉悟，密切党群干群关系，以作风建设新成效推动保持党的先进性纯洁性、不断赢得人民群众信任拥护，为进一步全面深化改革、推进中国式现代化提供有力保障。

中国共产党是靠崇高的革命理想、良好的作风形象和严格的铁的纪律组织起来的马克思主义政党。坚持党性党风党纪一起抓，是新时代全面从严治党、从严管党治党思路的系统性深化，也是持之以恒抓好党风廉政建设和反腐败斗争的重要遵循。中国共产党是世界上最大的马克思主义政党，毫无疑问，也是世界上最大的执政党。截至2023年12月31日，中国共产党党员总数为9918.5万名，比2022年底净增114.4万名，增幅为

1.2%。中国共产党现有基层组织517.6万个，比2022年底净增11.1万个，增幅为2.2%。其中，基层党委29.8万个，总支部32.5万个，支部455.4万个。党要管党、全面从严治党，靠什么管，凭什么治？很关键的一条，离不开我们党的独特优势：纯洁的党性、优良的党风、严明的党纪。只有不断加强党员干部的党性修养、作风养成和纪律意识，才能不断擦亮新时代共产党人的“金色名片”，确保党永远不变质、不变色、不变味。

值得注意的是，“坚持党性党风党纪一起抓”并不意味着“眉毛胡子一把抓”，要把握党性党风党纪的内在联系，抓住主要矛盾。习近平总书记告诫我们：“起决定性作用的是党性。”在党性党风党纪中，党性居于根本地位。三者一起抓，首先要扭住党性修养这个“牛鼻子”，从思想上固本培元，在纯洁党性的基础上，抓好作风和纪律建设。党性说到底就是立场问题。各级干部要从我做起、从小事做起，无论是想问题、作决策、办事情，都必须站在党和人民的立场上，坚持正确政治方向，站稳政治立场，坚定政治信念，从解决“思想深处”的问题延伸开去，努力改进思想作风、工作作风、领导作风、生活作风，努力改进学风、文风、会风，使党风得到全面净化，使党纪得到全面贯彻。推进作风建设常态化长效化，持之以恒加固中央八项规定堤坝，抓住“关键少数”以上率下，持续深化纠治“四风”，重点纠治形式主义、官僚主义，坚决破除特权思想和特权行为，紧盯工作中层层加码、麻痹松懈、任性用权、不担当不作为等问题，科学精准靶向整治。把纪律建设摆在更加突出位置，把严的要求贯彻到党规制定、党纪教育、执纪监督全过程，切实为锤炼党性、净化党风奠定制度基础。

党的二十届三中全会强调，党的领导是进一步全面深化改革、推进中国式现代化的根本保证。必须坚持用改革精神和严的标准管党治党，不断推进党的自我净化、自我完善、自我革新、自我提高，确保党始终成为中国特色社会主义事业的坚强领导核心。经过党的十八大以来全面从严治党的伟大实践，许多党内存在的突出问题得到了解决。但面对纷繁复杂的国际国内形势，面对新一轮科技革命和产业变革，面对人民群众新期待，我们党要实现长期执政依然面临许多严峻挑战，党面临的“四大考验”“四种危险”也将长期存在，必须时刻保持解决大党独有难题的清醒和坚定。历史和实践证明，形势越复杂、肩负的任务越艰巨，越要锤炼党性、净化党风、严明党纪，越要坚持党性党风党纪一起抓，坚持不懈地把党的自我革命向纵深推进，把我们党建设得更加坚强有力！

目　录

- 党　性　篇 -

- 党　风　篇 -

党 纪 篇

党 性 篇

要坚持党性党风党纪一起抓、治病强身相结合，改进党员管理机制，完善从严管理监督干部机制，健全正风肃纪常态化机制，完善一体推进不敢腐、不能腐、不想腐工作机制，通过全方位、全过程、全周期从严治理，把严的要求体现到管党治党各方面各环节，落实到党的各级组织和全体党员身上。

——2024 年 6 月 27 日，习近平总书记在二十届中共中央政治局第十五次集体学习时的讲话

第一讲

新时代新征程党员的
党性和党性修养

中央八项规定，是2012年12月4日经十八届中共中央政治局会议审议通过的《十八届中央政治局关于改进工作作风、密切联系群众的八项规定》的简称，是中国共产党在党的十八大之后制定的第一部重要党内法规。2025年3月12日，中央党的建设工作领导小组召开会议，会议指出，党中央决定，自2025年全国两会后至7月在全党开展深入贯彻中央八项规定精神学习教育。学习教育的目的之一，就是“引导党员、干部锤炼党性、提高思想觉悟，密切党群干群关系，以作风建设新成效推动保持党的先进性纯洁性、不断赢得人民群众信任拥护，为进一步全面深化改革、推进中国式现代化提供有力保障”。

作风问题的本质是党性问题。习近平总书记指出，“作风问题根本上是党性问题。作风反映的是形象和素质，体现的是党性，起决定作用的也是党性。我们改进作风……要举一反三，透过作风看党性，在解决作风问题的基础上解决好党性问题。这是改进作风的一个重要着眼点”。

一、新时代新征程党性和党性修养的深刻内涵

加强党性锤炼，提升党性修养，首先要搞清楚什么是“党性”和“党性修养”。如果没有理解把握党性和党性修养的内涵，就不可能找到加强

党性修养的途径，不能以正确的方法开展党性锻炼，也就不能及时有效地提升党性修养。因此，我们要正确理解并把握党性和党性修养的历史渊源和科学内涵。

（一）认识"党性"一词的由来

"党性"的概念最早出现于19世纪四五十年代，也就是国际共产主义运动初期。可以说，伴随着国际共产主义运动的兴起，"党性"一词出现了。那么，"党性"最早是由谁提出来的？"党性"一词最早是由恩格斯1845年针对国际共产主义运动中的错误思潮提出的。

恩格斯在1845年批判德国思想家用"抽象的人性"和"普遍的爱"宣扬"绝对的社会主义"时指出："稍微谈谈现在大家都乐于挂在嘴上的'人性'，稍微谈谈这种人性或者宁可说是兽性的'实现'……稍微谈一下财产，稍微为无产阶级悲叹几声，稍微谈一下劳动组织；多少组织几个改善下层阶级人民状况的可怜团体，而实际上对于政治经济学和现实的社会状况却茫然无知，这种'社会主义'整个就归结为这几点。"在他看来，这种社会主义理论"真是可怜得怕人"，"由于自己在理论领域中没有党性，由于自己的'思想绝对平静'而丧失了最后一滴血、最后一点精神和力量。可是人们却想用这些空话使德国革命，去推动无产阶级并促使群众去思考和行动！"恩格斯尖锐地指出，没有党性，就会丧失革命斗争意志。尽管他没有直接说明何谓"党性"，但我们能够相对清晰地读懂"党性"的基本意蕴。

在马克思主义经典作家中，对无产阶级政党的党性问题作过较多论述的是列宁。列宁在1894年底至1895年初所著的《民粹主义的经济内容及其在司徒卢威先生的书中受到的批评》一书中指出："唯物主义本身包含有所谓党性，要求在对事变作任何评价时都必须直率而公开地站到一定社会集团的立场上。"这被认为是对党性概念的最初界定。后来，列宁对党性概念有过多次使用和说明。1905年，列宁在《社会主义政党和非党的革命性》一文中说："严格的党性是阶级斗争高度发展的伴随现象和产物。反过来说，为了进行公开而广泛的阶级斗争，必须发展严格的党性。因此，觉悟的无产阶级的政党——社会民主党，完全应该随时同非党性作斗争，坚持不懈地为建立一个原则坚定的、紧密团结的社会主义工人政党而努力。”1906 年 7 月，他又在《“非党”抵制派的错误议论》一文中指出：“党性是高度发展的阶级对立的结果和政治表现。”由此可知，列宁所讲的“党性”，通常指高度的阶级觉悟和阶级意识。

随着无产阶级政党建设理论的发展，党性概念逐步明确，其内涵也不断得到丰富。毛泽东和刘少奇对党性的概念进行过深入研究和阐释。毛泽东从列宁的“唯物主义本身包含有所谓党性”的观点出发，在《改造我们的学习》一文中指出：“没有科学的态度，即没有马克思列宁主义的理论和实践统一的态度，就叫做没有党性，或叫做党性不完全。”马克思列宁主义的态度，“有实事求是之意，无哗众取宠之心”“就是党性的表现，就是理论和实际统一的马克思列宁主义的作风。这是一个共产党员起码应该具备的态度”。

我们党的历史上第一个对党性作出明确定义的是刘少奇。刘少奇认为，党性就是阶级觉悟和阶级意识的最高体现。他指出：“党性，就是人们这种阶级性最高而集中的表现。所以人们也有各种不同的党性：有封建阶级的党性，资产阶级的党性，无产阶级的党性等。”“为了党的、无产阶级的、民族解放和人类解放的事业，能够毫不犹豫地牺牲个人利益，甚至牺牲自己的生命，这就是我们常说的‘党性’或‘党的观念’、‘组织观念’的一种表现。这就是共产主义道德的最高表现，就是无产阶级政党原则性的最高表现，就是无产阶级意识纯洁的最高表现。”1941 年 6 月，他在《人的阶级性》一文中强调：“共产党员的党性，就是无产者阶级性最高而集中的表现，就是无产者本质的最高表现，就是无产阶级利益最高而集中的表现。共产党员的党性锻炼和修养，是党员本质的改造。”

（二）理解党性修养的深刻内涵

什么是党性修养？刘少奇在《论共产党员的修养》中作了精辟的回答。他说：“我们在思想意识上的修养，是一回什么事呢？我认为这在基本上就是每个党员用无产阶级的思想意识去同自己的各种非无产阶级思想意识进行斗争；用共产主义的世界观去同自己的各种非共产主义的世界观进行斗争；用无产阶级的、人民的、党的利益高于一切的原则去同自己的个人主义思想进行斗争。”党性锻炼和修养，是对党员的本质改造。正是这种改造，使无数农民出身以及其他非无产阶级出身的人，在我们党的伟大熔炉里将自己锻造成了忠诚的共产主义战士。

所谓党性修养，就是指党员以革命的党性原则为依据，在思想觉悟、政治意识、组织纪律、道德修养等方面进行的自我教育、自我锻炼、自我改造和自我完善，是党性不断升华的过程。具体来说，主要有以下三方面的含义。

第一，党性修养是党员自我教育、自我锻炼、自我改造、自我完善的过程。党员具有共产党的党性，能够按照党性原则行事，这是党员区别于一般群众、区别于其他政党成员的根本方面，也是实现党的中心任务的前提条件。但党员坚强的党性不是入党时下定决心就可以拥有的，更不是自然而然就会具备的，而是要在为党和人民事业的奋斗实践中，在严峻考验和艰苦斗争中，自觉按照党性原则要求自己，自觉发扬和强化同党性要求相适应的思想和行为，自觉抵制和克服同党性不相容的各种错误思想，而一步一步地形成的。这是一个艰苦的不懈的自我教育、自我锻炼、自我改造、自我完善的过程。共产党人不是生活在真空中，不可避免地会受到各种社会关系和思想认识的影响，其党性时刻会受到挑战，这就要求党员必须坚持不懈地进行党性修养和党性锻炼，使自己的思想和行为符合党性原则。从一个普通群众成为一名立志为伟大的共产主义事业奋斗终身的党员，是一个人人生的根本性飞跃，而要做一名合格的党员，做一名一辈子都合格的党员，则是其人生新的根本性飞跃。党性修养是党员自觉按照党性原则不断进行自我教育、自我锻炼、自我改造，最后达到党员标准的过程。

第二，党性修养是党员对党的本质属性深刻理解和内化的过程。中国共产党是按照社会发展规律自觉推进社会前进的政党，担负着光荣而伟大的历史使命。党性修养就是中国共产党人在改造和建设中国社会的伟大实践中，深刻理解党的本质属性，自觉遵循客观规律，以科学理论指导实践的过程，也就是把党性内化为党员的自觉意识和行为准则的过程。这种内化是在深刻理解从而正确把握的基础上实现的，更是在不断克服与党性相对立的思想和行为的进程中得到巩固和强化的。增强党性修养，是党员在改造客观世界中自觉地用党性原则规范自己的行为，发扬和强化各种正确思想，克服和抵制各种错误思想，不断改造主观世界，通过实践、认识、再实践、再认识，在动态中实现主客观相统一，不断开创实践和认识的新境界，是党员自强和自律的统一。党员的自我完善，只有在带领人民群众改造客观世界，推动历史前进的实践中才能实现。党员只有不断自我完善，才能永远站在时代前列，担负起带领人民群众改造客观世界的历史重任。

第三，党性修养是党员充分调动积极性和创造性的过程。党性的共性要求是普遍的，而这种共性要求是通过具有不同个性的一个个党员的具体行为来体现的。也就是说，党的创造力、凝聚力、战斗力源于每一个党员积极性和创造性的充分发挥。每一个党员都有自己的个性，都有同党的事业要求相适应的优点和长处，也不可避免地有同完成党和人民事业不相适应的缺点和弱点。对于党员来说，有个性但不能任性，个性必须服从、服务于党性。党员只有使个性按照党的事业需要的方向去发展，充分调动积极性和创造性，才能成为一个朝气蓬勃、奋发有为的共产党人。党员只有通过锤炼党性修养，才能在党性的统一规范下，充分发挥符合党性原则的个性特长，开发和调动自己的潜能，充分调动积极性和创造性。这既有利于党的事业的发展，也有利于党员的全面自由的发展。因此，党员需要自觉完善自己，需要自觉进行思想改造，自觉发扬优点、克服缺点和不足，进而把自己的积极性和创造性充分调动起来，并使这种积极性和创造性成为推进党和国家事业健康发展的积极因素。

二、新时代新征程锤炼党性修养的重要性和紧迫性

进入新时代，以习近平同志为核心的党中央着眼于党和国家事业发展全局，提出新时代党的建设总要求，把加强党的长期执政能力建设、先进性和纯洁性建设作为党的建设的主线。始终保持党的先进性和纯洁性，就

必须自觉加强党性修养，增强党性锻炼，洗涤思想尘埃，永葆先进本色，确保我们党始终走在时代前列，始终成为全国人民的主心骨，始终成为坚强领导核心。因此，党员深刻认识新时代加强党性修养的重要性和紧迫性，对更好地推进党的建设新的伟大工程有着特别重要的理论和现实意义。

（一）锤炼党性修养是担负新时代新征程党的历史使命的时代要求

党的二十大报告指出：“从现在起，中国共产党的中心任务就是团结带领全国各族人民全面建成社会主义现代化强国、实现第二个百年奋斗目标，以中国式现代化全面推进中华民族伟大复兴。”中国共产党是中国特色社会主义事业的领导核心，团结和带领中国人民实现中华民族伟大复兴是我们党肩负的历史使命。要完成这一历史使命，必须加强党性修养，打造一支堪当民族复兴重任的高素质干部队伍。

面对如此艰巨的历史重任，假如连党员队伍都稀稀拉拉、松松垮垮的，能完成重任吗？绝对不能。那么怎样才能保证完成历史使命？首要的一点是党员队伍在政治上、作风上、能力上都要过硬，责任上要勇于担当，纪律上要严明，素质上要优良。这要求每个党员都要严格要求自己，不断加强党性修养，只有全体党员的党性修养都增强了，能力素质都提高了，9900多万名党员都做到了，我们的队伍才能称得上一支党性坚强、政治过硬、作风优良的队伍，才能承担起历史重任。

（二）锤炼党性修养是党应对复杂环境挑战的执政需要

锤炼党性修养是我们党面临的重大挑战的现实要求。我们党作为执政党，长期执政，一定要有忧患意识，冷静观察世情、国情、党情，所面临的形势仍然很严峻。我国是一个拥有14亿多人口的超大型发展中国家，我们党是世界上第一大党，当好这么大一个家，管好9900多万名党员，本身就是一个特别大的挑战，也面临很多问题。

外部环境的复杂多变对党性修养提出了挑战。党的二十大报告指出：“世界百年未有之大变局加速演进，新一轮科技革命和产业变革深入发展，国际力量对比深刻调整……世纪疫情影响深远，逆全球化思潮抬头，单边主义、保护主义明显上升，世界经济复苏乏力，局部冲突和动荡频发，全球性问题加剧，世界进入新的动荡变革期。”这是当前我国外部环境的现实写照。从内容上看，既有经济、政治、外交方面的，也有安全、思想和文化领域方面的，它们相互交织、相互作用。国外敌对势力对我们党实施的“和平演变”“颜色革命”一刻也没有停止，意识形态领域斗争复杂尖锐。所有这些因素无一不是摆在党员干部面前的巨大考验，都必然对加强党性修养提出新要求。国际问题和国内矛盾相互交织，迫切需要进一步加强党员的党性修养，让广大党员干部的党性更加坚定，把党建设得更加坚强有力，不断提高执政能力，从容应对复杂多变的国际国内形势。

党的十八大以来，以习近平同志为核心的党中央在推进全面从严治党的过程中加强党性教育，推动形成了新时代党性教育的新格局。但是在前进的道路上，我们党仍然面临“四大考验”的长期性和复杂性、“四种危险”的尖锐性和严峻性，影响党的先进性、弱化党的纯洁性的因素也是复杂的，党内存在的思想不纯、政治不纯、组织不纯、作风不纯等突出问题尚未得到根本解决。

新时代既充满活力和希望，又面临更高的要求和挑战，客观上对我们党的执政能力和领导水平提出了更高更全面的要求。特别是党员干部要经受住“四大考验”，克服“四种危险”，就必须自觉加强党性修养，保持党的先进性和纯洁性，增强党的凝聚力、号召力和战斗力，提高拒腐防变、抵御风险的能力。

（三）锤炼党性修养是党员干部健康成长的内在要求

进入新时代，党员干部新老交替加速，大批新鲜血液进入党组织，为党带来更多活力和创造力。同时也加大了党员干部教育与管理的难度，突出表现在党员干部年龄差距变大，文化背景、生活经历、工作环境和行业背景各异，一些党员干部信念还不够坚定，容易产生不良苗头，甚至可能会违反党的纪律和违背党的宗旨。因此，只有切实加强党员干部党性锤炼，强化广大党员干部党的意识和组织纪律观念，不断提高党员干部的思想道德素质和理论修养，增强全体党员干部的战斗力，才能形成大党新气象。

党性是党员干部立身、立业、立言、立德的基石。加强党性修养，是促进党员干部成长进步的有效路径。党性修养不仅关系党和国家的事业，也关系党员干部个人的事业、家庭、人生。“自知者英，自胜者雄。”对个人来讲，成功之路上最难克服的困难是战胜自己。党员加强党性修养，就要克服自身的缺点和弱点，克服自身的局限性。党性修养是党员成长、成熟、成事、成才的催化剂。党性教育是共产党人的“心学”，是党员正心修身的必修课。一个人成为党员、党员成长为党的领导干部，必须不断克服随环境和地位的变化而产生的不良思想意识，必须锲而不舍地磨砺自己的党性心性。

在市场经济迅猛发展、对外开放日益深化、多样化思想文化交流交融交锋日益剧烈的形势下，党员干部面临的风险考验、诱惑干扰日益增多。不加强党性修养，就会有被淘汰的危险。因此，要始终保持惕厉自儆的精神状态和自我革命的精神品质，加强党性锻炼，着力增强政治定力、纪律定力、道德定力、抵腐定力，始终保持共产党人的政治本色。

（四）锤炼党性修养是发扬党的优良传统和作风的现实需要

中国共产党经过100多年的建设和发展，现已发展壮大为一个拥有9900多万名党员、领导着14亿多人口大国的世界第一大执政党。中国共产党之所以能够久经磨难而永葆生机，是因为党始终重视加强党员的党性修养，始终持之以恒不断加强党的建设。不论是在新民主主义革命时期、社会主义革命和建设时期，还是在改革开放和社会主义现代化建设新时期，特别是进入新时代以来，党性修养问题始终是中国共产党和全体党员一直深入思考和勇于直面的重大问题。注重加强党性修养是中国共产党的优良传统。在新民主主义革命时期，毛泽东创造性地提出“中国共产党的马克思主义的修养”，将中国传统文化的思想精髓和中国共产党的党性通过“修养”有效衔接起来，赋予传统修养概念马克思主义的理论品格。刘少奇观察到“一部分人理论准备不足”的现象，在《论共产党员的修养》中明确提出了理论修养的新要求。周恩来在《我的修养要则》中概括出七条基本原则，并以毕生来践行党性修养，一辈子“为人民服务”。1941 年 7 月，中央政治局通过《中共中央关于增强党性的决定》，要求全党加强党性锻炼、提高党性、培养党性，保证全党统一意志、行动和纪律。

取得在全国执政地位后，党的历代中央领导集体都十分重视党员的党性修养问题，要求党员不断增强党性锻炼，同一切党性不纯的现象作斗争。改革开放和社会主义现代化建设新时期，邓小平明确提出了“执政党应该是一个什么样的党，执政党的党员应该怎样才合格”的问题。江泽民指出，“自觉进行党性锻炼，自觉加强思想政治修养，在解决世界观、人生观、价值观问题上下功夫”。胡锦涛要求，发扬党的优良作风和加强党性修养与党性锻炼相结合，永葆共产党人政治本色。党的十八大以来，以习近平同志为核心的党中央把加强党员干部的党性修养提升到前所未有的高度，推进全面从严治党，以刀刃向内的磅礴勇气向党内顽疾开刀，以革故鼎新的创新精神推进管党治党的科学化、规范化和制度化，以伟大的斗争精神同一切影响党的先进性、弱化党的纯洁性的问题作坚决斗争，以自我革命精神祛病除疴，切实净化党的政治生态，党的创造力、凝聚力、战斗力显著增强。我们党能够赢得全国政权，取得新民主主义革命胜利、走过社会主义探索建设时期的坎坷，取得改革开放和社会主义现代化建设新时期、中国特色社会主义新时代的伟大成就，有很多因素和条件，但是有一点不能忽视，那就是一代又一代共产党人身上体现的党性修养。中国共产党人能够一不怕苦、二不怕死；能够艰苦朴素、纪律严明；能够坚守三大纪律、八项注意，做到不拿群众一针一线；能够廉洁奉公、毫不利己。也正因如此，在新民主主义革命时期，涌现出很多革命烈士；在社会主义革命和建设时期，有很多像雷锋、焦裕禄、王进喜这样的先进典型；在改革开放和社会主义现代化建设新时期，有很多像孔繁森、杨善洲、廖俊波这样的优秀党员干部。在中国特色社会主义新时代，涌现出像黄大年、张桂梅、黄文秀等时代楷模和先进典型。这些人物身上都体现了坚定的党性修养。

毫无疑问，今天我们要完成新的任务，战胜新的困难，不能丢掉自己的传家宝。强调党性和党性修养，就是要把中国共产党人的优秀品质、优良作风、严明纪律以及党性和党性修养继承下来并发扬光大。

三、新时代新征程锤炼党性修养的原则和要求

加强党性修养，要认真把握新时代新征程锤炼党性修养的基本原则和新的要求，以高度的政治自觉性和正确的方式方法锤炼党性修养，修炼好新时代新征程共产党人的“心学”。

（一）新时代新征程锤炼党性修养的基本原则

加强党性修养，既是认识问题，也是实践问题。在锤炼党性的过程中，会碰到这样或那样的现实问题，需要党员干部厘清并解决好这些问题。

1. 坚持党性和人民性的统一

党性和人民性相统一是马克思主义政党的鲜明特征。实现好、维护好、发展好最广大人民根本利益，既是马克思主义政党的本质要求，也是共产党人的价值追求。党章规定，中国共产党是中国工人阶级的先锋队，同时是中国人民和中华民族的先锋队。党以全心全意为人民服务为根本宗旨，除了工人阶级和最广大人民群众的利益，党没有自己特殊的利益。在我们党看来，人民的利益就是党的利益。

从党的历史来看，我们党从成立之日起，就把人民利益深深镌刻在自己的旗帜上。100 多年来，从艰苦卓绝的革命年代，到筚路蓝缕的建设年代，再到风雷激荡的改革年代，我们党一路攻坚克难、书写辉煌，靠的是始终和人民在一起，靠的是人民对党信任拥护、不离不弃。在实现中华民族伟大复兴的道路上，党和人民始终是命运共同体。党性和人民性是统一的，在本质上是一致的。从本质上说，坚持党性就是坚持人民性，坚持人民性就是坚持党性，党性寓于人民性之中，没有脱离人民性的党性，也没有脱离党性的人民性。我们党来自人民、植根人民、服务人民，始终代表中国最广大人民的根本利益，既讲党性，也讲人民性，这是我们党的性质和宗旨决定的。

坚持党性和人民性相统一，是新时代新征程加强党性修养的重要原则。

新时代新征程，坚持党性，就是要坚持以党的旗帜为旗帜、以党的方向为方向、以党的意志为意志，始终做到在党言党、在党忧党、在党为党，任何时候都同党同心同德；新时代新征程，坚持人民性，就是要坚持以人民为中心，践行全心全意为人民服务的根本宗旨，树立真挚的人民情怀，把人民放在心中最高位置，始终相信人民，紧紧依靠人民，把人民对美好生活的向往作为奋斗目标，实实在在地为人民群众谋幸福。

2. 坚持党性和个性的统一

关于党性和个性问题，1945 年 4 月毛泽东在党的七大上的口头政治报告中作了详尽的论述。他指出："讲到个性与党性，党性就是普遍性，个性就是特殊性。没有一种普遍性不是建筑在特殊性的基础上的。没有特殊性哪里有普遍性？没有党员的个性，哪里有党性？党性是共同的性质、普遍的性质，全党每一个人都有的性质。"可见，要充分尊重党员的个性，不能简单地用党性否定党员的个性。党员鲜明的个性是因人而异的，但不妨碍党员在大是大非面前表现出一致的意识、行为，这就是党员共同的党性。党员必须讲党性，但并不等于抹杀党员的个性，抑制党员的主动性和创造性。

当然，并不是说党员的个性可以不受任何约束、天马行空地展现和发挥。党性对个性有硬性约束作用，如果没有这种硬性约束，党就会缺乏凝聚力和战斗力，就会处于一盘散沙的状态。因此，用党性修正个性，在尊重每个党员的个性和合法利益诉求的同时，要求党员在大是大非和党的原则、纪律面前毫不犹豫地讲党性，在党和人民的利益与个人利益发生矛盾时，必须坚持个人利益服从集体利益，时刻以党和人民的利益为重。只有这样才能坚持党性与个性的统一，正确处理好党性与个性的关系，充分发挥个人的主观能动性和创造性，使个性得到升华。

3. 坚持党性修养和文化自信的统一

自信是人特有的一种精神现象。信仰包括个人信仰、社会信仰，也可分为宗教信仰、文化信仰等。中华文化是对中国人最有影响力的精神元素，在每一个中国人的血液里都有传统文化自信的基因。

共产党人的自信基于对人类文化、文明发展规律的科学认识和正确把握。因此，对于中国共产党人来说，文化自信是党性修养和共产主义理想的文化基础。中华优秀传统文化主张“修身、齐家、治国、平天下”，中心思想是通过个人修养实现理想状态下的社会和谐的目的。今天我们所讲的党性修养中的“修养”二字，就是源于中华优秀传统文化。

中华优秀传统文化是中华民族的“根”和“魂”，是中华民族的“精神命脉”。文化自信是党性修养的基础，党性修养与文化自信是统一的。党员的自信是基于对5000多年中华优秀传统文化、党和人民在伟大斗争中孕育的革命文化以及社会主义先进文化的认同和坚信。在锤炼党性修养时，党员干部要汲取、借鉴和弘扬中华优秀传统文化的精华，把社会主义核心价值观与坚定共产主义和中国特色社会主义理想信念结合起来，切实加大党性修养的力度和厚度。

4. 坚持党性修养和道德自律的统一

道德是人安身立命的基石。《大学》里说：“德者，本也。”思想境界的高低、道德修养的好坏，是判断党员党性修养和人格优劣的重要标志，是衡量党员有没有先进性的重要尺度。对党员而言，党性就是最大的德。因此，党员干部必须坚持党性修养和道德自律的统一。

党性修养和道德自律虽然在理论范畴上有所不同，但两者是相通的，都是自我约束，都注重对主观世界的自我改造，都追求人格的完善和道德的高尚。从一定意义上说，道德自律是党性修养的基础，也就是说，加强党性修养要从做一个有道德的人开始。党性修养的内容，不是单一的，而是一个以共产主义理想信念为核心、以人格道德为基础的完整体系。加强党性修养是一项系统工程，基础在于做人。人民群众看党员干部是不是有党性修养，主要看他怎样做人、怎样做官、怎样做事、怎样治家。一句话，就是看他有没有道德自律能力。

加强党性修养，党员要从遵守公共道德、践行职业道德、恪守家庭美德开始，不断反躬自省，达到自知、自觉和自律。同时，党性修养高于公民道德修养。要求公民不能做的，党员干部坚决不做；提倡公民做的，党员干部要以身作则、带头去做，真正把政治形象塑造与社会职业形象塑造统一起来，做到表里如一。

5. 坚持党性修养和实践锻炼的统一

加强党性锤炼是共产党人的实践课题，不能停留在纸面上、表达在口头上，而要实实在在地落实在行动上。锤炼党性不是脱离实践、脱离社会的“修身养性”，而是在实现党的伟大目标和任务中的奋斗和锻炼。刘少奇在《论共产党员的修养》中指出：“我们的修养不能脱离革命的实践，不能脱离广大劳动群众的、特别是无产阶级群众的实际革命运动。”党性修养不是一句口号，要做到知行合一、言行一致，与实践锻炼相统一，达到主观与客观、理论与实践互相促进。

坚强党性成于“行”的艰难磨砺。社会是最好的课堂，实践是最好的老师，只有躬身实践、大胆实践，出几回窘态，方获真知；只有“当几回热锅上的蚂蚁”，方有精进；只有红红脸、出出汗，方得警醒和警诫。诚于中而形于外，党性修养体现在党员干部的一言一行、一举一动之中，不仅要“心中有”，更要“行中有”，真信、真知、真践行。只有言行一致、表里如一，在平凡中成就伟大，在积累中实现升华，在锤炼中保持先进性，才是真正的共产党人。

党员要把党性标准、党性原则、党性要求融入自己的工作和生活，并把这些准则作为镜子，经常对照、检查、反省、修正自己的不足；要用好党内政治生活这一党性锤炼的熔炉，发扬新时代的斗争精神，不怕困难、不怕挫折，在逆境中磨炼自己、修炼自己，不断增强自我净化、自我完善、自我革新、自我提高能力，不断加强党性修养。

（二）新时代新征程锤炼党性修养的新要求

党性修养应与时俱进，体现时代性、赋予时效性、更具针对性。时代性是党性修养的重要特征之一，在不同的历史时期，党性修养的内容和侧重点也会有相应的变化。中国特色社会主义进入了新时代，对党员的党性修养也提出了新的要求。2018 年 1 月，习近平总书记在新进中央委员会的委员、候补委员和省部级主要领导干部学习贯彻习近平新时代中国特色社会主义思想和党的十九大精神研讨班开班式上发表重要讲话，就如何加强新时代党的建设、提高党员的修养提出了新要求，具体可归纳为“五个过硬”，即“必须做到信念过硬”“必须做到政治过硬”“必须做到责任过硬”“必须做到能力过硬”“必须做到作风过硬”。这“五个过硬”具有极强的针对性，既针对领导干部，也针对广大党员，成为全党加强党性修养的努力方向。

一是做到信念过硬。习近平总书记强调：“坚定理想信念，坚守共产党人精神追求，始终是共产党人安身立命的根本。”对共产党人而言，最根本的要求就是胸怀共产主义的最高理想和最终目标。“不忘初心、牢记使命”，从根本上说，就是要为实现共产主义最高理想和最终目标而奋斗。对马克思主义的信仰，对社会主义和共产主义的信念，是共产党人的政治灵魂，是共产党人经受住任何考验的精神支柱。形象地说，理想信念就是共产党人精神上的“钙”，没有理想信念，理想信念不坚定，精神上就会“缺钙”，就会得“软骨病”。做到信念过硬，必须牢记党的宗旨，挺起共产党人的精神脊梁，解决好世界观、人生观、价值观这个“总开关”问题，自觉做共产主义远大理想和中国特色社会主义共同理想的坚定信仰者和忠实实践者，必须坚持学习马克思主义，深入学习贯彻习近平新时代中国特色社会主义思想，提高马克思主义的理论修养，坚持把习近平新时代中国特色社会主义思想转化为认识世界、改造世界的强大精神力量。

二是做到政治过硬。政治标准是衡量党员干部党性修养的首要标准，政治过硬是党员干部的首要政治品质和政治生命线。其中最核心的问题就是要牢固树立政治意识、大局意识、核心意识、看齐意识，坚决维护习近平同志党中央的核心、全党的核心地位，坚决维护党中央权威和集中统一领导，在思想上政治上行动上同以习近平同志为核心的党中央保持高度一致。严格遵守党的政治规矩，自觉接受党的纪律的约束，不折不扣贯彻执行党中央的路线方针政策和决策部署，确保党中央政令畅通；做到党中央提倡的坚决响应、党中央决定的坚决执行、党中央禁止的坚决不做，决不口是心非、阳奉阴违。党员干部特别是领导干部必须带头讲政治，努力提高政治判断力、政治领悟力和政治执行力，在政治立场、政治方向、政治言论、政治行为等方面必须守好规矩；自觉把讲政治贯穿党性锤炼全过程，把对党忠诚、为党分忧、为民造福作为根本政治担当，永葆共产党人政治本色。

三是做到责任过硬。能否做到责任在心、担当在肩，是衡量党员干部是否称职的重要标准，最能检验党员干部的政治操守、政治品格。党员干部有多大担当才能干多大事业，尽多大责任才会有多大成就。责任就意味着尽心尽责干事、真心诚意担当。党员干部做到责任过硬，就必须把党的信任重托和人民期待放在心上，把对历史和人民的责任扛在肩上，勇做新时代的坚定者、奋进者、搏击者；牢固树立正确政绩观，多做打基础、利长远的事，不搞脱离实际的盲目攀比，不搞劳民伤财的“形象工程”“政绩工程”，创造出经得起实践、人民、历史检验的实绩；大力发扬求真务实、真抓实干的作风，以钉钉子精神担当尽责、创新进取、苦干实干，脚踏实地把党确定的行动纲领、战略目标、工作蓝图变为现实，创造无愧于新时代的业绩，真正做到对历史和人民负责。

四是做到能力过硬。党员干部干事创业、攻坚克难，既要政治过硬，又要本领高强，要有践行忠诚、担当使命的真本领。面对日新月异的发展形势、复杂多变的社会生活，必须与时间赛跑，毫不停歇地增强能力、磨砺本领，努力克服本领上的短板、能力上的不足、视野上的局限。能力绝非天生，党员干部掌握过硬的能力，既要加强实践历练，在实践中增长才干，也要持续不断加强学习。要牢固树立终身学习的理念，永不自满、学无止境，把学习作为一种政治责任、一种精神追求、一种健康的生活方式，让学习成为工作、生活的重要组成部分，做到好学乐学；要努力学习各方面知识，优化知识结构，不断掌握新知识、开拓新视野，全面提高政治能力和专业能力；在学习中夯实坚定理想信念的真理支撑，在学习中汲取提升思想境界和道德情操的精神滋养，在学习中增强工作的科学性、原则性、系统性、预见性、创造性，提高履职担当的能力和水平。

五是做到作风过硬。作风是党性的本质体现，直接反映党的形象、党的素质和党的人格力量，是观察党群干群关系、人心向背的晴雨表。党的作风正，人民的心气顺，党和人民就能同甘共苦。作风修养是党性修养的基础，作风过硬是党性过硬的必然要求。加强作风修养，要坚持以人民为中心的发展思想，坚持走群众路线，相信群众、依靠群众，真心实意地向群众学习，不断从群众中汲取营养和力量，以抓铁有痕、踏石留印的劲头干好工作，善始善终、善作善成；要坚持和发扬理论联系实际、密切联系群众、批评和自我批评以及艰苦奋斗、求真务实等党的优良传统和作风，坚持不懈反对“四风”，坚决反对特权思想和特权现象，始终坚持人民立场，始终保持党同人民群众的血肉联系，增强群众观念和群众感情，以优良作风带动全社会风气根本好转，彰显共产党人的人格力量。

参考阅读

张富清的故事——四次选择彰显党性修养

“小心点，别摔了啊。”看到记者拍照，张富清的小儿子张健全小声提醒。

那是一只老掉牙的搪瓷缸，一面印着天安门、和平鸽的图案，一面印着“赠给英勇的中国人民解放军”“保卫祖国 保卫和平”等字样。张健全笑言，这是父亲的“宝贝”，用了 60 多年还不舍得丢掉。

1953 年，全军抽调有作战经验的连职及以上军官参加抗美援朝，已在新疆喀什安定下来的张富清主动请缨，和战友们马不停蹄地赶赴北京。才到北京，《朝鲜停战协定》签订，这批战斗骨干就被送去学习文化知识。

几个月后，在全国人民慰问人民解放军代表团赴各地部队开展慰问活动时，正在江西南昌防空部队文化速成学校学习的张富清和战友们一人获得了一块纪念章、一只搪瓷缸。

“刚从战场下来，九死一生，过了几天安稳日子，为什么又争着返回战场？”有人问。

“我们是人民的军队，眼看着要打到中国来了，我们如果不出头，人民就没好日子过了嘛。”张富清回答。

张富清第一次选择为人民而战，是在 1948 年 3 月。这之前，张富清曾被国民党军队抓去充当了两年多的杂役。在瓦子街战役中，被“解放”的他没有领遣散费，而是主动要求加入解放军。

“共产党的军队仁义、讲规矩，是真正为劳苦大众打仗的军队，参加解放军就是为自己打仗，为人民打仗。”张富清说起往事依旧慷慨激昂。入伍4个多月，作战英勇的张富清选择坚定地跟党走：加入中国共产党。至今他还记得，入党介绍人是连长李文才、指导员肖友恩。

1954年12月，张富清从文化速成学校毕业后有多种选择：留在大城市，海阔天空；回陕西老家，可以方便赡养老母。当组织找他谈话时，他当即决定响应党的号召，去鄂西山区最偏远、最困难的来凤县。这是他人生的第三次重要选择。

“我是一名党员，党需要我干什么，我就干什么，战场上死都不怕，苦点怕什么？”谈及当年的决定，张富清至今依然态度坚定。

妻子孙玉兰原以为丈夫到了来凤，为当地贫穷面貌的改善作点贡献，就能回大城市或者老家去。却没想，这一去便是一辈子。

1965年，张富清从来凤县原三胡区调往原卯洞公社。当时来凤县有“穷三胡富卯洞”的说法，三胡区的老百姓常常要吃救济粮，而卯洞公社因为有码头、船厂、林场等社办企业，条件相对较好。

本以为生活会有所改善的孙玉兰，却没想到丈夫又一次作出了“一名共产党员的选择”，他主动要求分管条件最苦的高洞片区，扛着铺盖卷上了山。张富清一年到头忙着带领高洞的村民们修路、抓生产，一连几个月不着家。

大儿子张建国还记得，有一次他上山给父亲送饭菜，走到天黑还没赶到地方，只得投宿在村民家中。

为党分忧，为人民谋幸福，是任何时代的共产党员都应有的选择。95岁的张富清坚定地认为，在人生的诸多岔路口，他选择了最应该走的那条路——跟着党走。

（摘编自《人民日报》2019年5月29日，作者：程远州）

强党性，就是要自觉用新时代中国特色社会主义思想改造主观世界，深刻领会这一思想关于坚定理想信念、提升思想境界、加强党性锻炼等一系列要求，始终保持共产党人的政治本色。

——2023 年 4 月 3 日，习近平总书记在学习贯彻习近平新时代中国特色社会主义思想主题教育工作会议上的讲话

第二讲

党性是党员干部立身、立业、立言、立德的基石

党性是一个政党固有的本性，是作风的内在根基，作风是党性的外在表现。习近平总书记多次强调："作风问题本质上是党性问题。抓作风建设，就要返璞归真、固本培元，重点突出坚定理想信念、践行根本宗旨、加强道德修养。"推进作风建设常态化长效化，要把加强党性修养作为优良作风养成的重要基础和动力，引导党员干部锤炼党性、提高思想觉悟，密切党群干群关系。广大党员干部应当在党性教育和党性修养的实践中达到人性政治性的升华，强化党性。

一、党性是人性政治化的升华

党员也是人，但不是一般的人。每一个党员干部作为鲜活的个体存在，既有其自然属性、人文属性，也有其社会属性、政治属性。自然属性、人文属性就是人性，社会属性、政治属性就是党性。党员干部不能脱离人性谈党性，但也不能囿于人性谈党性，因为党的先进性与纯洁性主要源于党员个体的先进性与纯洁性；而党员的先进性与纯洁性，则一定离不开人性的先进性与纯洁性。说到底，人性是党性的基础，党性是人性政治化和社会化的升华。

党员是先进分子。邓小平说："一个共产党员，第一，他是普通人，第二，他是普通人中的先进分子。"党员要提高党性修养。党性是人性的升

华，党员首先要把人做好。党性修养的基本条件是良好的做人修养，以良好的做人修养强化党性进而构筑思想境界的高楼大厦。一个党员如果有较强的党性，那么他一定有良好的个人修养；一个人虽然有良好的个人修养，但是他不一定能够上升到党性的层面；如果一个人没有良好的个人修养，那么他一定不具备党性修养。“古之欲明明德于天下者，先治其国；欲治其国者，先齐其家；欲齐其家者，先修其身；欲修其身者，先正其心；欲正其心者，先诚其意；欲诚其意者，先致其知；致知在格物。”《大学》中的这段话，深刻揭示了个人修养与治国、平天下之间的关系，从中可以看出修身、正心、诚意、致知这些个人修养的基础性和重要性。在中国传统文化中，还有许许多多的名言警句，它们都蕴含深刻的做人道理。例如，“讷于言而敏于行”“贫而无谄，富而无骄”“非淡泊无以明志，非宁静无以致远”“清正廉洁”“正人先正己”等等，彰显了言行、气节、志向和为政等方面的原则。只要将这些原则融入生活中，并且坚持不懈地实践，我们就能成为更有价值的人。

所以，党员干部在为人处事时，应当从中华优秀传统文化中汲取营养，成为一个高尚的人，一个纯粹的人，一个有道德的人，一个脱离了低级趣味的人，为党性修养打下良好基础，使自己的党性水平得到进一步提升，最终成为一个有益于人民的人、对社会有用的人。

二、党员是党性与个性的统一体

党员是党性与个性的统一体，从矛盾的对立与统一的角度看，一方面，党性与个性有对立的一面。党性的要求有严格规定性，以党章党规为依据，党性追求的价值也是明确的、积极的、向上的，要为最广大人民群众服务，坚持党性原则也是坚定的。为了更好地体现党性原则，不断强化党性思维和意识，必须摒除一切与党性原则要求不相适应的所思、所言和所行。个性既有好的一面，又有不好的一面：好的个性彰显积极的、健康的和向上的人生价值追求；不好的一面暴露消极的、扭曲的或阴暗的心理状态，实践中容易导致一系列不良后果。个性的消极性空间越大越多，其对立的空间就会越大越多，甚至侵蚀党性的积极性，最终损害党的形象。另一方面，党性与个性有统一的一面，主要体现在两个方面：一是必须统一，党性与个性的有机统一是对党员的必然要求，也是最基本的要求。如果党性与个性不能统一，不仅跟不上中国共产党的前进步伐，而且不可能有未来。所以，统一是必然的、内在的；二是能够统一，从哲学角度看，任何统一都不是无条件的，而是相对的、有条件的，只要创造或具备了条件，统一不仅能够实现，而且完全能够得到巩固与发展。统一的条件大致可以归纳为五个方面：党性得到充分的彰显和体现，个性得到规范和升华，党性与个性在党性的范围内高度合二为一，个性在党性的规范内积极彰显，党员领导干部带头实现党性与个性的统一。习近平总书记在“不忘初心、牢记使命”主题教育总结大会上的讲话中强调:“一个人也好，一个政党也好，最难得的就是历经沧桑而初心不改、饱经风霜而本色依旧。”所以，中国共产党党员的个性与党性的统一，最根本的是要始终坚持“不忘初心、牢记使命”。

三、党员干部以党性为基石

党性是中国共产党信仰、宗旨和作风的综合体现，是党员干部道德建设的基础，是党员干部忠诚、廉洁和担当的重要保证。在新时代新征程中，我们党面临前所未有的风险和挑战，党员干部要积极适应新形势，承担新任务。加强对党员干部的培养是一项复杂的任务，需要长期坚持，循序渐进，多种方法相结合。

以科学理论引领党性。正确的理论能够指导实践，能够深化认识，有助于党员干部增强党性修养、引领价值方向。习近平新时代中国特色社会主义思想是当代中国马克思主义、21世纪马克思主义，是中华民族实现伟大复兴的思想指南，是中国式现代化道路的行动纲领。作为新时代的党员干部，必须全力以赴地学习、理解并践行这一重要思想，将其作为加强党性修养的核心任务。通过学思践悟熟练掌握习近平新时代中国特色社会主义思想，提高马克思主义理论素养，丰富主观世界，确立正确的世界观、人生观和价值观，深入学习习近平新时代中国特色社会主义思想，深刻领悟“两个确立”的决定性意义，增强“四个意识”、坚定“四个自信”、做到“两个维护”。

以社会主义先进文化涵养党性。社会主义核心价值观、中国共产党人的初心使命及其精神传承凝聚在社会主义先进文化中，这是中华民族坚韧不拔、守正创新、弘毅自强的精神象征。我们党在100多年奋斗历程中形成的先进文化是社会主义先进文化的重要组成部分，对于加强党员干部的党性锤炼和提高党性修养具有不可替代的重要作用。用社会主义先进文化提升党员的思想境界，就应该大力宣扬伟大建党精神，传承红色基因，延续革命先辈们的光荣传统，将在100多年奋斗史中形成的精神发扬光大；重点学习党史、新中国史、改革开放史、社会主义发展史、中华民族发展史，以进一步提升广大党员干部的历史素养和信仰，培养崇高品格和坚定理想信念。

以高雅艺术熏陶党性。高雅艺术对于提升党员干部的党性修养具有重要作用，因为它能够孕育积极健康、优雅高尚的审美理念、审美爱好和审美追求，又可以激发观察力、理解力、想象力、创造力。党员干部可以通过阅读文学艺术名著、欣赏书法绘画名作、聆听经典音乐、观赏电影戏剧等方式培养鉴别真善美与假恶丑的能力，从而陶冶情操。同时，可通过电影、传唱革命歌曲等形式，使党员干部充分感受中国共产党人100多年来始终坚持共产主义理想信念的奋斗历程，从而巩固党性意识，厚植爱国情怀。

以实践锤炼提升党性。实践是锤炼党性的主要渠道和途径之一。在以习近平同志为核心的党中央领导下，我们全面建成了小康社会，历史性地解决了几千年来困扰中华民族的绝对贫困问题，实现了第一个百年奋斗目标，这是一代又一代共产党人不懈努力的成果。当前，我们正步入全面建设社会主义现代化国家的新征程，面对更加复杂的形势和更加艰巨的任务，我们必须警惕精神懈怠、能力不足、脱离群众、消极腐败等危险。因此，广大党员干部必须在实践中奋发有为，不断锤炼党性，为祖国和人民贡献更多力量。党员干部在实践中要不断以清正廉洁、敢于担当、勤政务实、为民服务、信念坚定的好干部标准严格要求自己，努力成为经得起考验、能担当重任的栋梁之材。

以党内生活淬炼党性。有力的党内政治生活是磨砺党性的关键，党性的塑造需要借助于充满严肃性的党内政治生活。自成立以来，我们党始终把党内政治生活放在重要位置。在延安时期，我们党形成了深入学习马克思主义理论、提高全党理论水平，正确开展批评和自我批评，加强党内民主以及积极开展调查研究等宝贵经验。党的十八大以来，以习近平同志为核心的党中央对党内政治生活高度关注，强调只有严肃党内政治生活，才能从容过好管党治党这一关。

以党规党纪规范党性。虽然自我培养能够加强党性，但也需要法规的制约。党的十八大以来，党内法规建设稳步发展，形成了以党章为基础，紧扣准则、条例、规范、规则等的法规体系，切实落实严肃党内纪律和依规治党，取得了重要的成果。党员干部应严格遵守党内法规，自觉执行党内法规，以党纪为镜，时刻对表自身言行。然而，党所面临的执政考验、改革开放考验、市场经济考验、外部环境考验更加严峻。因此，党必须加强内部法规制度建设，规范党员干部行为，确保先进性和纯洁性。此外，党还要不断提高法治意识，弘扬法治精神，并自觉遵守法定权限、规则和程序。

以警示教育洗涤党性。警示教育可以提高党员的党性修养。党的十八大以来，反腐败斗争取得压倒性胜利并全面巩固。它不仅惩罚了腐败者，也对广大党员起到了警示作用，党员干部的党员意识、政治观念、宗旨意识和纪律观念因此得到了明显的增强，党性也得到了激发。从实际情况看，党员干部工作、生活环境复杂多变，很容易受到各种因素和利益的干扰和诱惑，稍有不慎就可能受到辐射和污染。因此，必须在铲除腐败问题产生的土壤和条件上持续发力、纵深推进，提醒广大党员干部时刻保持清醒头脑，坚持修身正道、常怀自律之心、随时审视贪婪之心、杜绝非分之想，防范各种陷阱，避免各类病毒的侵害，以保证党性的纯洁。

四、共产党人的党性观

马克思主义经典作家关于党性的论述，是中国共产党人党性思想和观念的渊源。虽然马克思、恩格斯对“党性”这一词语使用的频率不高，也没有专门解释“党性”这一概念的内涵，但他们的相关论述中对无产阶级政党党性的认识十分深刻。马克思、恩格斯认为，作为无产阶级政党，“共产党人为工人阶级的最近的目的和利益而斗争”，在这一方面共产党与其他工人政党并未显现出差别，但是共产党人并不是仅仅看中当前的运动，他们看得更加长远，“代表运动的未来”。共产党人无论是在理论上还是在实践中，都要比其他工人政党更优秀、更先进。在保持党的先进性和纯洁性方面，马克思、恩格斯认为，要想成为国际工人协会的成员，他就必须承认协会的原则，并且能够在实践中自觉地维护协会的原则。此外，马克思、恩格斯要求每个支部都要在保持党的先进性和纯洁性上发挥应有的作用，都要“对接受的会员的品质纯洁负责”。

列宁是第一个真正意义上提出“党性”概念的人，他关于党性的论述非常丰富。列宁关于党性的思想主要包括以下几个方面：一是对党的认识。列宁认为，党的作用“具有特殊的意义”“党是无产阶级的先进部队”，党要吸收阶级的觉悟的、先进的阶层，作为无产阶级的先锋队。二是哲学意义上的党性。列宁把党性看成唯物主义的一个问题，“唯物主义本身包含有所谓党性”，进一步指出党性“要求在对事变作任何评价时都必须直率而公开地站到一定社会集团的立场上”。三是阶级意义上的党性。列宁认为，“党性是高度发展的阶级对立的结果和政治表现”。他认为无产阶级政党必须具有鲜明的党性，“非党性是资产阶级思想”，无党性在任何时候和地方都被资产阶级坚持着；而“党性是社会主义思想”，绝对不允许有任何削弱和模糊党性的行为，也只有“觉悟的无产阶级的政党”，才能够永远坚持严格的党性。列宁指出，党性只停留在口头上是远远不够的，要付诸行动，“严格的党性是阶级斗争高度发展的伴随现象和产物。反过来说，为了进行公开而广泛的阶级斗争，必须发展严格的党性”。四是保持党的先进性和纯洁性。列宁认为，“党的巩固性、坚定性和纯洁性”是一个重大的任务，要求提高、提高、再提高党员的称号和作用，要求把党看作“时代的智慧、荣誉和良心”。

对于党性问题，以毛泽东同志为主要代表的中国共产党人在继承马克思主义经典作家思想的基础上，根据中国革命的实际，提出了大量关于党性的相关理论。这些理论指导了中国共产党有序开展党性锤炼，助力党员质量的提高，推动取得了中国革命的胜利和社会主义建设、改革开放伟大成就。毛泽东关于党性的思想主要包括以下几个方面：一是指出党性问题就是立场问题。毛泽东直截了当地指出了党性问题的实质，“我们是站在无产阶级的和人民大众的立场。对于共产党员来说，也就是要站在党的立场，站在党性和党的政策的立场”。二是指出主观主义是党性的大敌。他把拥有“马克思列宁主义的理论和实践统一的态度”看成有无党性的标准，主观主义是反科学的，更是反马克思主义的，“是共产党的大敌……是党性不纯的一种表现……只有打倒了主观主义……党性才会巩固，革命才会胜利”。三是提出了党性修养的标准。在革命战争时期，党员个人要“襟怀坦白，忠实，积极，以革命利益为第一生命”，“共产党员应该成为英勇作战的模范，执行命令的模范”。在社会主义建设时期，“共产党员一定要有朝气……否则就不是一个名副其实的共产党员”。四是提出党性修养的方法。针对党内农民、小资产阶级占多数的实际情况，毛泽东指出：“有许多党员，在组织上入了党，思想上并没有完全入党……根本不知道什么是无产阶级思想，什么是共产主义，什么是党。”基于此，他提出从思想上建党，提高党员修养的主要方法就是思想教育。五是阐明了党性与个性之间的关系。毛泽东在党的七大上深刻阐释了党性与个性之间的辩证关系，他指出，“一致的行动，一致的意见，集体主义，就是党性”“党性就是普遍性，个性就是特殊性”“抹煞特殊性也就没有统一性”。

改革开放后，面对新的历史条件和时代任务，中国共产党人在继承前人思想的基础上，对党性问题进行了新的思考与探索，提出了一系列新思想新观点。邓小平强调，我们的党员现在有一部分不合格，因而“所有共产党员都要增强党性”，“每个干部都要把党性放在第一位”，“我们提倡党性，反对派性”。在市场经济条件下，江泽民把党性和先进性紧密地联系在一起，提出“共产党员增强党性，是保持党的先进性必不可少的重要条件”，强调“共产党员要用党性来保证和促进这个新体制的建立，同时要用党性来抵制市场活动中的消极因素”。党的十六大以来，胡锦涛强调，要把加强党性作为党的建设一项重大政治任务来抓，指出党内存在不少不适应新形势新任务要求、不符合党性的问题，“领导干部作风问题，说到底是党性问题”，强调“必须坚持不懈加强领导干部党性修养，使各级领导干部始终保持共产党人政治本色”，提出“建立健全党员党性定期分析制度”。

党的十八大以来，习近平总书记高度重视党员干部的党性修养问题，围绕增强党性发表了一系列重要讲话，提出了许多重要的新思想、新论断、新观点，极大丰富和发展了马克思主义政党党性理论。

关于党性的重要性，习近平总书记指出，“党性是党员干部立身、立业、立言、立德的基石”，坚强的党性，是成为高素质领导干部的首要条件，“党性教育是共产党人修身养性的必修课，也是共产党人的‘心学’”。

关于党性的内容，习近平总书记指出，“坚持党性，核心就是坚持正确政治方向，站稳政治立场”“党性说到底就是立场问题。共产党人无论是想问题、搞研究，还是作决策、办事情，都必须站在党和人民立场上，而不能把个人利益放在第一位。这就是共产党人的党性原则”。习近平总书记还深刻论述了党性与人民性的关系，指出，“为什么人、靠什么人的问题，是检验一个政党、一个政权性质的试金石”，能否与人民群众保持血肉联系，是衡量党员干部党性的重大问题。

关于党性锻炼和党性教育，习近平总书记指出：“干部的党性修养、道德水平，不会随着党龄工龄的增长而自然提高，也不会随着职务的升迁而自然提高，必须强化自我修炼、自我约束、自我改造。”党内政治生活是党员进行党性锻炼的主要平台，必须在严格的党内生活锻炼中不断增强党性。习近平总书记要求党性教育首先要学好党章，党性教育要注重发挥先进典型作用。习近平总书记在党的二十大报告中强调，坚持学思用贯通、知信行统一，把新时代中国特色社会主义思想转化为坚定理想、锤炼党性和指导实践、推动工作的强大力量。

参考阅读

方志敏："我们革命不是为着发财！"

方志敏是赣东北革命根据地和红十军的领导人之一。在长期的革命斗争中，他一向过着艰苦朴素的生活。1935 年 1 月，方志敏在江西怀玉山陇首村附近的密林中不幸被捕。国民党士兵知道他是共产党的重要干部，认为他钱一定不少，想趁机捞一把。两个国民党军士兵搜遍方志敏全身，除了一块怀表和一支钢笔，没有找到一文钱。"你们要相信我的话，不要瞎忙吧！我不比你们国民党当官的，个个都有钱，我今天确实是一个铜板也没有，我们革命不是为着发财！"他义正词严地说道。

像方志敏这样的共产党"大官"，怎么会没钱呢？在那两个士兵的眼里，哪个国民党官员不是腰缠万贯？抓住了方志敏，他们满以为会搜出一千或八百大洋，或者搜出一些金镯、金戒指类值钱的东西。可是从他上身摸到下身，从袄领捏到袜底，真的连一个铜板都没有搜出。

虽然没能从方志敏身上搜出钱财来，可那两个国民党军士兵还不肯善罢甘休，猜疑方志敏或许把钱藏在哪里了。于是，其中一个恼羞成怒的士兵，左手拿着一个木柄手榴弹，右手拉出手榴弹中的引信，双脚拉开一步，做出要抛掷的姿势，用凶恶的眼光盯住方志敏，威吓地吼道："赶快将钱拿出来，不然就把你炸死！"

"哼！你不要做出那难看的样子来吧！我确实一个铜板都没有存。想从我这里发洋财，是想错了。"方志敏说。该用的招都用了，折腾了大半天一无所获，这两个国民党军士兵终于泄气了，这才相信方志敏所说的不是假话。

方志敏经手的款项，总额有数百万元。只不过这为革命而筹集的金钱，是一点一滴都用之于革命事业。当然，他的财产也还是有的，那就是"去年暑天我穿的几套旧的汗褂裤，与几双缝上底的线袜"。但就是这点"积蓄"也不在方志敏的身边，他交给妻子放在深山坞里藏着，准备暑天拿出来再穿。这些就算是方志敏唯一的财产了。

“我能舍弃一切，但是不能舍弃党，舍弃阶级，舍弃革命事业。我有一天生命，我就应该为它们工作一天！”从入狱那一刻起，方志敏就抱定了为革命牺牲的信念，尽管在肉体上受到了百般摧残，不管敌人用什么手段，都难以磨灭他坚强的革命意志。他在铁窗下用敌人劝降的纸笔写下了《我从事革命斗争的略述》《可爱的中国》《清贫》《狱中纪实》等不朽华章，写下了一个共产党人对信仰的忠诚与执着。

敌人用“官、禄”引诱他，用“死”来威胁他，但他大义凛然、慷慨激昂地说：“为着阶级和民族的解放，为着党的事业的成功，我毫不稀罕那华丽的大厦，却宁愿居住在卑陋潮湿的茅棚；不稀罕美味的西餐大菜，宁愿吞嚼刺口的苞粟和菜根；不稀罕舒服柔软的钢丝床，宁愿睡在猪栏狗窠似的住所！不稀罕闲逸，宁愿一天做十六点钟工的劳苦！不稀罕富裕，宁愿困穷！不怕饥饿，不怕寒冷，不怕危险，不怕困难。”“一个共产党员，应该努力到死！奋斗到死！”

方志敏于1935年8月6日英勇就义，为可爱的中国流尽了最后一滴血。如今，方志敏烈士牺牲将近90年，但他留下的精神财富，一直激励着革命者和人民群众。习近平主席曾深情地说：“我多次读方志敏烈士在狱中写下的《清贫》。那里面表达了老一辈共产党人的爱和憎，回答了什么是真正的穷和富，什么是人生最大的快乐，什么是革命者的伟大信仰，人到底怎样活着才有价值，每次读都受到启示、受到教育、受到鼓舞。”

（摘编自《解放军报》2024年5月8日，原标题为《“洁白朴素的生活”》，作者：韩光）

推进党的自我革命，必须坚持不懈用党的创新理论武装全党，教育引导广大党员、干部在深化转化上下功夫，汲取其中蕴含的坚定理想信念、加强党性锻炼、提升精神境界和道德水平等思想营养，不断提高党的自我革命的坚定性。

——2024 年 1 月 8 日，习近平总书记在二十届中央纪委三次全会上的讲话

第三讲

党性教育是共产党人的“心学”

习近平总书记深刻指出：“党性教育是共产党人修身养性的必修课，也是共产党人的‘心学’。”只有修好党性教育这个“心学”，才能解决好世界观、人生观、价值观这个“总开关”问题，进而纠偏止错、正风肃纪。政治上的坚定、党性上的坚定都离不开理论上的清醒和坚定。我们要以全党深入贯彻中央八项规定精神学习教育为契机，把党性修养与作风建设紧密结合起来，以党性的尺子来衡量工作得失、把握行为尺度，让党性在实践中不断升华，以认识上的清醒和精神上的笃定擦亮共产党人的政治本色。

一、党的理论教育是党性教育之基

习近平总书记指出：“全党同志必须全面贯彻党的基本理论、基本路线、基本方略，更好引领党和人民事业发展。”科学理论是时代的精华，是引领社会前进的伟大旗帜。党性上的坚定离不开理论上的坚定，党员干部必须认真学习马克思列宁主义、毛泽东思想、邓小平理论、“三个代表”重要思想、科学发展观、习近平新时代中国特色社会主义思想，把握其中的立场、观点、方法，加强理论修养，坚定政治信仰，以先进理论为党性修养奠定扎实的基础。

（一）学习马克思列宁主义

马克思列宁主义是马克思和恩格斯创立的、列宁继承和发展的、完整的科学的理论体系，是无产阶级和广大劳动人民认识世界、改造世界的世界观与方法论，是党的行动指南，是党性的首要理论内涵。其核心内容是唯物史观、剩余价值学说和科学社会主义理论。

习近平总书记在纪念马克思诞辰200周年大会上的重要讲话中指出：“共产党人要把读马克思主义经典、悟马克思主义原理当作一种生活习惯、当作一种精神追求，用经典涵养正气、淬炼思想、升华境界、指导实践。”马克思主义经典著作是中国共产党和中国人民最宝贵的精神财富，重视学习马克思主义经典著作是我们党的优良传统。马克思主义经典著作不仅蕴含马克思主义的立场、观点、方法，还体现马克思主义经典作家攀登科学理论高峰的不懈追求和艰苦历程。只有认真研读马克思主义经典著作，才能准确掌握马克思主义基本原理，牢固树立马克思主义信仰；才能准确掌握马克思主义的世界观和方法论，不断提高工作的科学性和全面性；才能准确掌握“用实践去发展本本”的马克思主义的基本道理，真正走近马克思、恩格斯、列宁的内心世界，学会与伟人“对话”和“交心”；才能准确掌握经典著作蕴含的与时俱进的理论品格，不断汲取推进党的理论创新的不竭精神动力；才能深刻理解习近平新时代中国特色社会主义思想的重大理论意义和实践意义，不断谱写马克思主义中国化时代化新篇章。

（二）学习毛泽东思想

在新民主主义革命、社会主义革命和建设的长期实践中，以毛泽东同志为主要代表的中国共产党人，把马克思列宁主义基本原理同中国具体实际相结合，形成了适合中国情况的科学指导思想，这就是毛泽东思想。1945年，党的七大第一次明确把毛泽东思想确立为全党的指导思想，并庄严地写入了党章。毛泽东思想包含着丰富的内容，在关于新民主主义革命、社会主义革命和社会主义建设、革命军队建设和军事战略、政策和策略、思想政治工作和文化工作、党的建设等方面，极大地丰富和发展了马克思列宁主义。2013年12月26日，在纪念毛泽东同志诞辰120周年座谈会上，习近平总书记指出：“毛泽东思想教育了几代中国共产党人，它培养的大批骨干，不仅在新民主主义革命、社会主义革命、社会主义建设时期发挥了重要作用，也为新的历史时期开创和建设中国特色社会主义发挥了重要作用。”这为充分认识毛泽东思想的历史地位，坚持不懈地用马克思主义中国化时代化的理论成果武装全党、教育人民指明了方向。

学习毛泽东思想，要深刻把握毛泽东思想活的灵魂。习近平总书记在纪念毛泽东同志诞辰130周年座谈会上指出：“毛泽东同志把辩证唯物主义和历史唯物主义运用于无产阶级政党的全部工作，在中国革命和建设的长期艰苦斗争中形成了具有中国共产党人鲜明特色的立场、观点、方法，体现为实事求是、群众路线、独立自主三个基本方面。这是毛泽东思想活的灵魂。”毛泽东思想的立场、观点、方法是统一的，同时实事求是、群众路线和独立自主既是世界观，又是方法论；既是政治立场，又是政治观点；既是政治智慧，又是领导艺术。实事求是，是马克思主义的根本观点，是中国共产党人认识世界、改造世界的根本要求，是我们党的基本思想方法、工作方法、领导方法。“实事”就是客观存在着的一切事物，“是”就是客观事物的内部联系，即规律性，“求”就是研究。群众路线，就是一切为了群众、一切依靠群众，从群众中来、到群众中去。群众路线，是我们党的生命线和根本工作路线，是我们党永葆活力和战斗力的重要传家宝。毛泽东经常强调：“只要我们依靠人民，坚决地相信人民群众的创造力是无穷无尽的，因而信任人民，和人民打成一片，那就任何困难也能克服，任何敌人也不能压倒我们，而只会被我们所压倒。”独立自主、自力更生，是从中国实际出发、依靠群众进行革命和建设的必然结论。毛泽东强调：“我们的方针要放在什么基点上？放在自己力量的基点上，叫做自力更生。”在我们这样一个大国，尤其必须主要依靠自己的力量发展革命和建设事业。坚持独立自主，要求我们把国家和民族发展放在自己力量的基点上，坚持民族自尊心和自信心，坚定不移走自己的路。

（三）学习邓小平理论、“三个代表”重要思想和科学发展观

邓小平理论、“三个代表”重要思想和科学发展观，是新时期马克思主义中国化时代化的理论成果。党的十一届三中全会以后，以邓小平同志为主要代表的中国共产党人，创立了邓小平理论，解放思想，实事求是，

作出把党和国家工作中心转移到经济建设上来、实行改革开放的历史性决策，科学回答了建设中国特色社会主义的一系列基本问题，成功开创了中国特色社会主义。

党的十三届四中全会以后，以江泽民同志为主要代表的中国共产党人，形成了“三个代表”重要思想，在国内外形势十分复杂、世界社会主义出现严重曲折的严峻考验面前捍卫了中国特色社会主义，确立了社会主义市场经济体制的改革目标和基本框架，开创全面改革开放新局面，成功把中国特色社会主义推向21世纪。

党的十六大以后，以胡锦涛同志为主要代表的中国共产党人，形成了科学发展观，强调坚持以人为本、全面协调可持续发展，成功在新形势下坚持和发展了中国特色社会主义。

（四）学懂弄通做实习近平新时代中国特色社会主义思想

党的十八大以来，国内外形势变化，我国各项事业不断发展，必须从理论和实践结合上科学回答新时代坚持和发展什么样的中国特色社会主义、怎样坚持和发展中国特色社会主义，建设什么样的社会主义现代化强国、怎样建设社会主义现代化强国，建设什么样的长期执政的马克思主义政党、怎样建设长期执政的马克思主义政党等重大时代课题，包括新时代坚持和发展中国特色社会主义的总目标、总任务、总体布局、战略布局和发展方向、发展方式、发展动力、战略步骤、外部条件、政治保证等基本问题，并且要根据新的实践对经济、政治、法治、科技、文化、教育、民生、民族、宗教、社会、生态文明、国家安全、国防和军队、“一国两制”和祖国统一、统一战线、外交、党的建设等各方面作出理论分析和政策指导，以利于更好坚持和发展中国特色社会主义。以习近平同志为核心的党中央坚持以马克思列宁主义、毛泽东思想、邓小平理论、“三个代表”重要思想、科学发展观为指导，紧密结合新的时代条件和实践要求，以全新的视野深化对共产党执政规律、社会主义建设规律、人类社会发展规律的认识，进行艰辛理论探索，取得重大理论创新成果，创立了习近平新时代中国特色社会主义思想。习近平新时代中国特色社会主义思想是当代中国马克思主义、21 世纪马克思主义，是中华文化和中国精神的时代精华，是马克思主义中国化时代化的最新成果，是党和人民实践经验和集体智慧的结晶，是中国特色社会主义理论体系的重要组成部分，是全党全国人民为实现中华民族伟大复兴而奋斗的行动指南，必须长期坚持并不断发展。

学懂弄通做实习近平新时代中国特色社会主义思想，要增强党性意识、强化党性实践。2012 年 11 月 29 日，习近平总书记在参观“复兴之路”展览时指出：“空谈误国，实干兴邦。”学习习近平新时代中国特色社会主义思想的关键是将理论转化为实践，要在实践中注重政治自觉。学习习近平新时代中国特色社会主义思想，要牢固树立政治意识、大局意识、核心意识、看齐意识，形成思想认同、理论认同、情感认同、政治认同。要旗帜鲜明讲政治，始终自觉地在思想上政治上行动上同以习近平同志为核心的党中央保持高度一致。要在实践中加强政治定力，毫不动摇地坚持马克思主义和共产主义信仰，坚持中国特色社会主义信念，坚持中华民族伟大复兴中国梦信心，坚决与各种错误思想、错误行为作斗争，经受住各种风浪考验。学习贯彻习近平新时代中国特色社会主义思想，就是要进一步确立思想理论的“定盘星”，坚定理想信念的“主心骨”，筑就“四个自信”的“压舱石”。要在实践中提升为民情怀。“为中国人民谋幸福，为中华民族谋复兴”是中国共产党永远不变的初心，是中国共产党一以贯之的为政理念。每个党员都要坚持人民主体地位，满怀为民情怀，始终践行全心全意为人民服务的根本宗旨。学习贯彻习近平新时代中国特色社会主义思想，用习近平新时代中国特色社会主义思想武装头脑，最终要落实到行动与实践上，落脚到增强本领、提高能力上。2023 年 3 月 1 日，习近平总书记在中央党校建校 90 周年庆祝大会暨 2023 年春季学期开学典礼上的讲话中指出：“新时代新征程，我们党要团结带领人民开创事业发展新局面，就必须培养造就堪当民族复兴重任的高素质干部队伍。”只有全党本领不断增强了，中华民族伟大复兴的中国梦才能实现。

二、理想信念教育是党性教育之魂

革命理想高于天。理想信念是党性的精神内涵，是共产党人的精神脊梁。历史和现实都表明，一个政党、一个民族，如果没有坚定的理想信念，就如同一盘散沙一样没有凝聚力，就会失去奋斗目标和前进方向。2012 年 11 月 17 日，习近平总书记在十八届中共中央政治局第一次集体学习时的讲话中指出：“坚定理想信念，坚守共产党人精神追求，始终是共产党人安身立命的根本。”

（一）理想信念是党性追求的目标

理想在人们的生产和生活实践中产生，受现实环境的影响。理想一旦形成，便具有强大的引导作用，渗透到人们的世界观、人生观当中，如灯塔一般，指引着人生的方向。信念是一切力量的源泉，是人们内心的强烈情感，在一定的认识基础上产生，是对某种理论、学说和理想所抱有的坚定不移的观念、真正信服与坚决执行的态度。“信”，是信念形成的关键，其要义是坚信客观规律。“念”的要义是认识，即观念、看法、精神状态。信念是一种基于客观规律之上的坚定认识，是包含科学、感情和意志三大因素的认识，是一种良好的精神状态。信念是人们意志行为的基础，个人通过对某种信念的坚持，获得强大的心理动能，不断激发潜在的精力、体力、智力和各种能力，来实现既定的目标。坚定的信念是人格可靠的表现。但僵化不变、脱离现实的信念往往是最脆弱的，所以，坚定信念的过程是一个不断与现实相结合、与实践相结合的过程。

理想与信念既相互区别又紧密联系。理想强调的是向往、追求和奋斗目标；信念强调的是观念、看法、精神状态。理想具有客观性、社会性和阶级性，是人们对客观社会形成认识之后作用于自我的结果；信念具有复合性、稳定性、多样性等特征，是人内在的认识、情感、意志的统一体。两者的基础都是客观规律，理想指明方向，信念提供动力，二者都可以归入人的信仰体系。理想和信念都是人们在长期的生产和生活实践中形成的，反映了社会环境对个人的长期影响，一旦形成，就不会轻易改变，会转化为目标行动的精神状态和行动状态。

共产主义和中国特色社会主义是党性内涵的重要内容。共产主义是我们党的最高理想和最终目标，是共产党人坚持不懈、砥砺奋进的伟大方向。共产主义理想信念是中国共产党的党性追求，是中国共产党区别于其他政党的显著标志。习近平总书记指出："我们党之所以能够经受一次次挫折而又一次次奋起，归根到底是因为我们党有远大理想和崇高追求。"理想信念之所以重要，它是共产党人的灵魂和特质，是共产党人的精气神，是共产党人世界观、人生观、价值观的集中反映，决定党员的政治方向、政治立场和政治态度。共产主义理想信念不仅包括党的崇高理想和党的指导思想，也包括党员对党和人民的忠诚以及对伟大事业的执着追求。追求共产主义理想信念，为共产主义添砖加瓦，党员干部必须从现在做起，从自身做起。只要一代又一代共产党人前赴后继、接力奋斗，共产主义理想就一定能实现。

（二）理想信念是共产党人的精神脊梁

习近平总书记要求全党"要把坚定理想信念作为党的思想建设的首要任务，教育引导全党牢记党的宗旨，挺起共产党人的精神脊梁"。理想信念是共产党人的政治灵魂。共产党人的政治灵魂，说到底，是对马克思主义的信仰、对社会主义和共产主义的信念坚定不移。坚强的政治灵魂是共产党人经受住任何风险考验的精神支柱，是铸就广大党员干部坚固的精神堡垒，引导广大党员干部前行。

理想信念是共产党人的立身之本。理想信念是共产党人的精神追求，是共产党人安身立命的根本。共产主义和社会主义的目标，是消灭剥削，消除两极分化，实现共同富裕。说到底，是实现人的自由全面的发展。只要共产党人树立了这样的理想，就会自觉地为党和人民的事业而奋斗，就会自觉地将个人的利益融入人民群众的利益中，就会积极地将个人的自我实现、自我认同与人民群众的全面发展和人民群众的认同融合起来。共产主义理想信念，使共产党人比群众具有更长远的战略眼光，在带领全体人民建设中国特色社会主义的进程中，运用马克思主义的立场、观点、方法看待改革和发展中出现的问题，认识社会主义事业的长期性、艰巨性和复杂性，也更能清晰地理解社会主义制度强大的生命力和巨大的优越性。

坚定的理想信念是共产党人的动力之源。理想信念是一个思想问题，也是一个实践问题。共产主义理想，是共产党人对未来的向往和追求，是激励共产党人向既定目标不断前进的力量源泉。共产党人一旦树立了坚定的理想信念，确定了远大的人生目标，就能在生活中积极进取、不懈努力、坚忍不拔、锲而不舍地面对前进中的各种困难和考验。只要党员干部具有坚定的理想信念，就会牢记自己的职责，在工作中发挥先锋模范作用，创造突出的业绩；就会牢记自己的历史使命，时刻牢记为人民服务的宗旨，满腔热情为党和人民的事业而奋斗。对于党员干部来说，坚定的理想信念，有助于建立健康的生活态度和生活方式，建立正确的价值判断，自觉锤炼人格。只有这样，党员干部才能有铁一般信仰、铁一般信念、铁一般纪律、铁一般担当，才能在各个领域、在平凡的岗位上为中华民族的伟大复兴积极进取、开拓创新、无私奉献，做一个让党放心、让人民群众满意的精神上“不缺钙”的共产党人。

（三）拧紧世界观、人生观、价值观这个“总开关”

理想信念是一个人的世界观、人生观和价值观的集中体现。2015 年，习近平总书记在同中央党校县委书记研修班学员座谈时强调：“只有理想信念坚定，心中有党、对党忠诚才能有牢固思想基础。理想信念动摇了，那是不可能心中有党的……注重解决好世界观、人生观、价值观这个‘总开关’问题，真正做到对马克思主义虔诚而执着、至信而深厚。”

世界观是人们对整个世界的看法和根本观点，是认识世界的立场、观点和方法论的统一。世界观大致分为两类：一类是以社会意识形态存在的世界观，如无产阶级的世界观是辩证唯物主义；另一类是个人的世界观。世界观人人有之，不同的人、不同的阶级的世界观会有所不同。科学世界观有助于人们正确地认识和改造世界，而不科学的世界观则不利于人们对世界的认识和改造。共产党人的世界观是无产阶级的世界观，是马克思主义的世界观，具有鲜明的党性原则。人生观隶属于世界观，是对人生的根本看法和观点，是人生价值、人生目的、人生道路的有机统一。人生观人人皆有，不同的人往往有不同的人生观。人生观有积极与消极之分，积极的人生观能够促进个人健康成长和社会进步，消极的人生观则不利于个人成长和社会发展。共产党人的人生观是马克思主义的人生观，是无产阶级和人民的人生观，也具有党性原则。价值观是世界观、人生观的组成部分，是对人生价值的看法和根本观点。简单来说，价值是客体对主体的有用性，能满足主体需要的客体是有价值的，而不能满足主体需要的客体是没有价值的。显然，不同人的价值观也会有所不同。共产党人的价值观是马克思主义的价值观，是无产阶级和人民的价值观。

世界观、人生观、价值观不仅反映共产党人的党性，而且反映共产党人的理想信念，是理想信念的前提和基础。2014 年 10 月 8 日，习近平总书记在党的群众路线教育实践活动总结大会上的讲话中指出："对党员、干部来说，思想上的滑坡是最严重的病变，'总开关'没拧紧，不能正确处理公私关系，缺乏正确的是非观、义利观、权力观、事业观，各种出轨越界、跑冒滴漏就在所难免了。"党员干部如果没有科学的世界观、人生观、价值观，就不会有坚定的理想信念，甚至会背弃理想信念。许多违法犯罪的党员干部，并不是一开始就贪污腐败，有的最初表现得很不错，但由于没有解决好世界观、人生观、价值观的问题，最终堕入违法犯罪的深渊。

要建立拧紧"总开关"的制度机制。2014 年 10 月 8 日，习近平总书记在党的群众路线教育实践活动总结大会上的讲话中指出："思想上松一寸，行动上就会散一尺。思想认识问题一时解决了，不等于永远解决。就像房间需要经常打扫一样，思想上的灰尘也要经常打扫，镜子要经常照，衣冠要随时正，有灰尘就要洗洗澡，出毛病就要治治病。"要持续推进全面从严治党，加强党的思想建设，用习近平新时代中国特色社会主义思想武装党员干部，使其牢固树立正确的是非观、义利观、荣辱观、权力观、地位观、利益观、事业观，解决好世界观、人生观、价值观的问题。要坚持问题导向，深入学习贯彻习近平新时代中国特色社会主义思想，在教育活动中解决好世界观、人生观、价值观的问题。要健全制度机制，如建立世界观、人生观、价值观教育的实时跟进机制、批评和自我批评机制，用经常性的经验、自我批评等方法，及时清除思想灰尘，帮助党员干部解决好世界观、人生观、价值观的问题。

（四）做共产主义远大理想和中国特色社会主义共同理想的坚定信仰者、忠实实践者

2018 年 1 月 11 日，在十九届中央纪委二次全会上，习近平总书记指出：“要深刻认识共产主义远大理想和中国特色社会主义共同理想的辩证关系，既不能离开发展中国特色社会主义事业、实现民族复兴的现实工作而空谈远大理想，也不能因为实现共产主义是一个漫长的历史过程就讳言甚至丢掉远大理想。”实现共产主义是由一个一个阶段性目标达成的历史过程，党员干部要把共产主义远大理想同中国特色社会主义共同理想统一起来、同我们正在做的事情统一起来。

共产主义远大理想和中国特色社会主义共同理想是辩证统一的。中国特色社会主义共同理想是共产主义远大理想的过程体现，是共产主义运动的当代实践。共产主义远大理想的实现必须与一定的历史条件相结合，与国家的具体国情、社情、民情相结合，在不同的发展时期转化为一个个具体的阶段性目标。我们党在改革开放以后提出了社会主义现代化建设“三步走”的战略目标；在解决人民温饱问题、人民生活总体上达到小康水平这两个目标提前实现之后，又提出了到建党 100 年时全面建成小康社会、到中华人民共和国成立 100 年时全面建成社会主义现代化强国的目标。党的二十大报告指出，从 2020 年到 2035 年，基本实现社会主义现代化；从 2035 年到本世纪中叶，把我国建成富强民主文明和谐美丽的社会主义现代化强国。因此，中国特色社会主义共同理想是共产主义远大理想在当代中国阶段性的具体实践。共产主义远大理想不是空想，需要一代代共产党人坚持不懈的探索和实践。2012 年 11 月 17 日，习近平总书记在十八届中共中央政治局第一次集体学习时的讲话中指出：“中国特色社会主义，承载着几代中国共产党人的理想和探索，寄托着无数仁人志士的夙愿和期盼，凝聚着亿万人民的奋斗和牺牲，是近代以来中国社会发展的必然选择，是发

展中国、稳定中国的必由之路。”共产主义是共产党人的最高理想，中国特色社会主义是共产党人的共同理想，共同构成共产党人的理想追求。

做共产主义的坚定信仰者、忠实实践者要求共产党人深入学习贯彻习近平新时代中国特色社会主义思想。一方面，深刻把握社会发展规律，坚持创新引领、挖掘经济增长动力，并顺应人类历史发展的潮流，统筹国内国际两个大局，始终不渝走和平发展道路；另一方面，奉行互利共赢的开放战略，推进“一带一路”，坚持开放合作、维护多边贸易体制，坚持伙伴精神、加强宏观政策协调，坚持普惠共赢、促进全球包容发展，推动构建人类命运共同体，做世界和平的建设者、全球发展的贡献者、国际秩序的维护者，为共产主义事业奋斗终身。

在新时代，共产主义远大理想和中国特色社会主义共同理想赋予共产党人神圣的历史使命，这就是实现中华民族伟大复兴。这是实现共产主义、建设中国特色社会主义的现实任务。习近平总书记指出：“我们比历史上任何时期都更接近、更有信心和能力实现中华民族伟大复兴的目标。行百里者半九十。中华民族伟大复兴，绝不是轻轻松松、敲锣打鼓就能实现的。全党必须准备付出更为艰巨、更为艰苦的努力。”这就要求党员干部保持政治定力，坚定不移贯彻新发展理念，继续统筹推进“五位一体”总体布局，协调推进“四个全面”战略布局，为全面建设社会主义现代化国家，实现中华民族伟大复兴的中国梦而不懈奋斗。

三、优良作风教育是党性教育之本

一切活动的党的作风关系党的形象，关系党同人民群众的联系，关系党的执政根基，关系党的生死存亡。增强党性，必须坚持以人民为中心的发展思想，践行全心全意为人民服务的根本宗旨，坚决反对“四风”，始终保持党同人民群众的血肉联系。

（一）党的作风体现党性形象

2014 年 3 月，习近平总书记在河南省兰考县调研指导党的群众路线教育实践活动时的讲话中指出：“作风问题本质上是党性问题。抓作风建设，就要返璞归真、固本培元，重点突出坚定理想信念、践行根本宗旨、加强道德修养。”在作风问题上，起决定作用的是党性。衡量党性强弱的根本尺子是“公”“私”二字。党员干部，就要全心全意为人民服务，就要诚心诚意为党和人民的事业而奋斗，就要讲大公无私、公私分明、先公后私、公而忘私。一要正确认识和处理人际关系，做到既有人情味又按原则办，特别是当个人感情同党性原则、私人关系同人民利益相抵触时，必须毫不犹豫站稳党性立场，坚定不移维护人民利益。二要下决心减少应酬，保持健康的工作方式和生活方式，多学习充电、消化政策，多下基层调查研究、掌握第一手情况，多系统思考和解决工作中存在的突出问题，自觉远离那些庸俗的事物。三要实实在在做人做事，做到严以修身、严以用权、严以律己，谋事要实、创业要实、做人要实，堂堂正正、光明磊落，敢于担当责任，勇于直面矛盾，善于解决问题，不搞“假大空”。四要对一切腐蚀诱惑保持高度警惕，慎独慎初慎微，做到防微杜渐。我们党能不能长期执政、能不能执好政，关键在于人民是不是满意、拥护。党执政的能力能不能持续提高，最重要的是看广大党员特别是党的各级领导干部党性强不强。党性不强，思想道德境界低，作风自然也不好，群众当然不会满意。作风就是党性的外在体现，鲜明地反映了党的理论、党的旗帜、党的目标以及由此所决定的世界观、人生观、价值观，反映了党的性质宗旨、理想信念。作风优良与否，集中体现了党先进与否、纯洁与否。作风看似无形，却无处不在。作风就是党的形象，作风就是党的生命，所以必须把弘扬党的优良作风作为加强党的先进性建设、纯洁性建设最重要的一环。改进作风要举一反三，透过作风看党性，在解决作风问题的基础上解决好党性问题。领导干部要把深入改进作风与加强党性修养结合起来，自觉讲诚信、懂规矩、守纪律，襟怀坦白、言行一致，心存敬畏、手握戒尺，对党忠诚老实，对群众忠诚老实，做到台上台下一种表现，在任何时候、任何情况下都不越界、越轨。

不忘初心，方得始终。人民群众是历史的创造者，是决定党和国家前途命运的根本力量。必须坚持人民群众的主体地位，坚持立党为公、执政为民，践行全心全意为人民服务的根本宗旨，把党的群众路线贯彻到治国理政的全部活动之中，把人民对美好生活的向往作为奋斗目标，依靠人民创造历史伟业。革命时期，延安枣园中央大礼堂里高高悬挂的“为群众服务”条幅，一直激励着筚路蓝缕的共产党人与人民肩并肩、同患难、共生死。如今，中南海新华门影壁上引人注目的“为人民服务”五个大字，时刻提醒着当代共产党人永远保持对人民的赤子之心，坚持以人民为中心的发展思想，不断把党和国家事业推向前进。

（二）坚定党性就要坚决反对“四风”

2017 年 12 月，习近平总书记就新华社发表的一篇《形式主义、官僚主义新表现值得警惕》的文章所反映的“四风”问题作出重要指示，指出文章反映的情况，看似新表现，实则老问题，再次表明“四风”具有顽固性、反复性。纠治“四风”不能止步，作风建设永远在路上。纠治“四风”问题，充分表明以习近平同志为核心的党中央坚定不移全面从严治党、持之以恒正风肃纪的鲜明态度和坚定决心。

面对世情、国情、党情的深刻变化，精神懈怠危险、能力不足危险、脱离群众危险、消极腐败危险更加尖锐地摆在全党面前，党内脱离群众的现象集中表现在形式主义、官僚主义、享乐主义和奢靡之风这“四风”上。广大党员干部要牢记“奢靡之始，危亡之渐”的古训，按照“照镜子、正衣冠、洗洗澡、治治病”的总要求，对作风之弊、行为之垢经常进行大排查、大检修、大扫除，切实解决人民群众反映强烈的突出问题。要落实党委主体责任，推进党风廉政建设。在发展社会经济的同时提高对党风廉政建设的重视，将党风廉政建设摆在更加突出的位置。各部门协调发展，党委发挥带头作用和主体责任，纪检监察机关要落实监督责任，在各环节上有序地推进廉政工作，并推进基层的建设工作，坚决全方面、全方位地遏制“四风”问题。要进一步加强专项检查和日常督查的有机结合，建立常态化的监督机制，持续加大对“四风”问题线索深挖细查。

作风问题具有反复性和顽固性，不可能一蹴而就、毕其功于一役，更不可能一阵风、刮一下就停，必须经常抓、长期抓。解决“四风”问题，要对准焦距、找准穴位、抓住要害，不能“走神”，不能“散光”。要以整风精神来抓，因为党内脱离群众的种种问题特别是“四风”问题都是顽症，要真正解决问题，就要有抛开面子、揭短亮丑的勇气，有动真碰硬、敢交锋的精神，有深挖根源、触动灵魂的态度。

形成优良作风不可能一劳永逸，克服不良作风也不可能一蹴而就。要充分认识“四风”问题的顽固性、反复性、危害性，发扬钉钉子精神，拿出“宜将剩勇追穷寇”的勇气，以抓铁有痕、踏石留印的力度，一刻不放松、半步不后退，一环接着一环拧、一锤接着一锤敲，使“四风”无缝可钻，无处可逃。要有一环扣一环周密部署工作的科学精神，有对作风细节问题抓住不放的较真态度，有对作风顽症攻坚克难的斗争精神，有改造不良习俗的革新精神，有一张蓝图绘到底的坚忍品格，有“功成不必在我，功成必定有我”、一茬接着一茬干的思想境界。只要在纠正“四风”问题上决心不变、力度不减、尺度不松，常抓不懈、抓细抓长，就一定能打赢巩固深化纠治“四风”成果这场硬仗，推动党内进一步风清气朗，使党心民心更加凝聚。

四、红色历史教育是党性教育之源

党的优良传统体现了无产阶级政党的党性原则。世情、国情、党情凝结着党性，是党性的基石。坚强党性，必须立足世情、国情、党情，学习党史、新中国史，开展党性教育，发扬党的优良传统，传承红色基因，永葆共产党人的政治本色。

（一）党史、新中国史是我们党执政兴国的根基与血脉

2018 年 11 月 30 日，习近平主席在二十国集团领导人第十三次峰会第一阶段会议上指出：“以史为鉴，可以知兴替。”学习党史、新中国史，是坚持和发展中国特色社会主义、把党和国家各项事业继续推向前进的必修课。这门功课不仅必修，而且必须修好。中国共产党团结带领人民奋斗 100 多年，创造了中华民族发展史、人类社会进步史上令人刮目相看的奇

迹。从伟大的历史实践中，中国人民深刻认识到，只有跟着中国共产党走、坚持中国特色社会主义道路，才是实现中华民族伟大复兴的必由之路。

2021 年是中国共产党成立 100 周年，全社会都广泛开展了党史、新中国史、改革开放史、社会主义发展史宣传教育，推动党史学习教育深入群众、深入基层、深入人心，引导广大人民群众深刻认识中国共产党为国家和民族作出的历史贡献，深刻感悟中国共产党始终不渝为人民的初心使命。只有正确了解党和国家历史上的重大事件和重要人物，反对历史虚无主义，才能保证党和国家的根基永固，血脉永续，确保党始终成为中国特色社会主义事业的坚强领导核心；只有坚定不移走中国道路、弘扬中国精神、积聚中国力量，才能实现中华民族伟大复兴的中国梦。

通过深入学习党史、新中国史、改革开放史、社会主义发展史、中华民族发展史，我们能从中获得宝贵的历史经验和精神力量。中国共产党在长期奋斗中构建起中国共产党人的精神谱系，锤炼出鲜明的政治品格。这一精神谱系展现出党和国家的精神文脉。我们可以通过学习党史、新中国史、改革开放史、社会主义发展史、中华民族发展史的方式深入理解中国共产党的先进政治属性、高尚政治理想、崇高的政治追求以及纯洁的政治品质。我们党领导人民完成脱贫攻坚、全面建成小康社会的历史任务，实现第一个百年奋斗目标，创造了“两大奇迹”——经济快速发展和社会长期稳定，我们从中体会到中国共产党的强大治理能力。只有坚持中国共产党的领导，我们才能克服前进中所遇到的困难，实现从站起来、富起来到强起来的伟大飞跃，并将这一独特政治优势转化为最大的治理效能。

（二）世情、国情、党情传承着党性的基因

要清醒认识世情。今天的世界，国际形势正处于前所未有之大变局。对于国际变局，早在 2014 年 11 月的中央外事工作会议上，习近平总书记就作出这样的判断：当今世界是一个变革的世界，是一个新机遇新挑战层出不穷的世界，是一个国际体系和国际秩序深度调整的世界，是一个国际力量对比深刻变化并朝着有利于和平与发展方向变化的世界。习近平总书记强调，我们看世界，不能被乱花迷眼，也不能被浮云遮眼，而要端起历

史规律的望远镜去细心观望。综合判断，我国发展仍然处于可以大有作为的重要战略机遇期。我们最大的机遇就是自身不断发展壮大，同时也要重视各种风险和挑战，善于化危为机、转危为安。

要清醒认识国情。当前，我们前所未有地接近实现中华民族伟大复兴的目标，前所未有地具有实现这个目标的能力和信心；我国仍处于并将长期处于社会主义初级阶段的基本国情没有变，我国是世界最大发展中国家的国际地位没有变。2012 年 11 月 29 日，习近平总书记在国家博物馆参观《复兴之路》展览时指出：“我们比历史上任何时期都更接近中华民族伟大复兴的目标，比历史上任何时期都更有信心、有能力实现这个目标。”这激荡人心的话语让亿万华夏儿女心潮澎湃、豪情满怀。习近平总书记在十八届中共中央政治局第一次集体学习时的讲话中指出：“社会主义初级阶段是当代中国的最大国情、最大实际。我们在任何情况下都要牢牢把握这个最大国情，推进任何方面的改革发展都要牢牢立足这个最大实际。”习近平总书记要求全党同志特别是各级领导干部全面认识和把握基本国情，按照实际情况决定工作方针，“既不能罔顾国情、超越阶段，也不能因循守旧、墨守成规”，“既要看到社会主义初级阶段基本国情没有变，也要看到我国经济社会发展每个阶段呈现出来的新特点”。全党必须坚持党的基本路线，把基本国情作为谋划发展的基本依据，以新发展理念为引领，科学制定方针政策、描绘蓝图。

要清醒认识党情。中央组织部最新党内统计数据显示，截至 2023 年 12 月 31 日，中国共产党党员总数为 9900 多万名，党员队伍结构更加优化，基层党组织覆盖面进一步扩大，党的凝聚力和战斗力不断增强，党的组织体系更加健全，党的执政根基进一步夯实，党的生机与活力进一步增强。这对我们党的长远发展具有重要意义。

同时，我们也要看到党员队伍建设面临的挑战。一是年轻党员的数量和比例较高，这些年轻党员充满活力和激情，但缺乏党内政治生活的历练，党员意识和党性修养有待加强。二是随着经济社会发展，流动党员数量很大，虽然有些党员已被纳入新的组织形式，但还有很多党员没有被有效组织起来，难以发挥应有的作用。三是非公有制企业和社会组织的党组织在党员管理和教育等方面面临不少困难。四是随着社会结构的变迁，越来越多的人从单位人变成社会人，社区党组织等基层党组织无法用行政手段开展工作，如何更好发挥党员作用还需要破题。

（三）传承红色基因，永葆政治本色

习近平总书记一直高度重视红色基因的传承。党的十八大以来，他多次前往革命老区，参观英模人物的展览，为全党同志解密红色基因密码。2014 年 10 月，在古田参加全军政治工作会议期间，习近平总书记说：“要带头学传统、爱传统、讲传统，带动部队官兵传承好红色基因、保持老红军本色。”2016 年 2 月，在井冈山，习近平总书记说：“回想过去那段峥嵘岁月，我们要向革命先烈表示崇高的敬意，我们永远怀念他们、牢记他们，传承好他们的红色基因。”2016 年 4 月，在金寨，习近平总书记说：“革命传统教育要从娃娃抓起，既注重知识灌输，又加强情感培育，使红色基因渗进血液、浸入心扉，引导广大青少年树立正确的世界观、人生观、价值观。”2018 年 3 月 8 日，习近平总书记在参加十三届全国人大一次会议山东代表团审议时强调，红色基因就是要传承。2018 年 5 月 30 日，在给陕西照金北梁红军小学学生的回信中，习近平总书记希望孩子们多了解中国革命、建设、改革的历史知识，多向英雄模范人物学习，热爱党、热爱祖国、热爱人民，用实际行动把红色基因一代代传下去。2019 年 5 月 20 日，习近平总书记在江西考察时指出：“我们不能忘记党的初心和使命，不能忘记革命理想和革命宗旨，要继续高举革命的旗帜，弘扬伟大的长征精神，朝着中华民族伟大复兴的目标奋勇前进。”在离开中央红军长征出发地纪念园时他又勉励大家：现在是新的长征，我们要重新再出发！中华民族从站起来、富起来到强起来，经历了多少坎坷，创造了多少奇迹，要让后代牢记初心，永远不可迷失方向。2020 年 1 月，习近平总书记赴云南看望慰问各族干部群众时强调：“要学习党史、新中国史，懂得党的初心和使命之可贵，理解坚守党的初心和使命之重要。云南有光荣的革命传统，有很多感人肺腑的动人故事。要把这些故事作为‘不忘初心、牢记使命’教育的生动教材，引导广大党员、干部不断检视初心、滋养初心，不断锤炼忠诚

干净担当的政治品格。”2021年3月25日，习近平总书记在福建考察时指出：“要从党的辉煌成就、艰辛历程、历史经验、优良传统中深刻领悟中国共产党为什么能、马克思主义为什么行、中国特色社会主义为什么好等道理，弄清楚其中的历史逻辑、理论逻辑、实践逻辑。要深刻领悟坚持中国共产党领导的历史必然性，坚定对党的领导的自信。要深刻领悟马克思主义及其中国化创新理论的真理性，增强自觉贯彻落实党的创新理论的坚定性。要深刻领悟中国特色社会主义道路的正确性，坚定不移走中国特色社会主义这条唯一正确的道路。”2024年5月，习近平总书记在山东考察时强调：“要保护和运用好红色资源，大力弘扬沂蒙精神，推动红色基因代代相传。”

红色基因伴随我们党从胜利走向胜利。中国共产党100多年的光辉历程中，红色基因与我们党与生俱来、相伴相随，不断丰富和发展。在艰苦卓绝的革命战争年代，中国共产党人培育了伟大建党精神、井冈山精神、长征精神、延安精神、西柏坡精神；在激情似火的建设改革时期，孕育了“两弹一星”精神、雷锋精神、焦裕禄精神、载人航天精神；在新时代，孕育了脱贫攻坚精神、抗疫精神等。这些熠熠闪光的基因片段，诠释了共产党人坚如磐石的信仰、为人民服务的宗旨、百折不挠的意志、艰苦奋斗的作风，是我们党内在特质的真实写照。在新时代新征程中，红色基因像希望的火炬，照亮前进之路；像不息的溪流，浸润共产党人的精神家园；像高扬的旗帜，凝聚万众一心、众志成城的磅礴力量。

当好红色基因的传承者、践行者，要始终秉持“革命理想高于天”的人生信条。红色基因是我们党和国家坚定不移走新时代中国特色社会主义道路最强有力的政治保障，是中国共产党永葆生机、永不落败、永不消亡的支撑动力，是中华民族生生不息、克难奋进、不断走向繁荣富强的强大精神支柱。革命战争年代，无数共产党人“用头颅守护信仰”，经受住血与火、生与死的磨砺，谱写出视死如归的英雄壮歌；建设改革时期，无数共产党人“铁心跟党走”，经受住得与失、名与利的考验，续写出“敢教日月换新天”的壮丽诗篇。在新的历史征途中，传承红色基因，就是要把忠诚作为信念之舵，始终秉持“革命理想高于天”的人生信条，为党和人民的事业鞠躬尽瘁，为中华民族伟大复兴奋斗不息。革命先烈身上所镌刻的忠诚，始终是红色基因的标志，虽历经岁月的沉淀和洗礼而不变色、不动摇。在新的历史征途中，传承红色基因，首要的就是我们要把忠诚作为信念之舵，牢固树立“四个意识”、坚定“四个自信”、做到“两个维护”，为党和人民的事业鞠躬尽瘁，为共产主义奋斗终身。

共产党人的政治本色，诠释了我们党作为马克思主义政党的价值追求，彰显了共产党人的品格风范，是加强党员党性修养的生命之源。信仰坚定、纪律严明、作风过硬、清正廉洁是马克思主义政党的政治本色，对党忠诚、个人干净、敢于担当是领导干部永葆共产党人政治本色的基本要求。党员必须把永葆共产党人的政治本色作为提高政治能力的核心要素和永恒追求，坚守党的性质、宗旨和奋斗目标，坚持严于律己，认真学习贯彻党章，增强党性自觉和纪律自觉，在建设和发展中国特色社会主义、忠诚服务人民的实践中保持本色，永葆党的先进性和纯洁性。

永葆共产党人政治本色，要不忘初心、牢记使命。不忘初心、牢记使命，是我们党的先进性和纯洁性的重要体现。坚守初心和使命，要把加强党性修养作为党员干部立身、立业、立言、立德的基石，始终保持强大生命力和战斗力，始终成为时代先锋、民族脊梁。中国共产党自成立之日起就把马克思主义信仰、共产主义远大理想及解放全天下的劳苦大众作为初心，写在了党的旗帜上。2016 年 7 月 1 日，习近平总书记在庆祝中国共产党成立 95 周年大会上告诫全党：“一切向前走，都不能忘记走过的路；走得再远、走到再光辉的未来，也不能忘记走过的过去，不能忘记为什么出发。面向未来，面对挑战，全党同志一定要不忘初心、继续前进。”只有不忘初心我们党才能永葆先进性和纯洁性。100 多年来，中国共产党之所以能够完成近代以来各种政治力量不可能完成的艰巨任务，首先就在于始终把马克思主义这一科学理论作为自己的行动指南，无论处于顺境还是处于逆境，共产党人始终坚守马克思主义信仰。牢记使命，让担当有为成为党员干部最鲜明的政治本色。为官避事平生耻，敢于担当为人民，有朝气、有干劲才是真正的党员干部的本色。新时代的党员干部要牢记习近平总书记的人民情怀，深入学习习近平总书记的人民观，把全心全意为人民服务的宗旨自觉转化为以人民为中心的行动自觉，始终保持先进性，发挥先锋模范作用，为实现人民对美好生活的向往不懈奋斗。

五、党规党纪教育是党性教育之弦

《吕氏春秋·自知》有言：“欲知平直，则必准绳；欲知方圆，则必规矩。”党规党纪是党的各级组织和全体党员的行为规范，是党性的重要体现，是维护党的团结统一、完成党的历史任务的重要保证。习近平总书记多次强调：“没有规矩不成其为政党，更不成其为马克思主义政党。我认为，我们党的党内规矩是党的各级组织和全体党员必须遵守的行为规范和规则。”锤炼共产党人的党性，要加强党规党纪教育特别是政治纪律政治规矩教育，强化廉政教育，进行经常性警示教育，使党员干部知敬畏、存戒惧、守底线，在模范践行党规党纪中锤炼党性。

（一）党规党纪是党性的具体体现

党规党纪是党的各级组织和全体党员必须遵守的行为规范和规则。习近平总书记指出：纪律是成文的规矩，一些未明文列入纪律的规矩是不成文的纪律；纪律是刚性的规矩，一些未明文列入纪律的规矩是自我约束的纪律。我们党在长期实践中形成的优良传统和工作惯例，经过实践检验，约定俗成、行之有效，需要全党长期坚持并自觉遵循。党的规矩包括什么呢？其一，党章是全党必须遵循的总章程，也是总规矩。其二，党的纪律是刚性约束，政治纪律更是全党在政治立场、政治方向、政治原则、政治道路方面必须遵守的刚性约束。其三，国家法律是党员干部必须遵守的规矩，法律是党领导人民制定的，全党必须模范执行。其四，党在长期实践中形成的优良传统和工作惯例。

党规党纪，都以党章为基础，体现着党章的要求。《中国共产党党内法规制定条例》明确规定：“党章是最根本的党内法规，是制定其他党内法规的基础和依据。”党章是党性的集中体现，遵循党章制定的党规党纪，体现着党章的要求，自然也就体现着党性。党规党纪是党性的具体化。这些在不同的党规党纪中有不同的体现，比如，《中国共产党廉洁自律准则》明确规定：坚持公私分明，先公后私，克己奉公；坚持崇廉拒腐，清白做人，干净做事；坚持尚俭戒奢，艰苦朴素，勤俭节约；坚持吃苦在前，享受在后，甘于奉献；廉洁从政，自觉保持人民公仆本色；廉洁用权，自觉维护人民根本利益；廉洁修身，自觉提升思想道德境界；廉洁齐家，自觉带头树立良好家风。这些规定都体现了党性的要求。

（二）加强政治纪律和政治规矩教育

严明的纪律是中国共产党的优良传统，也是中国共产党不断发展壮大、不断开创各项事业新局面的重要原因。严守政治纪律和政治规矩，不论是对于坚定不移推进全面从严治党，还是对于着力防范化解重大风险等，都具有极其重要的作用。践行党性规范，首要的是遵守党的政治纪律和政治规矩。

政治纪律是党最根本、最重要的纪律，是维护党的团结统一的根本保证。这由党作为一个先进的政治组织的基本性质所决定，也由政治纪律与其他纪律之间的内在关系所决定。把纪律挺在前面，首先要把政治纪律挺在前面。要把坚决做到“两个维护”作为首要政治纪律，在全党持续深入开展忠诚教育，教育督促党员干部始终对党老实，决不允许在重大政治原则问题上、大是大非问题上搞自由主义。“两个维护”是十八大以来我们党的重大政治和宝贵经验，是最高的政治原则、最根本的政治要求、最重要的政治纪律和政治规矩。

遵守政治纪律和政治规矩，重点要做到以下五个方面：一是必须坚决维护党中央权威和集中统一领导，决不允许背离党中央要求另搞一套，全党同志特别是各级领导干部在任何时候、任何情况下都必须在思想上政治上行动上同党中央保持高度一致，听从党中央指挥，不得阳奉阴违、自行其是，不得对党中央的大政方针说三道四，不得公开发表同党中央精神相违背的言论。二是必须维护党的团结，决不允许在党内培植个人势力，要坚持五湖四海，团结一切忠诚于党的同志，要团结大多数，不得以人划线，不得搞任何形式的派别活动。三是必须遵循组织程序，决不允许擅作主张、我行我素，重大问题该请示的请示，该汇报的汇报，不允许超越权限办事，不能先斩后奏。四是必须服从组织决定，决不允许搞非组织活动，不得跟组织讨价还价，不得违背组织决定，遇到问题要找组织、依靠组织，不得欺骗组织、对抗组织。五是领导干部必须管好亲属和身边工作人员，决不允许他们擅权干政、谋取私利，不得纵容他们影响政策制定和人事安排、干预正常工作运行，不得默许他们利用特殊身份谋取非法利益。

（三）强化廉政教育

廉政是党性的体现，因为党除了工人阶级和最广大人民群众的利益之外，没有自身的特殊利益。廉政是我们党的一贯主张，1963 年 4 月 25 日，毛泽东看到“好八连”的事迹，挥笔写下《杂言诗・八连颂》，其中“拒腐蚀、永不沾”体现了拒腐倡廉的决心。在改革开放和社会主义现代化建设新时期，邓小平指出：“要惩治腐败，并体现我们不但不会改变改革开放的政策，而且要继续深化改革、扩大开放。要拿事实给人民看，这样人民的心里才会平静下来。”“我们一手抓改革开放，一手抓惩治腐败，这两件事结合起来，对照起来，就可以使我们的政策更加明朗，更能获得人心。”党的十八大以来，习近平总书记更加重视反腐败斗争，多次强调：“为政清廉才能取信于民，秉公用权才能赢得人心。”“反腐倡廉必须常抓不懈，拒腐防变必须警钟长鸣，关键就在‘常’、‘长’二字，一个是要经常抓，一个是要长期抓”等，把廉政的要求提升到了一个新高度。

清廉，就是要保持我们党艰苦奋斗的优良传统，保持党员的优秀品德和高尚情操，廉洁奉公廉洁从政。这一价值观，顺应了时代发展要求，反映了广大人民群众的愿望，代表着社会主义先进文化的本质要求和服务方向。廉政文化教育的精神实质，是引导广大党员干部牢固树立中国特色社会主义共同理想，牢记全心全意为人民服务的根本宗旨，树立正确的世界观、人生观、价值观，增强执政为民的自觉意识，不断提高执政能力和执政水平，增强拒腐防变和抵御风险的能力。它既是社会主义先进文化在廉政建设方面的集中反映，也是社会主义先进文化的重要组成部分。在具体实施上，就是通过对马克思主义基本理论、基本信念教育，廉洁政德教育，民主法治和纪律教育，加大廉政文化建设的形势教育，加大对中华优秀传统文化、中国共产党优良传统教育，不断创新教育方式，形成教育的制度化、规范化。

（四）开展警示教育

警示教育，是通过通报、观看、聆听典型案例，以案警醒、以案警觉、以案警戒，使党员干部心有所畏、言有所戒、行有所止的一种教育方式，是解决“不想腐”问题的一种方法。开展警示教育，是习近平总书记提出的明确要求。他强调:“开展警示教育，使各级干部特别是高级干部受警醒、明底线、知敬畏，切实引以为戒。”各地各部门应把警示教育纳入工作部署，及时发现和掌握党员干部身上的一些苗头性和倾向性问题，从本地区本部门的实际情况出发，以常抓的耐心和长抓的韧劲，有针对性地加强警示教育，切实筑牢党员干部拒腐防变的思想防线。

开展警示教育，要深入查摆问题。坚持问题导向，联系自己的思想实际和工作实际，对照典型案例进行自我剖析，查找工作中的显性和隐性廉政风险点。要召开组织生活会，学习党规党纪，进行对照检查，开展批评和自我批评，明确具体措施，逐项进行整改，达到自我净化、自我完善、自我革新、自我提高，防患于未然的效果。开展警示教育，关键是以案为鉴、反躬自省。党员干部要真正把自己摆进去，深入查摆自身存在的不足和问题。要联系反面典型案例，深入查找自身思想、自身岗位的突出问题。召开组织生活会，开展严肃的批评和自我批评，深刻剖析、对照检查，确保取得照镜正容、洗澡除尘、醒脑治病的效果。开展警示教育，目的是解决问题。针对查摆出来的问题，各级党组织和党员干部要结合实际，制定清单，细化内容，明确责任，落实整改，边查边改、立行立改。广大党员干部要做到知敬畏、存戒惧、守底线。

参考阅读

习近平谈共产党员的党性（节选）

加强党性修养是党员干部一生的必修课。习近平总书记十分重视党性教育，在不同场合多次强调。

党的初心和使命是党的性质宗旨、理想信念、奋斗目标的集中体现

党的初心和使命是党的性质宗旨、理想信念、奋斗目标的集中体现，激励着我们党永远坚守，砥砺着我们党坚毅前行。从石库门到天安门，从兴业路到复兴路，我们党近百年来所付出的一切努力、进行的一切斗争、作出的一切牺牲，都是为了人民幸福和民族复兴。正是由于始终坚守这个初心和使命，我们党才能在极端困境中发展壮大，才能在濒临绝境中突出重围，才能在困顿逆境中毅然奋起。忘记初心和使命，我们党就会改变性质、改变颜色，就会失去人民、失去未来。

——2020 年 1 月 8 日，习近平在“不忘初心、牢记使命”主题教育总结大会上的讲话

我们党作为百年大党，要始终得到人民拥护和支持，书写中华民族千秋伟业，必须始终牢记初心和使命，坚决清除一切弱化党的先进性、损害党的纯洁性的因素，坚决割除一切滋生在党的肌体上的毒瘤，坚决防范一切违背初心和使命、动摇党的根基的危险。

——2020 年 1 月 8 日，习近平在“不忘初心、牢记使命”主题教育总结大会上的讲话

我们党作为百年大党，如何永葆先进性和纯洁性、永葆青春活力，如何永远得到人民拥护和支持，如何实现长期执政，是我们必须回答好、解决好的一个根本性问题。我们党要求全党同志不忘初心、牢记使命，就是要提醒全党同志，党的初心和使命是党的性质宗旨、理想信念、奋斗目标的集中体现，越是长期执政，越不能丢掉马克思主义政党的本色，越不能忘记党的初心使命，越不能丧失自我革命精神。

——2019 年 6 月 24 日，习近平在十九届中央政治局第十五次集体学习时的讲话

引导党员、干部加强党性锻炼、党性修养

要以强有力的政治监督，确保党中央重大决策部署贯彻落实到位。要坚持学懂弄通做实党的创新理论，以庆祝建党 100 周年为契机，引导党员、干部加强党性锻炼、党性修养，坚定理想信念，百折不挠把自己的事办好。

——2021 年 1 月 22 日，习近平在十九届中央纪委五次全会上强调

要以严格的执纪执法增强制度刚性，推动形成不断完备的制度体系、严格有效的监督体系，加强理想信念教育，提高党性觉悟，夯实不忘初心、牢记使命的思想根基。

——2020 年 1 月 13 日，习近平在十九届中央纪委四次全会上的讲话

马克思主义政党的先进性和纯洁性不是随着时间推移而自然保持下去的，共产党员的党性不是随着党龄增长和职务提升而自然提高的。初心不会自然保质保鲜，稍不注意就可能蒙尘褪色，久不滋养就会干涸枯萎，很容易走着走着就忘记了为什么要出发、要到哪里去，很容易走散了、走丢了。我们查处的那些腐败分子，之所以跌入违纪违法的陷阱，从根本上讲就是把初心和使命抛到九霄云外去了。不忘初心、牢记使命不是一阵子的事，而是一辈子的事，每个党员都要在思想政治上不断进行检视、剖析、反思，不断去杂质、除病毒、防污染。

——2020 年 1 月 8 日，习近平在“不忘初心、牢记使命”主题教育总结大会上的讲话

（摘编自党建网微平台 2021 年 2 月 3 日）

党性修养好、党性坚强，遵守党纪就会更加自觉。领导干部要把锤炼党性、提高思想觉悟作为终身课题，活到老、学到老、修养到老。要把政治修养摆在党性修养的首位，从党的创新理论中汲取党性滋养，把学习遵守贯彻党章党规党纪作为党性修养的重要内容。

——2024 年 12 月 26 日至 27 日，习近平总书记在主持二十届中共中央政治局民主生活会时的讲话

第四讲

党性修养是党员干部一生的必修课

党员的党性修养关系党和国家事业的兴衰成败。加强党性修养是我们党对党员干部的一贯要求，也是全体党员的一项终身必修课。习近平总书记指出：“干部的党性修养、思想觉悟、道德水平不会随着党龄的积累而自然提高，也不会随着职务的升迁而自然提高，而需要终生努力。”进入新时代，全面从严治党的新形势新任务对党员党性修养提出了新的更高要求。在全党开展深入贯彻中央八项规定精神学习教育，既是巩固深化主题教育和党纪学习教育成果、纵深推进全面从严治党的重要举措，也是对党员干部作风建设的一次深入检阅。对于锤炼广大党员干部党性修养，以优良作风推进中国式现代化具有重大意义。

一、在学思践悟中加强理论修养

理论修养是党性修养的基础，是加强政治修养和其他修养的必备前提。加强理论修养，要把理论学习摆在首位，注重学习马克思主义经典著作，学会运用马克思主义立场、观点、方法观察和解决问题，不断深化对共产党执政规律、社会主义建设规律、人类社会发展规律的认识，真正把马克思主义这个看家本领学深悟透用好；要认真学习贯彻习近平新时代中国特色社会主义思想，用其武装头脑、指导实践、推动工作；要坚持理论联系实际，做到学以致用、用以促学、学用相长，始终以理论上的清醒保持政治上的坚定。

（一）加强理论修养是首要任务

党员加强党性修养，首先必须增强马克思主义理论修养。理论修养是党性修养的基石。理论是管全局、管方向、管思想、管灵魂的。政治上的坚定、党性上的坚定，都离不开理论上的清醒。

加强理论学习、提高理论水平是加强理论修养的重要方法。马克思对于理论的作用作过非常精辟的论述。马克思说："批判的武器当然不能代替武器的批判，物质力量只能用物质力量来摧毁；但是理论一经掌握群众，也会变成物质力量。"由此可见，理论非常重要。用理论武装好群众，发挥理论的武装作用，意味着群众在思想上想通了，想通了就会变成很自觉的行动。恩格斯说："一个民族要想站在科学的最高峰，就一刻也不能没有理论思维。"中国共产党的理论思维，就是运用马克思主义的立场、观点和方法，分析和解决中国革命、建设、改革实践中的问题。"如果我们不能掌握马克思列宁主义的理论武器，我们就不能正确地认识和处理在革命斗争中所遇到的各种问题，就有迷失方向、背离无产阶级革命立场的危险。"对党员来说，马克思主义既是一种只有下苦功夫学习才能掌握的真理，同时也是一种改造世界的手段。

毛泽东高度重视理论的作用。毛泽东说："没有主义，是造不成空气的。""主义譬如一面旗子，旗子立起了，大家才有所指望，才知所趋赴"。有了旗子，才知道为什么奋斗。所以在理论上一定要解决这个问题。延安时期，是我们党的理论的形成时期，也是毛泽东思想的成熟期。即使这样，毛泽东仍然很尖锐地指出，"理论活动仍很落后"。他在谈到学习问题时很形象地说过，有了学问，好比站在山上，可以看到很远很多东西；没有学问，如在暗沟里走路，摸索不着，那会苦煞人。

重视从思想上建党，重视用马克思主义理论武装全党，始终把理论建设放在党的建设的重要位置，始终保持党的先进性和纯洁性，是我们党不断发展壮大的成功经验，也是我们党一向秉持的优良传统。从整风运动以来，我们党开展的历次集中教育活动都以思想教育、理论学习打头，都强调党内同志的理论修养。今天，面对党内的新情况、新问题、新任务，以习近平同志为核心的党中央高度重视理论的作用，把理论修养摆在了全面提升党性修养的重要位置。

我们党是以先进理论武装起来的党，把马克思列宁主义、毛泽东思想、邓小平理论、“三个代表”重要思想、科学发展观、习近平新时代中国特色社会主义思想作为自己的行动指南。加强理论修养，就是要用先进理论武装头脑，善于用辩证唯物主义和历史唯物主义的立场、观点和方法去认识、观察、改造世界。党员干部要把学习和掌握科学理论作为人生的不懈追求，真正做到系统地而不是零碎地，深刻地而不是肤浅地、全面地而不是片面地学习党的理论，在常学常新中加强理论修养，筑牢理论基础，增强党性修养。

（二）始终坚持马克思主义指导地位

马克思主义是科学的理论，深刻揭示了关于物质世界及其发展规律、人类社会及其历史规律、认识过程及其思维规律等原理，指明了人类社会发展的前进方向，为共产党人提供了科学的世界观和方法论。马克思主义有其自身的原理规律、逻辑体系、发展历史，是科学的真理体系，具有科学理论的巨大力量，对社会进步发挥着无比强大的推动作用。

马克思主义是我们立党立国、兴党兴国的根本指导思想，也是共产党人党性的核心和灵魂。坚持对马克思主义的信仰，坚持和巩固马克思主义的指导地位，是党和人民团结一致、始终沿着正确方向前进的根本思想保证。共产党人要坚定信仰、对党忠诚，首先要毫不动摇地坚持马克思主义。习近平总书记指出：“马克思主义是我们认识世界、把握规律、追求真理、改造世界的强大思想武器，是我们党和国家必须始终遵循的指导思想。”

马克思主义及其在中国的发展，为党和人民事业发展提供了既一脉相承又与时俱进的科学理论指导，为增进全党全国各族人民团结奋斗提供了坚实的思想基础。历史已经证明，马克思主义能够指导中国共产党带领全国各族人民把社会主义事业不断推向前进。同时，面对新的时代特点和实践要求，马克思主义也面临进一步中国化、时代化、大众化的问题。

党的十九届四中全会通过的《中共中央关于坚持和完善中国特色社

会主义制度、推进国家治理体系和治理能力现代化若干重大问题的决定》，强调坚持马克思主义在意识形态领域指导地位的根本制度。把坚持马克思主义在意识形态领域指导地位确定为一项根本制度，这是党在新时代作出的重要决策，具有重大的现实意义，旨在更好推动社会主义先进文化繁荣发展，不断巩固全体人民团结奋斗的共同思想基础，为新时代坚持和发展中国特色社会主义、实现中华民族伟大复兴的中国梦提供坚强思想保证和强大精神动力。

（三）用党的创新理论武装头脑

理论武装是党性修养的首要问题，加强党性修养必须重视理论修养。党的二十大报告指出："坚持不懈用新时代中国特色社会主义思想凝心铸魂。用党的创新理论武装全党是党的思想建设的根本任务。"当前，我们已迈入全面建设社会主义现代化国家新征程，要与时俱进地加强创新理论武装。

新时代催生新思想，新思想引领新征程。习近平新时代中国特色社会主义思想是马克思主义中国化时代化的最新理论成果，是当代中国马克思主义、21 世纪马克思主义，是必须长期坚持的指导思想，是全党全国人民夺取新时代伟大胜利的总纲领和战斗旗帜，是实现中华民族伟大复兴的行动指南。习近平新时代中国特色社会主义思想已经以其重大的理论价值和实践成效镌刻在世界思想理论版图的显著位置，成为 21 世纪马克思主义的主体形态。

用习近平新时代中国特色社会主义思想武装头脑，必须提高思想理论学习的全面性与系统性，全面地而不是片面地、系统地而不是零碎地把握思想体系，善于把握马克思主义经典著作的思想理论脉络，探寻和认识基本规律，不断深化对共产党执政规律、社会主义建设规律、人类社会发展规律的认识，深刻认识中国特色社会主义的历史必然性、科学真理性、巨大优越性、特有本质性，紧跟时代步伐，持续不断地推进理论创新，用符合当代中国发展的先进理论成果构筑党员的强大精神支柱。

党的创新理论贵在运用，要把更多理论学习成果转化为实践成果。要把理论精髓内化于心、外化于行，学会用科学的立场、观点、方法认识思考和研究处理问题。习近平新时代中国特色社会主义思想具有指导实践、推动发展的强大真理力量。只有在实践的广度中，才能真切地感受到党的创新理论的深度和厚度，才能增强贯彻落实的自觉性、坚定性，深刻把握其世界观、方法论和贯穿的立场观点方法，更加自觉地用这一思想指导解决实际问题，达到以科学理论指导实践、推动工作、解决问题的目的。

（四）加强党史、新中国史、改革开放史、社会主义发展史、中华民族发展史学习，汲取理论素养

历史是最好的老师。100 多年风雨兼程，我们党团结带领全国各族人民完成了新民主主义革命，实现了中国从几千年封建专制政治向人民民主的伟大飞跃；完成了社会主义革命，推进了社会主义建设，实现了中华民族由不断衰落到根本扭转命运、持续走向繁荣富强的伟大飞跃；进行了改革开放新的伟大革命，实现了从站起来、富起来到强起来的伟大飞跃。对广大党员而言，这部厚重的党史既是一本具有丰富科学内涵的教科书，更是一笔宝贵的精神财富，所以我们一定要将其作为人生的必修课加以认真研习。

党的十八大以来，以习近平同志为核心的党中央高度重视对历史的学习。习近平总书记在“不忘初心、牢记使命”主题教育总结大会上指出，要把学习贯彻党的创新理论作为思想武装的重中之重，同学习党史、新中国史、改革开放史、社会主义发展史结合起来，在学懂弄通做实上下苦功夫，在解放思想中统一思想，在深化认识中提高认识、切实增强贯彻落实的思想自觉和行动自觉。

党史学习是党性修养的必修课。历史是最好的教科书，而党史、新中国史、改革开放史、社会主义发展史、中华民族发展史是这一教科书中最重要的内容。广大党员只有不断加强这方面的学习，努力提升理论素养和党性修养，找准共产党人理想信念的航标，滋养深沉绵长的爱国主义情怀，砥砺开拓创新的拼搏精神，坚定对马克思主义科学理论的自信，才能以更加昂扬自信的姿态阔步走向未来。

（五）树立良好的学风，在常学常新中加强理论修养

党员干部学习与否、学风如何，不仅是个人兴趣爱好的问题，更是党性修养的基本要求、责无旁贷的政治责任。以习近平同志为核心的党中央高度重视作风建设、学风建设，全党对改进作风、端正学风达成共识，在理论学习等许多方面呈现出全新的气象。高度重视学习、善于学习研究，是我们党的优良传统和政治优势，是我们党保持和发展先进性、始终走在时代前列的重要保证。理论上的信仰度，决定对党的忠诚度和对党的事业的执着度。广大党员干部要坚持弘扬马克思主义学风，在常学常新中加强理论修养。

在阅读原著、深钻细研上下功夫。读原著、学原文、悟原理是学习理论的有效方式，也是培养和锻炼理论思维的根本途径，把核心概念、基本观点、精髓要义熟记于心，是顺应理论思维能力形成和发展的规律，是加强马克思主义理论修养的基本功。在学深悟透、融会贯通上花精力。理论学习没有捷径可走，最忌浮躁潦草、急功近利。只有全面系统学、深入思考学、联系实际学，经过一番深刻的学思践悟，学深学透，掌握精髓真谛，才会领略思想之光、理论之美。在端正学风、学以致用上用气力。加强理论修养离不开优良学风。理论的价值在于实践，学习的目的在于应用。理论学习应当落脚于实践的目标，把理论与实践统一起来，做到知行合一、学以致用，坚持理论联系实际的马克思主义学风，要以科学态度对待科学理论，以科学精神探求科学真理，增强以学求进的动力、真学真信的定力、学思践悟的功力，防止浮光掠影、浅尝辄止，学而不思、食而不化，克服浅阅读、走形式、功利化等倾向。真正把马克思主义理论素养的提高转化为开拓创新、攻坚克难、化解矛盾的能力，把理论学习成果转化为谋划工作的具体思路、破解难题的措施办法、推动发展的实际成效。

党员干部要涵养“入山问樵、入水问渔”的求知精神和锲而不舍、刻苦钻研的进取精神，大力发扬挤劲、钻劲、韧劲，保持永不自满、永不懈怠的激情，舍得花时间和精力加强理论学习，善于把各种零碎时间利用起来用于读书，沉下心来，排除干扰，勤学苦学，多思深钻，务求甚解，积

少成多，持之以恒，努力把理论修养提升到新水平。

二、在绝对忠诚中加强政治修养

政治修养是党员干部核心和首要的党性修养内容。党员干部要树立鲜明的马克思主义的政治观点和政治原则，坚持党对一切工作的领导，深刻领悟“两个确立”的决定性意义，增强“四个意识”，坚定“四个自信”，做到“两个维护”，在政治立场、政治方向、政治原则、政治道路上同党中央保持高度一致；树立坚定不移的政治理想，不断增强政治判断力、政治领悟力和政治执行力，在复杂的环境和各种考验面前，始终保持清醒的政治头脑；严守党的政治纪律和政治规矩，自觉参加党内政治生活，不断提高政治能力，把对党忠诚、为党分忧、为党尽职、为民造福作为根本政治担当。

（一）对党忠诚是我们党对党员的一贯要求

入党誓词突出强调党员要做到“永远”“终身”“到底”，要“不怕牺牲”“永不叛党”。如红军时期的入党誓词就写道“严守秘密，服从纪律，牺牲个人，阶级斗争，努力革命，永不叛党”；抗日战争时期的入党誓词写道“坚决执行党的纪律，不怕困难，不怕牺牲，为共产主义事业奋斗到底”；解放战争时期的入党誓词写道“终身为共产主义事业奋斗”“百折不挠，永不叛党”；新中国成立初期的入党誓词写道“随时准备牺牲个人的一切，为全人类彻底解放奋斗终身”。这些誓词都没有写进党章。改革开放以后，1982 年 9 月党的十二大首次将入党誓词载入党章，规定：“我志愿加入中国共产党，拥护党的纲领，遵守党的章程，履行党员义务，执行党的决定，严守党的纪律，保守党的秘密，对党忠诚，积极工作，为共产主义奋斗终身，随时准备为党和人民牺牲一切，永不叛党。”党的十三大至二十大通过的党章，都沿用了这一入党誓词的内容。

从土地革命战争、抗日战争、解放战争到改革开放，尽管形势任务千变万化，但入党誓词始终强调“忠诚”“永不叛党”。对党绝对忠诚，是共产党人最纯洁的政治底色。在白色恐怖年代，许光达不惧“清党”“死不退出共产党”；罗瑞卿身处险境，“宁可冻死饿死，绝不背离共产党”。先烈的壮举，诠释了忠诚的内涵，奏响了忠诚的强音，谱写了忠诚的壮歌。

党的十八大以来，针对党内外、国内外的新情况，习近平总书记多次强调关于党员要对党绝对忠诚的问题。他指出，对党绝对忠诚要害在“绝对”两个字，就是唯一的、彻底的、无条件的、不掺任何杂质的、没有任何水分的忠诚。党员干部要用这样的标准要求自己，忠于党、忠于国家、忠于人民，时刻把党、国家和人民放在心中最高位置，是党员干部的修德之基、立德之本。

对党绝对忠诚，既是政治标准，更是实践标准。党员不仅要在思想上、信念上对党绝对忠诚，还要在工作上、行动上对党绝对忠诚。事业最能检验党员干部的忠诚度。如果党员干部没有忠诚或忠诚不纯粹、不牢固，就会不想干事、不思进取，贻误党和人民的事业。伟大事业是时代考卷，忠诚奋斗是唯一答案。对党忠诚最重要的就是忠于党的事业，知责思为，履责能为，尽责善为。新时代新征程，党员干部肩上的担子越来越重，对党员干部的能力和作风方面的要求越来越高，党员干部履职尽责面临的考验越来越大。要戒懈怠、戒浮躁、戒安逸、戒虚假，始终保持蓬勃朝气、昂扬锐气和浩然正气，做到心无旁骛、恪尽职守，以对党和人民事业高度负责的精神干事创业。

（二）坚定拥护“两个确立”、坚决做到“两个维护”

政治意识作为一种政治心理和意识形态，主要是指政治思想、政治观点以及对于政治现象的态度和评价，也就是各级党组织和全体党员在政治方向、政治立场、政治言论、政治行为上必须遵守的规矩。党员干部加强新时代政治修养，必须着重在增强政治意识、坚定政治方向、落实政治任务、强化政治担当上下功夫，其中最核心的要求是坚定拥护“两个确立”、坚决做到“两个维护”。

要在中国这个世界上最大的发展中国家凝聚全党、团结人民、战胜挑战、破浪前进，保证我们党始终成为坚强有力的马克思主义执政党、始终成为中国特色社会主义事业的坚强领导力量，党中央、全党必须有一个核心。毛泽东说：“中国共产党是全中国人民的领导核心。没有这样一个核心，社会主义事业就不能胜利。”邓小平说：“任何一个领导集体都要有一个核心，没有核心的领导是靠不住的。”毛泽东讲明了中国共产党是国家治国理政的核心主体，邓小平讲明了这个主体内部核心的重要性。党的领导核心代表着正确方向，凝结着全党智慧，关系党和国家前途命运。所以，我们党必须有一个强有力的领导集体，有一个众望所归的领导核心。

我们党作为世界上最大的马克思主义执政党，要始终赢得人民拥护、巩固长期执政地位，必须时刻保持解决大党独有难题的清醒和坚定。维护党中央权威和集中统一领导，坚持以先进理论为指导，是我国革命、建设、改革的重要经验，也是一个成熟的马克思主义执政党的重大管党治党方略。党的十八大以来，我们党正式确立了习近平同志党中央的核心、全党的核心地位，确立习近平新时代中国特色社会主义思想的指导地位。“两个确立”既实现了党内部的高度团结统一，又高度凝聚了全社会的政治共识，推动党解决“如何始终不忘初心、牢记使命，如何始终统一思想、统一意志、统一行动，如何始终具备强大的执政能力和领导水平，如何始终保持干事创业精神状态，如何始终能够及时发现和解决自身存在的问题，如何始终保持风清气正的政治生态”等独有难题的战略自信和战略能力不断增强。

坚决维护习近平同志党中央的核心、全党的核心地位，坚决维护以习近平同志为核心的党中央权威和集中统一领导，是新时代推进“四个伟大”的根本保证。新时代推进“四个伟大”，其中起决定作用的是党的建设新的伟大工程。当今世界正经历百年未有之大变局，我国正处于实现中华民族伟大复兴的关键时期。越是接近目标，越是形势复杂，越是任务艰巨，就越要发挥党中央集中统一领导的“定海神针”作用。坚决做到“两个维护”，才能形成万众一心的磅礴力量，应对国内外各种风险和考验，不断夺取中国特色社会主义新胜利。

（三）增强“政治三力”，始终做政治上的明白人

习近平总书记指出：“全面从严治党首先要从政治上看，不断提高政治

判断力、政治领悟力、政治执行力。”旗帜鲜明讲政治，不断提高政治判断力、政治领悟力、政治执行力，既是马克思主义政党的鲜明特征，也是中国共产党一以贯之的政治优势。广大党员干部要坚决拥护“两个确立”，做到“两个维护”，自觉提高“政治三力”，确保政治方向不偏，始终做政治上的“明白人”。

明辨是非，提高政治判断力。政治判断力，是以国家政治安全为大、以人民为重、以坚持和发展中国特色社会主义为本，科学把握形势变化、精准识别现象本质、清醒明辨行为是非、有效抵御风险挑战的能力。新时代的基层工作人员要持续提高政治判断力，一要坚持以全局性、根本性、长远性的眼光思考问题，做到问题要清晰、立场要坚定、思考要全面；二要坚持以早发现、早干预、早解决为做事原则，及时发现问题、解决问题；三要筑牢思想防线，严明政治纪律和政治规矩，坚定政治信念，始终保持对党、对人民、对法律的敬畏之心。

学深悟透，提高政治领悟力。政治领悟力，是对党中央精神深入学习、融会贯通，坚持用党中央精神分析形势、推动工作，始终同党中央保持高度一致的能力。新时代新征程，提高政治领悟力，首先要做到对习近平新时代中国特色社会主义思想学懂弄通，深刻把握其中科学严谨的理论命题、蕴含丰富的思想内容，自觉用习近平新时代中国特色社会主义思想武装头脑、指导实践、推动工作。同时，要对党中央提出的关乎国之要事、改善民生的全局性、战略性方针政策了然于心，时刻在脑子里想着、心里装着、实践里干着。

狠抓落实，提高政治执行力。政治执行力，是同党中央精神对表对标，把党的理论和路线方针政策坚决执行到位、把党中央决策部署不折不扣落实到底的能力。广大党员干部要坚持强化责任意识，做到对人民、对党、对国家负好责，在祖国建设一线履好职，立足工作岗位，落实好党的各项政策方针，坚定“功成不必在我，功成必定有我”的决心，为人民办好事、解难事。

党员干部只有保持政治上的清醒与坚定，才能承担起组织赋予的使命，更好地带领人民群众圆满地完成重任。党员干部在任何时候都不能头脑糊涂，特别是在一些大是大非的问题上，必须有清醒的认识和判断。在新的赶考路上，必须牢记初心使命，时刻绷紧旗帜鲜明讲政治这根弦，自觉锤炼“政治三力”，始终做政治上的“明白人”，人民群众的“贴心人”，新时代中国梦的“圆梦人”。

（四）提高政治免疫力，永葆共产党人的政治本色

免疫力是人的肌体识别并消灭侵入体内病毒、细菌等的能力。免疫力缺失，人的生命将难以维持。同样，党员干部要维护自己的政治生命，也需要不断提高政治免疫力。政治免疫力是一种内在的抵御机制，是党员干部在面对外界形形色色的诱惑时依然能够坚守信仰、严于律己的定力。

免疫力防御的是人体突变的细胞和受到病毒感染的细胞，政治免疫力防御的是袭向党员干部的“小病”“小害”。在现实中，一些党员干部不重视小问题，认为只是偶尔犯的一些小错误，不用小题大做。其实，这如同人体免疫力受损一般，一个小小的感冒病毒就会引发大病，如果不重视小问题，那么小问题就会如同雪球一般，越滚越大，最后发展成为大问题，甚至走上违规违纪的道路。

党员干部都不具有天然的“免疫力”。他们不是生活在真空里，而是生活在现实社会的复杂环境中，各种“病毒”“细菌”总是无孔不入，侵害着党组织和党员干部的肌体。如果党员干部警惕性不高，思想防线不牢，政治信仰不坚定，就很容易受到形形色色的腐朽落后思想的侵蚀，很容易受到政治病毒、腐败细菌的感染，甚至跌入腐败的泥潭、走上政治的歧途。广大党员干部要每日“三省吾身”，时时与党规党纪对表对标，不断提升自我净化、自我完善、自我革新、自我提高的能力。

三、在修身立德中加强道德修养

道德修养是衡量党性修养是否坚强的根本标尺，是衡量党员是否保持先进性的重要标准之一。党员干部不仅要把讲道德、有品行当成做人之本，更要把其当成为政之要，不断提高道德认识、陶冶道德情操、锤炼道德意

志、提升道德境界、筑牢道德防线、坚守道德底线、夯实道德基础，做到明大德、守公德、严私德，养成共产党人的高风亮节，以共产党人的道德人格力量赢得人心、凝聚人心。

（一）常修为政之德，让品行为党性增光

党性修养和道德修养是党员干部思想政治素质修养的两项基本内容，二者关系密切，不可分离。道德修养是解决如何做一个好人、一个高尚的人的问题，而党性修养则是解决如何做一个好党员的问题。

道德境界的高低、道德修养的好坏，是判断党员党性修养高低和人格优劣的重要标志，是衡量党员有没有先进性的重要尺度。人品是党性的底色，是党性的基础。人品不过关，党性不可能过硬。因此，党员干部要始终把涵养优良品德作为党性修养的“基准线”，不断提升道德境界。

实现中华民族伟大复兴的中国梦，必须走中国道路、弘扬中国精神、凝聚中国力量。而要做到这一切，关键在党，关键在广大党员干部要有优良的道德风尚和工作作风。在道德问题上，党员干部无疑应该有比群众更高的标准和要求。党员干部只有德行好，群众才认可；党员干部只有德行高尚，才能成为群众的一面旗帜。党章要求党员干部加强道德修养，讲党性、重品行、作表率，做到自重、自省、自警、自励。党员干部肩负着治国理政的重要使命，代表党和国家的执政形象，理应具有良好的职业道德操守和高尚的道德修养。

习近平总书记指出，党员干部特别是领导干部，务必把加强道德修养作为人生重要的必修课，不断增强道德的力量、信仰的力量，增强守政修德的自觉性，努力以道德的力量赢得人心、赢得成就。党性的锤炼和提升需要高尚道德情操和先进思想文化的滋养。加强道德修养是党员干部党性修养的重要内容和终身任务。党员干部不能把加强品德修养仅仅看成个人的修养问题，而是要将其作为与党的形象、事业息息相关的重大问题，努力践行社会主义核心价值观，争做社会主义道德的示范者、诚信风尚的引领者、公平正义的维护者，以实际行动彰显共产党人的人格力量。

（二）弘扬优秀传统政德，塑造高尚人格

注重修身养德是中华民族的优良传统。中国传统文化历来把修身自律看作做人、做事、做官的基础和根本。修身养性、反省自新、陶冶品行、涵养道德是一个古老的话题。古往今来的仁人志士创造出令人景仰的业绩，与他们遵循“修身、齐家、治国、平天下”的人生理想，把修身作为第一要务有很大关系。

中国儒家文化造就了温情脉脉的德化教育体系，如君仁臣忠的思想以及爱民如子、视民如伤的民本思想。同时，中国的重德传统经过长期的积累沉淀，已经形成较为完备的修身之道。在我国古人的观念中特别是在儒家的思想体系中，国家和天下的命运与个人的命运、个人的道德修养有极其紧密的联系——个人的修身关乎国家和天下的命运，国家和天下的命运取决于个人的修身，修身是第一位的。

“自天子以至于庶人，壹是皆以修身为本。”这是《大学》中的名言，强调修身对任何人都具有根本性或基础性作用。士农工商，无不以修身为本；人生历程，乃是修身养性的过程。这种道德认识与文化态度奠定了中华民族“修齐治平”思想的基础，并代代相传，不断发扬光大，成为中华民族稳定的文化心理和精神品格，成为中华优秀传统文化的显著特点。

王阳明说，无善无恶心之体，有善有恶意之动，知善知恶是良知，为善去恶是格物。可见，为人为政做事要知是知非、知善知恶，然后才能为善去恶，这是立身立德的根本。这些积极优秀的思想文化遗产，经过现代社会实践的创新和转化，已经融入今天人们的思想观念和指导思想中，成为党中央制定治国方略的重要历史资源和思想资源。

历史是割不断的，文化也是不能移植的。马克思曾明确指出：“人们自己创造自己的历史，但是他们并不是随心所欲地创造，并不是在他们自己选定的条件下创造，而是在直接碰到的、既定的、从过去承继下来的条件下创造。”今天，要建设社会主义文化强国，我们不仅要站在前人创造的物质文化基础之上，也要站在前人创造的精神文化基础之上，推动马克思主义基本原理同中华优秀传统文化相结合。我们要用中华优秀传统文化中

的基因充实马克思主义的文化生命，推动马克思主义不断实现中国化时代化新的飞跃，更加显示出日益鲜明的中国特色、中国风格、中国气派，不断赋予科学理论鲜明的中国特色，使中国化马克思主义成为中华文化和中国精神的时代精华，增强实现中华民族伟大复兴的精神力量。

新时代党员干部加强道德修养，应该从深厚的中华优秀传统文化中汲取营养。读史可以明智，知古方能鉴今。历史是对一个民族、一个国家形成、发展及盛衰兴亡的真实记录，是前人各种知识、经验和智慧的总汇。学习历史，就要结合正在干的事业和正在做的事情，善于借鉴历史上治理国家和社会的各种有益经验。因此，党员干部学习流芳百世的名臣将相的优秀品质，从贪腐官员遗臭万年的教训中受到警示，汲取修身养德、为官从政的智慧，筑牢拒腐防变的思想防线，是现实而紧迫的需要。但是，以史为鉴，不能只停留在对于传统经典的温习上，要坚持辩证唯物主义的历史观和方法论，学习和了解这些历史上的文化知识、思想智慧、经验教训，本着“择其善者而从之，其不善者而改之”的科学态度，结合各自的思想和工作实际，或者吸取应用，或者作为借鉴，或者引为警诫，做到“博学之，审问之，慎思之，明辨之，笃行之”，知古鉴今、古为今用，从中汲取思想精华和道德精髓，获得精神鼓舞，升华思想境界，陶冶道德情操，培养浩然正气，塑造高尚的人格。

（三）讲诚信守信用，以诚待人树威信

什么是诚信？诚，即诚实、真诚；信，即守承诺、讲信用。诚是信的内在基础，信是诚的外在表现。诚信的基本含义是守诺、践约、真实、无欺。通俗地说，就是说老实话、办老实事、做老实人。一个诚实的人必然会讲信用，一个讲信用的人一定是诚实的人。两者相辅相成，互为一体。诚实与信用是做人之本、成事之基。

对党员干部来说，诚信是一种重要的社会动员力和组织凝聚力。党员干部只有讲诚信，时时事事做到言必信，行必果，才能赢得群众的信赖和尊重，在作指示、提要求、推工作时才有吸引力、说服力和号召力。如果党员干部不讲诚信，则后患无穷：一是在政治上丧失公信力；二是在经济

上破坏经济秩序、市场秩序；三是在文化上损害精神文明、污染社会风气。

诚信是铸就党员干部人格魅力的重要基石，也是党员干部在群众中树立威望的前提条件。党员干部肩负着人民的重托，一言一行与社会诚信紧密相连。在当今社会，人们对党员干部的诚实守信有着更广泛的要求，一名诚信的党员干部可以为本地区、本单位树立良好的形象，反之则会败坏一个地方、一个单位的形象。因此，党员干部没有理由轻视这一品德。

（四）追求健康情趣，自觉抵制诱惑

人食五谷杂粮，皆有七情六欲。党员干部也是人，也有七情六欲，这很正常。但是，如果不能把握好“度”，放纵情欲，沉湎于美色，势必丧失斗志，玩忽职守，终将误人、误事、误己。作为手握公权力的党员干部，必须慎重对待感情，学会用理智驾驭感情，不为情所困、不为情所扰、不为情所诱，不徇私情、不滥用情，切实过好“情”字这一关。

各种诱惑不可怕，可怕的是思想上毫无准备，抵御不住诱惑。党员干部手中或多或少掌握着党和人民赋予的权力，因而常常成为一些别有用心者的追逐目标，金钱、美色等的诱惑也比较多。如果把持不住自己，对骄奢淫逸的生活顶礼膜拜，很容易走上歧途。权能换色，权能生钱，钱能生色，权力一旦与金钱、美色为伍，必生祸端，党员干部如果不严格要求自己，最终必将沦为情欲的奴隶。“色”字头上一把刀，为了满足自己的私欲，彻底地毁掉自己的政治生命，彻底地葬送自己的美好前程，孰轻孰重，党员干部应静下心来细算这笔账。

党员干部立身的根本，应该是党性党风党纪。因此，在金钱、美色面前，党员干部必须时刻保持清醒的头脑，并且不断加强自己的党性修养、道德锤炼，坚定党性不动摇。只有这样，才能在大是大非问题上不犯糊涂，在党性原则问题上不搞通融，始终保持清白干净。要切记、牢记，贪恋美色、放纵情欲者，终究不会有好下场。党员干部要拒绝美色的诱惑，除了要自觉接受组织和群众的监督之外，树立正确的权力观，还要修身守己，克制邪念，谨小慎微，把握自己，保持节操。

（五）加强道德修养，贵在严以律己

成为合格的党员干部，就要不断加强道德自律、加强品格陶冶、加强党性修养。所谓“自律”，就是社会中的个体对自我实行的约束和控制，是行为人遵守法律和按照社会道德规范的要求所能达到的能力和水平。对党员干部来说，自律是最重要的修身之道，是党性觉悟和政治本色，是道德修养和高尚情操，是获得真正自由的前提和保证。

道德修养，贵在自觉。党员干部道德修养的提高，需要组织和周围同志的帮助，这是外因，但外因只有通过内因才能发挥作用，党员干部道德修养的提高最终还是靠自身的努力。强烈的自我教育、自我改造愿望和自制力，是这种行为的强大动力。能否充分发挥自己的主观能动性，是能否提升修养的关键。

加强道德自律，就要保持一颗敬畏心。党员干部要常怀律己之心，常思贪欲之害，常戒非分之想，始终保持如履薄冰、如临深渊的警觉意识，始终心存敬畏、手握戒尺，尤其是在私底下、无人时、细微处能做到慎独慎微，始终不放纵、不越轨、不逾矩，始终坚持立身不忘做人之本、为政不移公仆之心、用权不谋一己之利，在任何情况下都稳得住心神，耐得住寂寞，经受住考验，从而炼就“金刚不坏之身”。加强道德自律，还要有不懈的定力。对党员干部而言，最根本的定力是坚如磐石的理想信念，是对党和人民的无限忠诚。没有哪个单位是天然的保险箱，也没有哪个党员干部具有天然的免疫力。不奋发，则心日颓靡；不检束，则心日恣肆。只有不忘初心，秉持一颗“赶考”之心，做到“吾日三省吾身”，时刻检修自己的“总开关”“压舱石”，自律才能成为根植于内心的修养和高度自觉。

四、在为民服务中加强作风修养

作风问题本质上是党性问题。党性决定作风，作风彰显党性。加强作风修养，必须紧紧围绕保持党同人民群众的血肉联系，增强群众观念和群众感情，向群众学习，接受群众的批评和监督，真正树立以人民为中心的

发展思想，相信群众、依靠群众，一切为了群众，做到全心全意为人民服务；必须牢记“三个务必”，大兴求真务实之风，大兴艰苦奋斗之风，把好作风内化为信念、外化为习惯，树立忠诚、干净、担当的良好形象。

（一）党性纯则作风正，以优良作风彰显坚强党性

党的作风，是一个政党及其党员的作风，是党的组织和党员在思想、政治、工作、学习等方面的一贯态度和行为，是党的性质在党的组织和党员个人行动中的表现。党性是党风的内在本质，党风是党性的外在表现。党性修养是党员在改造客观世界的过程中自觉运用党性原则规范自己行为的自我教育、自我改造、自我完善的过程。加强党性修养和锻炼，外在表现就是改进作风。党员改进作风的过程就是加强党性修养的过程。

党的作风反映党的形象，也是我们党自我革命的强大动力。判断一个政党的性质，不仅要看其政治纲领，而且要看其作风。作风彰显形象，作风代表态度，作风反映能力。作风是一面镜子，清晰地展示党员干部的党性修养和政治本色，检验党员干部的世界观、人生观、价值观和权力观、地位观、利益观。党员干部的作风问题，说到底是党性问题。党性纯则作风正，党性不纯则作风不正。党内不正之风是党性不纯的表现，形形色色的党内不正之风都源于对党性原则的背离。作风又具有相对独立性，对党性具有反作用，优良的作风对党性具有保护、巩固的作用，不良的作风则对党性具有破坏、削弱作用。

在党内一度蔓延的形式主义、官僚主义、享乐主义和奢靡之风“四风”问题，违背党的性质和宗旨，是群众深恶痛绝、反映最强烈的问题，也是损害党群干群关系的重要根源。习近平总书记指出：要坚定不移推进反腐败斗争，不断实现不敢腐、不能腐、不想腐一体推进战略目标；要毫不松懈纠治“四风”，坚决防止形式主义、官僚主义滋生蔓延；要持续整治群众身边腐败和作风问题，让群众在反腐“拍蝇”中增强获得感；要完善党和国家监督体系，使监督融入“十四五”建设之中。面向未来，我们只有以优良作风把人民群众紧紧凝聚在一起，才能为改革发展赢得更多民意资源，为攻坚克难争取更多时间、空间，为实现中国梦汇聚不可战胜的磅礴

力量。只有建设好作风，树起好形象，我们党才站得住脚，才挺得起腰板，才像一面高高飘扬的旗帜，才让人心服口服，才有说服力、号召力、影响力。党的好作风、党员干部的好作风，树立了中国共产党的好形象。

习近平总书记指出："党的作风是党的形象，是观察党群干群关系、人心向背的晴雨表。党的作风正，人民的心气顺，党和人民就能同甘共苦。"党的二十大报告强调，锲而不舍落实中央八项规定精神，抓住"关键少数"以上率下，持续深化纠治"四风"，重点纠治形式主义、官僚主义，坚决破除特权思想和特权行为。在新时代新征程上，面对各种可以预见和难以预见的风险与挑战，我们党必须坚持不懈地抓好党员干部作风建设，继续发扬党的光荣传统和优良作风，真正做到为民、务实、清廉，不断巩固同人民群众的血肉联系，使人民群众同党心往一处想，劲往一处使，为全面建设社会主义现代化国家、实现中华民族伟大复兴提供有力保障。

（二）树立优良的作风，核心是密切党群关系

党的根基在人民、血脉在人民、力量在人民。加强作风修养，核心是保持党同人民群众的血肉联系。作风是党的生命，重视作风建设是我们党的传统。党最大的政治优势是密切联系群众，党执政后的最大危险是脱离群众。离开了人民，我们党就失去了执政之基；脱离了群众，我们党就失去了生命之源、力量之源。

保持党同人民群众的血肉联系，就要坚持人民至上的根本立场，尊重人民群众的主体地位。坚持人民至上，就要践行党的群众路线。坚持党的群众路线，要坚持以民为本、以人为本，解决好"为了谁、依靠谁、我是谁"的根本问题，坚持思想上尊重群众、感情上贴近群众、工作上依靠群众，在任何时候都坚持以人民为中心，从群众中来，到群众中去，把人民群众当主人，视人民群众为亲人，始终与人民群众同呼吸、共命运、心连心。

坚持人民群众的主体地位，必须把以人民为主体贯穿党的各项工作的始终，深入挖掘蕴藏在基层和群众中的巨大智慧和创造力，始终做到问政于民、问需于民、问计于民，广泛听取基层和群众意见，做到谋划发展思

路向人民群众问计，查找发展中的问题听人民群众意见，改进发展措施向人民群众请教，落实发展任务依靠人民群众努力，认真吸纳民意，把群众的积极性和创造性引导好、保护好、发挥好，凝心聚力推进改革发展。

（三）官僚主义脱离群众，要力戒不正之风

官僚主义是指在一定历史时期产生的执掌公权力的行政人员背离职责要求，片面追求特殊利益的行为模式、生活方式以及渗透于其中的思想观念的总和。它主要是指那种高高在上、唯我独尊、脱离实际、漠视群众、办事拖拉、敷衍塞责、不负责任，满足于“官样文章”，坐而论道不干实事，只知发号施令而不进行调查研究的不良作风。

官僚主义是一种腐蚀剂、一种惰性力量。它与党的宗旨之间的关系犹如冰炭不能同器、水火不能相容。党历来重视同官僚主义作斗争，但官僚主义至今仍在少数党员干部身上存在，危害党的事业，影响党的形象。官僚主义存在于政治、经济、文化、社会等诸多领域和不同层级的领导干部身上，是一种“常见病”“易发病”“多发病”；表现形式具有多样性，在不同时期、不同地区、不同部门甚至不同的个体身上，都有不同的表现形式。

官僚主义的表现形式不是一成不变的，而是随着形势发展变化不断翻新花样。2013 年 6 月 18 日，在党的群众路线教育实践活动工作会议上，习近平总书记对党员干部队伍中存在的形式主义、官僚主义、享乐主义、奢靡之风等“四风”进行了批评，并列举了“四风”的主要表现。在官僚主义方面，主要是脱离实际、脱离群众，高高在上、漠视现实，唯我独尊、自我膨胀。有的对实际情况不了解不关注，不愿深入困难艰苦地区，不愿帮助基层和群众解决实际问题，甚至不愿同基层和普通群众打交道，怕给自己添麻烦，工作上敷衍塞责、推诿扯皮、得过且过。有的不顾地方实际和群众意愿，喜欢拍脑袋决策、拍胸脯表态，盲目铺摊子、上项目，最后拍屁股走人，留下一堆后遗症。有的对上吹吹拍拍、曲意逢迎，对下吆五喝六、横眉竖目，门难进、脸难看、事难办，甚至不给钱不办事，收了钱乱办事。有的对待上级部署囫囵吞枣、断章取义，执行上级决定照本宣科、等因奉此，或者照猫画虎、生搬硬套，以前怎么做现在就怎么做，别人怎

么做就怎么做，完全不顾本地本部门实际情况。有的官气十足、独断专行，老子天下第一，一切都要自己说了算，拒绝批评帮助，容不下他人，听不得不同意见。

这些概括具有很强的现实针对性。官僚主义作风危害不浅。官僚主义与我们党的优良作风背道而驰，犹如一种腐蚀剂，极大地涣散党的凝聚力、战斗力，严重干扰党的大政方针的贯彻执行，直接影响党的事业，损害人民群众利益，破坏党群干群关系，败坏党的形象和社会风气，为广大干部群众所深恶痛绝。官僚主义的实质是封建残余思想作祟，根源是官本位思想严重，权力观扭曲，做官当老爷，高高在上，脱离群众，脱离实际，对此必须坚决反对和清理。

出现官僚主义现象的原因是多方面的。官僚主义的形成既有历史根源，也有现实原因。历史根源和思想根源可追溯到封建社会形成的“官本位”意识。“官本位”意识是封建专制思想的残余。所谓“官本位”，就是以官为本、以官为尊、以官为准，一切为了做官，认为有了官位就什么都有了，甚至“一人得道，鸡犬升天”，而不是以民为本、以民为尊、以人民群众的利益为最高利益。

现实原因是一些党员干部放松了党性修养，自觉不自觉地成了“官本位”意识的俘虏，信奉“以官为本”，把做官、保官、升官作为人生的最大追求，沉湎于“自我设计”，只求个人升迁，不问群众冷暖。这就导致了一系列背离党和人民利益的问题发生。另外，权力过分集中、缺少严格的法规约束和个人责任制；体制的僵化或不健全，机构臃肿、层次繁多、人浮于事等也都是滋生官僚主义的因素。由“官本位”意识所导致的官僚主义，本质是缺乏责任心和事业心，对党和国家的事业不负责任，对人民的利益不负责任。党员干部是人民群众的公仆，权力是人民赋予的，人民群众是党员干部的衣食父母。人民赋予党员干部权力是要让其担当责任，只当官、不担责的想法是错误的。

人民群众对官僚主义十分痛恨。清除官僚主义是树立我们党为民务实、清廉执政形象的必然要求。我们党只有坚决反对官僚主义，以为民谋利取信于民，以务实为政造福于民，以清廉从政赢得人心，才能真正树立起为广大人民群众所认同的执政形象。

（四）形式主义害死人，工作贵在求实效

形式主义主要表现为知行不一、不求实效，文山会海、花拳绣腿，贪图虚名、弄虚作假。2013 年 6 月 18 日，在党的群众路线教育实践活动工作会议上，习近平总书记列举了形式主义的具体表现：有的不认真学习党的理论和做好工作所需要的知识，学了也是为应付场面，蜻蜓点水，浅尝辄止，不求甚解，无心也无力在实践中认真运用。有的习惯于以会议落实会议、以文件落实文件，热衷于造声势、出风头，把安排领导出场讲话、组织发新闻、上电视作为头等大事，最后工作却不了了之。有的抓工作不讲实效，不下功夫解决存在的矛盾和问题，难以给领导留下印象的事不做，形不成多大影响的事不做，工作汇报或年终总结看上去不漂亮的事不做，仪式一场接着一场，总结一份接着一份，评奖一个接着一个，最后都是“客里空”。有的下基层调研走马观花，下去就是为了出镜头、露露脸，坐在车上转，隔着玻璃看，只看“门面”和“窗口”，不看“后院”和“角落”，群众说是“调查研究隔层纸，政策执行隔座山”。有的明知报上来的是假情况、假数字、假典型，也听之任之，甚至通过挖空心思造假来粉饰太平。

《关于新形势下党内政治生活的若干准则》规定：反对形式主义，重在解决作风飘浮、工作不实，文山会海、表面文章，贪图虚名、弄虚作假等问题。党员干部要认清形式主义的危害，坚决反对和克服形式主义。

反对形式主义，最根本的是要端正思想路线。求真务实是马克思主义一以贯之的科学精神，是党的思想路线的核心内容，也是党的优良传统和共产党人必须具备的政治品格。求真务实是形式主义的天敌，只有在务实上下功夫，从实处着眼、用实干考量、用实绩说话，才能铲除形式主义生根接枝的土壤，形式主义问题才不会像韭菜一样，割了又生，生了又长。

反对形式主义，要树立正确的政绩观。党员干部要有“功成不必在我”的精神境界、“功成必定有我”的历史担当，“不贪一时之功，不图一时之名”“一茬接着一茬干”。既要做让老百姓看得见、摸得着、得实惠的实事，也要做为后人作铺垫、打基础、利长远的好事，让人民群众切实享受到改

革发展的成果。

反对形式主义，必须坚持问题导向。形式主义的最大特征就是不解决实际问题。搞形式主义的人只务虚功，不尚实干，不敢担当，只装样子糊弄人。习近平总书记指出，坚持问题导向是马克思主义的鲜明特点，我们中国共产党人干革命、搞建设、抓改革，从来都是为了解决中国的现实问题。党员干部要勇于直面问题、敢于担当问题、积极解决问题，把解决实际问题作为打开工作局面的突破口，深入基层调查研究，客观分析问题缘由，实事求是剖析问题本质，精准施策对症下药，集思广益、群策群力，全心全意为人民群众解难事、办实事、做好事。

反对形式主义，最好的办法是充分发扬民主。反对形式主义，必须依靠群众。工作孰优孰劣，让群众来评判。要广泛听取群众意见，充分尊重群众意愿。每个党员干部都要把实现好、维护好、发展好最广大人民根本利益作为一切工作的出发点和落脚点，努力做到重实际、察实情，讲实话、鼓实劲，出实招、办实事、求实效。

（五）发扬艰苦奋斗精神，拼搏进取不懈怠

艰苦奋斗是中华民族的传统美德，是我们党保持同人民群众密切联系、战胜任何艰难险阻的传家宝，是取得革命、建设和改革伟大成就的宝贵精神财富，是一种高尚的道德情操，也是党员先进性的重要体现。中国共产党在磨难中应运而生，在浴血奋战中艰难发展，靠着艰苦奋斗精神取得了革命、建设和改革的不断胜利，在实践中培育和形成了伟大建党精神、井冈山精神、长征精神、延安精神、红旗渠精神、“两弹一星”精神、脱贫攻坚精神、抗疫精神等富有时代内涵的崇高精神，毛泽东、周恩来、刘少奇、朱德等老一辈无产阶级革命家在革命和建设的实践中自觉践行艰苦奋斗、勤俭节约的作风，为全党树立了光辉典范。

新中国成立后，毛泽东深刻地指出：“根本的是我们要提倡艰苦奋斗，艰苦奋斗是我们的政治本色。”因为经历了艰难曲折的抗争、探索、奋斗，所以我们党格外珍惜来之不易的历史经验，把艰苦奋斗提高到政治本色和精神支柱的高度看待。提倡艰苦奋斗，绝不仅仅是为了重温历史，而是当

前形势和环境、任务和挑战提出的要求。

中国特色社会主义进入了新时代，我国社会主要矛盾已经转化为人民日益增长的美好生活需要和不平衡不充分的发展之间的矛盾。但是，我国社会主要矛盾的变化并没有改变我们党对我国社会主义所处历史阶段的判断，我国仍处于并将长期处于社会主义初级阶段的基本国情没有变，我国是世界最大发展中国家的国际地位没有变。社会主义初级阶段是逐步摆脱不发达状态，基本实现社会主义现代化的历史阶段。这个阶段至少需要持续上百年的时间，是我国发展不可逾越的历史阶段。

同时还要看到，尽管我国经济总量目前已经稳居世界第二位，国际地位实现前所未有的提升，但是我国人均国内生产总值与发达国家相比还有较大差距，依旧面临发达国家在经济、科技、军事等方面占据优势的压力，加上我国人均资源少，生态环境比较脆弱，经济基础比较薄弱，改革发展稳定的任务很重，要全面建成社会主义现代化强国，仍然任重道远，还需要努力奋斗，必须发扬伟大的艰苦奋斗和艰苦创业精神。

习近平总书记指出，一切伟大成就都是接续奋斗的结果，一切伟大事业都需要在继往开来中推进。新中国 70 多年的发展成就令人自豪，但我们决不能因此自满。毛泽东在新中国成立前夕就告诫全党："中国的革命是伟大的，但革命以后的路程更长，工作更伟大，更艰苦。这一点现在就必须向党内讲明白，务必使同志们继续地保持谦虚、谨慎、不骄、不躁的作风，务必使同志们继续地保持艰苦奋斗的作风。"党的二十大报告强调，全党同志务必不忘初心、牢记使命，务必谦虚谨慎、艰苦奋斗，务必敢于斗争、善于斗争。

发扬艰苦奋斗精神，必须励精图治、开拓进取。艰苦奋斗强调艰苦朴素，更提倡不懈奋斗；倡导牺牲自我，更鼓励造福人民。它要求无论经济怎么发展，生活水平怎么提高，党员干部都不能安于现状、坐享其成。这就要求党员干部在实际工作中必须立足国情，吃苦在前，享受在后，带领广大人民群众励精图治，奋发有为。艰苦奋斗的核心是奋斗，包含着开拓、创新。党员干部只有解放思想、实事求是，才能摆脱陈旧的传统观念和思维定式的束缚，形成符合实际的思想方法和工作态度；只有积极探索，敢为天下先，才能创造新业绩，才能将艰苦奋斗精神转化为创业的物质力量。要自觉摒弃患得患失、守摊子的思想，紧跟时代要求，不断解放思想，抓住机遇，迎难而上，努力探索符合本单位实际的新发展路子，在开拓进取中力争有所建树。

发扬艰苦奋斗精神，必须埋头苦干、真抓实干。埋头苦干，就要不畏艰险、不惧困难，一步一个脚印、一步一个台阶，披荆斩棘、爬坡过坎。无论条件如何艰苦恶劣，也无论前进路上有多少困难和险阻，决不退却，勇往直前。勇于到条件艰苦的地方，到问题较多、矛盾尖锐的地方，到贫困地区和困难群众中去，抓住重点难点问题，在破解难题中求发展。真抓实干，就要扑下身子、撸起袖子，具有真抓的实劲、敢抓的狠劲、善抓的巧劲、常抓的韧劲，不驰于空想、不骛于虚声。坚持一切从实际出发，说实话，办实事，求实效，反对做表面文章的虚假作风，把心思和精力用在抓落实上，扎扎实实地把工作做好。

发扬艰苦奋斗精神，必须坚决反对贪图安逸、追求享乐的不良风气。在市场经济的大潮中，确实有少数党员干部的思想觉悟低了，党性原则弱了，是非观念模糊了，他们在生活上追求舒适享乐，在工作上贪图安逸清闲，把艰苦奋斗精神抛到了九霄云外。群众对这种养尊处优、过着奢侈生活的党员干部十分反感，深恶痛绝。为此，党员干部在生活上要艰苦朴素，克勤克俭，自觉抵制讲排场、比阔气、铺张浪费等享乐主义和奢靡之风；要坚持勤俭，精打细算，量入为出，捂紧公家的“钱袋子”，当好群众的“铁算盘”，把每一分钱都用在刀刃上；要继续弘扬中华民族勤俭节约的优良传统，大力宣传节约光荣、浪费可耻的思想观念，努力使厉行节约、反对浪费在全社会蔚然成风，使艰苦奋斗、勤俭节约成为社会大众共同的价值追求和自觉行动。

（六）作风建设无止境，改进作风不止步

作风问题是一个根本性和长期性问题，解决这一问题具有艰巨性和复杂性。作风建设必须抓常抓长，作风修养必须坚持不懈。党的十八大以来，经过全党正风肃纪，“四风”问题总体上得到有效遏制，形式主义、官僚

主义的生存空间被大大挤压，广大党员干部真抓实干的劲头更足了。必须清醒地认识到，党内存在的作风不纯的问题还未得到根本解决，“不想腐”的思想基础仍不牢靠，“四风”问题呈现隐形变异，形式主义和官僚主义问题依然存在，压力传导存在逐级递减问题，上热中温下冷、水流不到头的现象仍然存在，作风建设任务依然艰巨。

习近平总书记指出：“作风建设是攻坚战，也是持久战。这么多年，作风问题我们一直在抓，但很多问题不仅没有解决、反而愈演愈烈，一些不良作风像割韭菜一样，割了一茬长一茬。症结就在于对作风问题的顽固性和反复性估计不足，缺乏常抓的韧劲、严抓的耐心，缺乏管长远、固根本的制度。”各地区各部门都要摆摆表现，找找差距，抓住主要矛盾，特别要针对表态多调门高、行动少落实差等突出问题，拿出过硬措施，扎扎实实地改。我们不仅要从思想上作风上坚决反对形式主义、官僚主义，而且要从制度上坚决反对形式主义、官僚主义，扫除形式主义、官僚主义滋生蔓延的土壤，决不能让“四风”问题反弹回潮。

作风建设永远在路上，永远没有休止符。缺乏常抓的韧劲、严抓的耐心，缺乏管长远、固根本的制度，作风建设就会陷入“一抓就好转、一松就反弹”的怪圈。对作风建设，群众最担心的是问题反弹，雨过地皮湿、活动一阵风，群众最盼望的是形成常态、常抓不懈、保持长效。因此，加强作风建设的思想不能疲、劲头不能松、措施不能软。党的二十大报告指出，把握作风建设地区性、行业性、阶段性特点，抓住普遍发生、反复出现的问题深化整治，推进作风建设常态化长效化。这为我们抓好作风建设提供了基本遵循。

五、在令行禁止中加强纪律修养

纪律修养是党性修养的底线要求。党员干部要严格遵守党的政治纪律、组织纪律、廉洁纪律、群众纪律、工作纪律和生活纪律，尤其要把遵守党的政治纪律和政治规矩摆在突出位置，讲政治、顾大局、守纪律，在思想上政治上行动上同党中央保持高度一致，一言一行都要按照党纪的要求做，始终做到知敬畏、存戒惧、守底线，把遵守纪律内化为一种党性修养。

（一）加强纪律修养

纪律修养是党性修养的坚强保障，是党性修养的底线要求。党性修养既要靠自我磨炼等自律方式提升，也要靠制度规范等他律方式强化。严明党的纪律是提升党性修养的关键。我们党是靠革命理想和铁的纪律组织起来的马克思主义政党。严明的纪律，促进和推动了我们党的思想、意志和行动的统一，维护和保证了党的集中统一，使党保持着强大的生命力和战斗力。

从我们党 100 多年的历史来看，严守党的纪律是党的建设过程中形成的一条重要经验，对于不断增强党的创造力、凝聚力、战斗力，确保党在革命、建设、改革时期取得各项事业的胜利发挥了重要作用。党的各级组织和全体党员严守党的纪律、自觉接受党的纪律约束，是党的重要优势，也是党始终保持先进性的重要保证。

党要管党、全面从严治党，靠什么管，凭什么治？就要靠严明的纪律。我们党已经拥有 9900 多万名党员，在一个幅员辽阔、人口众多的发展中大国执政，没有铁的纪律，就没有党的团结统一，党的凝聚力和战斗力就会大大削弱，党的领导能力和执政能力就会大大削弱。在全面建设社会主义现代化国家的新征程上，在全面从严治党的新形势下，做到对党绝对忠诚，既要靠坚定的理想信念，也要靠铁的纪律作保证。

（二）敬畏党的纪律规矩，始终做到心中有戒

敬畏是人类对待事物的一种态度，既敬重又畏惧。敬畏更侧重强调发自内心的敬重与自觉，不单单是畏惧。康德曾说："有两样东西，人们越是经常持久地对之凝神思索，它们就越是使内心充满常新而日增的惊奇和敬畏：我头上的星空和我心中的道德法律。"这告诉我们，敬畏之心是植根于人类天性和内心深处的道德情感，它对于个人的成长发展和整个社会道德价值秩序的维系都具有十分重要的作用。

党员干部要懂得敬畏，要有所“怕”。新中国成立之初，任弼时就直言有“三怕”：一怕工作少，二怕用钱多，三怕麻烦人。1957 年，邓小平在《共产党要接受监督》一文中指出：“共产党员谨小慎微不好，胆子太大了也不好。一怕党，二怕群众，三怕民主党派，总是好一些。谨慎总是好一些。”他还认为，无论做官还是做普通公民，都要实实在在、实事求是、诚信为本。这些所谓的“怕”和“惧”集中体现在一点，就是一定要有敬畏之心。

习近平总书记强调：“加强纪律教育，强化纪律执行，让党员、干部知敬畏、存戒惧、守底线，习惯在受监督和约束的环境中工作生活。”纪律是“带电的高压线”、党组织的生命线。只有守住纪律，党员才能不触雷、不踩线，党组织才更有凝聚力、战斗力。对纪律心存敬畏是一种素质，是一种信念，也是一种修养。每个党员都应当自觉遵守纪律，坚决维护纪律，从心里敬畏纪律。

第一，只有敬畏纪律，才能确保有过硬的政治素质。“法不阿贵，绳不挠曲。”党员干部要把纪律作为悬在头顶的“达摩克利斯之剑”，真正对纪律深怀敬畏之心，时时事事从制度原则出发，自觉把敬畏纪律融入学习、工作、生活中，增强政治敏锐性和组织纪律性。第二，只有敬畏纪律，才能保持良好的职业操守。党员干部必须把纪律作为手中的戒尺，始终用制度原则约束自己，用组织和人民利益的需求检阅自己，自觉做到对己清正、对人公正；要敢于担当、勇于担责，做到多担一分责任、多付出一分努力，在推动事业发展中提升自己；要恪尽职守，把纪律作为行动指南，对违反纪律、违反原则的事，敢于说“不”、勇于碰硬，坚持原则不动摇、执行标准不走样、履行程序不变通，坚决维护纪律的严肃性和权威性。第三，只有敬畏纪律，才能自觉地服从纪律。没有服从就没有执行，组织运行的前提条件就是服从。服从组织，遵守纪律，是党纪和法律规定的义务，每个党员干部都应当履行这一义务。第四，只有敬畏纪律，才能用纪律约束自己。能够自我约束是一个人成熟的标志之一。一个人到了成年，依然不能管束自己，很可能会违法乱纪。因此，要坚持严格要求自我，养成较强的纪律观念和良好的行为习惯。

（三）纪律面前人人平等，守纪律不准搞特殊

党的纪律面前人人平等有三层含义：第一，在遵守纪律方面，不论党龄长短、职务高低、功劳大小，党员都必须平等地遵守党的纪律，平等地履行党章规定的党员义务，平等地享有党章规定的党员权利。没有任何党员可以例外，党的领导干部也是如此。如果党的纪律只管一部分人，却管不了另一部分人，那么就破坏了纪律的统一性和严肃性。第二，在维护党员权利方面，凡是党员依照党章的规定应当享有的权利，都平等地受到党章的保护和保障。任何人都无权侵犯党员应有的民主权利。第三，在执行方面，党员如果违反了党的纪律，都必须平等地受到党的纪律的追究。在执行党的纪律的时候，坚持这一原则就是严肃党纪的表现。

习近平总书记强调，纪律面前一律平等，党内不允许有不受纪律约束的特殊党员。党的各级组织要积极探索纪律教育经常化、制度化的途径，多做提提领子、扯扯袖子的工作，使党员干部真正懂得党的纪律是全党必须遵守的行为准则，严格遵守和坚决维护纪律是做合格党员干部的基本条件。

加强纪律建设，必须树立制度面前没有特权的意识。党员干部应当从党和国家生死存亡的高度来看待特权意识的危害性，强化忧患意识、责任意识、自律意识，带头破除特权意识，解放思想，转变观念，放下“架子”，少些“自我”，人人都把自己当作一名普通“员工”，保持平常心，从内心深处认真对待制度，带头遵守制度，才能体现制度执行上的平等性、公正性和严肃性，切实维护制度的权威性和公信力。

（四）尊崇党章维护党章，坚持用党章规范言行

习近平总书记强调，党章就是党的根本大法，是全党必须遵循的总规矩。政党章程是政党的立党之本，党章在党内生活中具有至高无上的权威性和约束力。它是在充分发扬党内民主、广泛听取党组织和广大党员意见的基础上，按照严格的法定程序和民主集中制原则，由党的全国代表大会制定和修改的。党章最集中地体现了全党的信念和愿望，这决定了党章在

党内生活中具有最高的权威和尊严。

在党内法规体系中，党章居于最高层次和统帅地位，党内其他规范如准则、条例、制度、规则、决议、决定等，都是党章的延伸、补充或具体化，都必须服从并服务于党章，都必须和党章保持一致，都不得与党章的精神和原则相矛盾、相对立、相抵触，否则将失去效力或存在的价值，这种地位使党章在党内法规体系中具有最高的效力。党内各项其他法规制度，有的是适用于党的某些部门，有的是适用于党员中某些特定群体，有的是适用于党的自身建设或党的工作的一方面，党章是适用于党内一切组织和党员、适用于党的各方面建设和各方面工作的，对各级党组织和全体党员都具有普遍性和强制性的约束力。

对党员来说，守纪律、讲规矩无疑首先要遵守党章。入党誓词中便有“拥护党的纲领，遵守党的章程”的内容，也就是说，拥护党纲、遵守党章，是成为党员的起码条件，也是加入党组织时的承诺，更是党性的重要体现。因此，新时代的党员干部要认真学习党章、遵守党章、贯彻党章、维护党章，增强纪律意识，加强党性修养、率先垂范发挥先锋模范作用。

参考阅读

党性之坚与人性之美——郭明义

2013 年 3 月 6 日，习近平总书记在参加十二届全国人大一次会议辽宁代表团审议时指出，大力做好保障和改善民生工作，让群众得到看得见摸得着的实惠。要大力加强思想道德建设。雷锋、郭明义、罗阳身上所具有的信念的能量、大爱的胸怀、忘我的精神、进取的锐气，正是我们民族精神的最好写照。

郭明义，男，汉族，1958 年 12 月出生，辽宁鞍山人，1980 年 6 月加入中国共产党，1977 年 1 月参加工作，中央党校大学学历，全国五一劳动奖章获得者，辽宁省特级劳动模范。中共十九届中央候补委员，鞍钢集团矿业公司齐大山铁矿生产技术室采场公路管理业务主管，中华全国总工会副主席（兼职）。2018 年 12 月 18 日，党中央、国务院授予郭明义改革先锋称号，颁授改革先锋奖章。2019 年 9 月，获得“最美奋斗者”荣誉称号。

郭明义是一个“简单”的人，他却有着大爱情怀，不会对别人的苦难视而不见，只有在帮助别人之后，他的内心才能得到平静，他的幸福是一种给予的幸福。对于物质，他看得很淡，三次让房、三次捐献电视、无数次捐款，让他和家人之间产生了矛盾。劝别人捐干细胞，四处游说、为他人求助，让他人对他的“简单”产生了不解。

郭明义是一个“傻傻”的人，他真心真意、实心实意的做好事做实事。他曾说：当一心一意干工作、诚心诚意做好事，却不被人所理解，甚至受到讥讽、嘲笑时，他也会生气、难过，甚至有过动摇。但转念一想，当年雷锋做好事，也有人说他是傻子，但雷锋甘愿做革命的“傻子”。实际上只要你做的事对大家、对企业、对社会有益，最终一定会赢得理解、赢得支持！

郭明义是一个“有爱”的人，在力所能及的范围内尽全力为他人谋幸福。郭明义的“幸福观”就是：他选择为社会、为企业、为他人多做一些力所能及的事，从而使自己被党组织所信任、被群众所信赖、被社会所需要，每天生活在有理想、有信念、有追求，讲诚信、讲奉献、讲团队的氛围中，大家一起去做一些高尚的事，他感到很充实、很快乐、很幸福。雷锋是一名共产党员，雷锋精神的实质与党的宗旨是一致的，那就是全心全意为人民服务。郭明义小时候物质条件比较低下，但感到很快乐，无忧无虑。后来参军、工作，幸福感也一直比较高。他就想，在感觉到自身幸福的时候，还能否感觉到他人可能存在的困苦？他能感觉到许多人需要我们帮一把。帮助他人不一定非得拿出钱，一声问候、一个微笑，都会给人带来温暖。所以他要做些事情，哪怕一点点小事。这并不说明他有多高大。他只是希望通过自己的努力，让贫困孩子顺利完成学业，让遇到困难的工友渡过难关，让别人更加幸福。他们幸福，他也会感到幸福。

郭明义是一个“忠诚”的共产党员，他满心向党、为党分忧解难。《郭明义自传》中说：1981 年 6 月 20 日，他梦寐以求的愿望实现了，被光荣批准为中国共产党正式党员。喜悦的泪水溢满眼眶，心情久久不能平静，终身为党的事业奋斗，深深地扎入了他的心里。郭明义说，在日常工作、生活和社会活动中，经常有同志问他：老郭，你这么做到底图什么？他真的什么都不图，他认为这是他应该做的事，或者说他所做的一切，都是一名党员最基本的责任和义务。他选择了跟党走的人生道路，就应该按照党的要求践行对党的誓言。因此，他这样去做事，就像父母抚养子女、儿女孝敬老人一样，没有那么多复杂的动机和缘由，就是天经地义的事。也有许多同志问他，你没有看到党内有那么多消极腐败现象吗？他说，他看到了，也听到了，但那只是少数、个别的现象，不能因此就动摇了对党的信念。我们如果只看到消极的一面，就会使自己信仰空虚、意志薄弱。而在社会上，在我们的身边，有那么多优秀的党员干部，他们的事迹和精神时刻感染着他、激励着他，使他不敢有丝毫的放松、丝毫的懈怠。

雷锋的道路就是郭明义的人生选择，雷锋的境界就是郭明义的人生追求，做雷锋传人已经成为郭明义毕生的信念、永远的坚守！他以自己的实际行动在新时代践行雷锋精神，做一个对党和国家有益的人，这样的人，既是一个好人，又是一个好党员，他是坚持党性与人性紧密结合的时代典范。

（根据人民网、光明网相关资料整理）

党 风 篇

党的十八大以来，我们直面党内存在的种种问题和弊端，从制定和执行中央八项规定破题，解决了新形势下作风建设抓什么、怎么抓的问题，推动了全面从严治党，推动了党风、政风、社风好转。党的十九大之后，我们针对新情况新问题，修订了中央八项规定实施细则，继续落实中央八项规定精神。中央政治局的同志要带头严格执行中央八项规定精神，同时要从严抓好分管地方和部门贯彻执行中央八项规定精神的工作。要聚焦突出问题、紧盯关键节点，下大气力解决“四风”问题，不能虎头蛇尾，不能搞成“半拉子工程”，更不能搞形式走过场。

——2018 年 12 月 25 日至 26 日，习近平总书记在十九届中共中央政治局民主生活会上的讲话

第五讲

党的作风就是党的形象

党中央决定，自2025年全国两会后至7月在全党开展深入贯彻中央八项规定精神学习教育。党的作风就是党的形象。党的十八大以来，以习近平同志为核心的党中央时刻保持解决大党独有难题的清醒和坚定，坚持不懈推进中央八项规定精神贯彻落实，驰而不息推进党的作风建设，党风政风焕然一新，社风民风持续向好。党员干部作风问题，说到底是党性问题。党性纯则作风正，党性不纯则作风不正。党内不正之风是党性不纯的表现，形形色色的党内不正之风都源于对党性原则的背离。作风又具有相对独立性，对党性具有反作用，优良的作风对党性具有保护、巩固的作用，不良的作风则对党性具有破坏、削弱作用。

一、作风优良是党的政治优势

加强作风建设是中国共产党的永恒课题。我们党历来高度重视作风问题，在长期革命、建设、改革实践中形成了一系列优良作风，这是中国共产党区别于其他政党的显著标志，也是我们党千锤百炼、不断胜利的重要原因。进入新时代，习近平总书记明确指出，党的作风就是党的形象，关系人心向背，关系党的生死存亡，执政党如果不注重作风建设，听任不正之风侵蚀党的肌体，就有失去民心、丧失政权的危险。我们党作为一个在中国长期执政的马克思主义政党，对作风问题任何时候都不能掉以轻心。

在马克思主义政党的建设史上，最早使用“作风”一词的是恩格斯。

他在一些讨论党的建设的书信中批评过某些社会主义者身上存在的不良作风，如“阿谀奉承的作风”“华而不实的作风”等。十月革命后，列宁也多次使用“作风”一词。他针对俄国共产党（布）执政后出现的骄傲自大、脱离群众、以权谋私、贪污受贿、官僚主义的不正之风，指出执政的俄共（布）“最严重最可怕的危险之一，就是脱离群众，就是先锋队往前跑得太远，没有‘保持排面整齐’，没有同全体劳动大军即同大多数工农群众保持牢固的联系”。

中国共产党在继承马克思主义建党学说的基础上，极大丰富和发展了党的作风建设思想和理论。在中国共产党的历史上，最早提出并使用“作风”这个概念的是毛泽东。1937 年 5 月 8 日，毛泽东在中国共产党全国代表会议上正式提出“作风”的概念，强调领导干部应该把加强思想作风建设和密切联系群众的工作作风建设作为一项重要任务。1938 年 9 月在党的扩大的六届六中全会上，毛泽东提出“马克思主义中国化”的口号，要求党的思想及其实践具有中国作风和中国气派。1941 年 5 月 19 日，毛泽东在延安干部会议上作了《改造我们的学习》的重要讲话，明确提出要反对主观主义，树立马克思主义学风。同年 9 月 10 日，毛泽东在《反对主观主义和宗派主义》一文中明确提出了“党风”概念，指出“现在，延安的学风存在主观主义，党风存在宗派主义”。1942 年 2 月 1 日，毛泽东在中央党校开学典礼上专门发表了《整顿党的作风》的演讲，提出“反对主观主义以整顿学风，反对宗派主义以整顿党风，反对党八股以整顿文风”，并提出“只要我们党的作风完全正派了，全国人民就会跟我们学”。1945 年 4 月 24 日，毛泽东在党的七大上作了《论联合政府》的报告。他在报告中明确指出：“以马克思列宁主义的理论思想武装起来的中国共产党，在中国人民中产生了新的工作作风，这主要的就是理论和实践相结合的作风，和人民群众紧密地联系在一起的作风以及自我批评的作风。”“三大作风”的发扬，是党在七大以后取得抗日战争、解放战争、巩固新生人民政权并引导中国进入社会主义历史阶段这三项历史性胜利的根本性保证。1949 年 3 月，在中国共产党即将进入中心城市并领导全国政权之时，毛泽东在党的七届二中全会上预见到党在革命胜利和掌握政权之后面临的挑战，将这种挑战称为“糖衣炮弹”，应对的方针是“务必使同志们继续地保持谦虚、谨慎、不骄、不躁的作风，务必使同志们继续地保持艰苦奋斗的作风”。“两个务必”同“三大作风”是一脉相承的。“两个务必”是党在执政条件下的新的作风要求。

新中国成立后，党继续发扬革命时期形成的优良作风，依靠优良的作风取得了社会主义革命和建设的巨大成就。针对党内存在的官僚主义、居功自傲、骄傲自满等错误思想和不良风气，1950 年 5 月，党中央决定在全党范围内开展整风运动，1951 年又开展了整党运动。针对国家机关和经济部门工作人员中存在的贪污、浪费和官僚主义以及私营工商业者中行贿、偷税漏税、偷工减料等不正之风，党中央开展了大规模的“三反”“五反”运动，对执政后保持党的优良作风、维护党的崇高形象起到了重要作用。1956 年召开的党的八大明确提出“三坚持三反对”，即必须坚持理论联系实际，实事求是，反对主观主义；坚持党的群众路线，反对官僚主义；坚持党的民主集中制领导原则，反对个人崇拜和个人专断。党的八大还把“必须不断地发扬党的工作中的群众路线的传统”写进党章。邓小平在大会上代表中央作了《关于修改党的章程的报告》，用了很大篇幅讲执政党“面临新的考验”，强调必须发扬我们党的优良作风。党的八届二中全会提出要进一步密切党群关系，发扬艰苦朴素的优良传统作风，防止产生“特权阶层”，防止领导干部“特殊化”。

党的十一届三中全会后，以邓小平同志为主要代表的中国共产党人，清醒地认识到在改革开放新的历史条件下作风建设将面临严峻的考验，恢复和重新确立了实事求是的思想路线，实现了党的工作全面拨乱反正，恢复建立中央纪律检查委员会，并明确提出纪律检查委员会的基本任务就是维护党规党纪、切实搞好党风，为加强党风廉政建设和反对腐败提供思想和组织保证。同时，针对改革开放过程中出现的消极腐败现象，坚持“两手抓，两手都要硬”的方针，在抓好经济建设的同时，坚决打击和惩治腐败，端正党风，为改革开放和现代化建设提供了稳定的社会政治环境，开创了在新的历史时期加强和改进党风建设的新局面。1979 年 11 月，中央作出《关于高级干部生活待遇的若干规定》，要求党的高级领导干部必须带头恢复和发扬党的艰苦朴素、密切联系群众的优良传统。1980 年 2 月，党的十一届五中全会通过《关于党内政治生活的若干准则》，概括了党的历史上处理党内关系和整顿党风的经验，要求恢复和发扬党的优良传统和作风。1983 年下半年至 1987 年上半年，中央用三年多的时间在全党开展整党，对党的作风和组织进行了一次全面整顿，重塑了改革开放时期党的新风气。1989 年邓小平要求“聚精会神地抓党的建设”，从执政党生死存亡的战略高度推进党的作风建设。

党的十三届四中全会后，以江泽民同志为主要代表的中国共产党人，对党的作风建设的认识进一步提高，作出了一系列新决策新部署。1989 年 8 月，中央发出《中共中央关于加强党的建设的通知》，指出在新的历史条件下发扬光大党长期形成的优良传统，发扬党的优良作风，下决心纠正党内的不正之风。1990 年 3 月，党的十三届六中全会作出《中共中央关于加强党同人民群众联系的决定》，1994 年 9 月，党的十四届四中全会通过《中共中央关于加强党的建设几个重大问题的决定》，对恢复和弘扬党的优良作风，继续抓好党的作风建设，纠正不正之风，作出了具体部署。1998 年，党中央开展了以“讲学习、讲政治、讲正气”为主要内容的党性党风教育，其中“讲正气”主要是要求继承党的好传统、好作风，坚持真理，坚持原则，坚决同一切歪风邪气和各种腐败现象作斗争。2001 年 9 月，党的十五届六中全会通过的《中共中央关于加强和改进党的作风建设的决定》，向全党提出了“八个坚持、八个反对”的要求，对全面加强党的作风建设作出明确部署，并提出了“执政党的党风，关系党的形象，关系人心向背，关系党和国家的生死存亡”的著名论断。2002 年 11 月，党的十六大报告明确指出：“推进党的作风建设，核心是保持党同人民群众的血肉联系。”

党的十六大以来，以胡锦涛同志为主要代表的中国共产党人从提高党的执政能力、完成党的执政使命的高度，大力倡导和弘扬党的优良作风，在为民、务实、清廉等方面推动党的作风建设取得新成就。党的十六大后，新一届中央领导集体上任伊始，就紧紧抓住党的作风建设这个法宝，再上西柏坡，重提“两个务必”。2005 年至 2006 年，党中央在全党开展了以实践“三个代表”重要思想为主要内容的保持共产党员先进性教育活动，其中一项重要任务就是要求广大党员干部继承和发扬党的优良作风，进一步发挥先锋模范作用，永葆先进性。2007 年 1 月，胡锦涛在十六届中央纪委七次全会上要求，各级领导干部在工作中要大力倡导八个方面的良好风气。2009 年 9 月，党的十七届四中全会通过《中共中央关于加强和改进新形势下党的建设若干重大问题的决定》，进一步强调“执政党的党风，关系党的形象，关系党和人民事业成败”，明确提出“大兴求真务实之风。把求真务实贯彻到治党治国各个方面各个环节”，要求“以思想教育、完善制度、集中整顿、严肃纪律为抓手，下大气力解决突出问题，以优良党风促政风带民风，形成凝聚党心民心的强大力量”。2012 年 1 月，胡锦涛在十七届中央纪委七次全会上提出“保持党的纯洁性”的重大命题，其中作风纯洁是保持党的纯洁性的重要内容。

党的十八大以来，以习近平同志为主要代表的中国共产党人，以强烈的历史担当和顽强的意志品质，从党长期执政和国家长治久安的战略高度，加强和改进新形势下党的作风建设，把解决作风问题作为推进全面从严治党的切入点和突破口，从领导干部特别是高级干部入手，坚持问题导向、以上率下，突出解决“四风”问题，推动党风政风为之一新，社会风气大为好转。2012 年 12 月 4 日，十八届中央领导集体履新不到 20 天，习近平总书记就主持中央政治局会议审议通过了中央八项规定。短短 600 多字的中央八项规定，掀起了一场激浊扬清的作风变革。党中央先后部署开展党的群众路线教育实践活动、“三严三实”专题教育、“两学一做”学习教育、“不忘初心、牢记使命”主题教育、党史学习教育、学习贯彻习近平新时代中国特色社会主义思想主题教育、党纪学习教育、深入贯彻中央八项规定精神学习教育等，聚焦作风建设，集中解决形式主义、官僚主义、享乐主义和奢靡之风这“四风”问题，连续对作风之弊、行为之垢进行大排查、大检修、大扫除，打出了作风建设“组合拳”。同时，注重建章立制，制定一系列党内法规制度，明确提倡什么作风、坚决反对什么作风，为全党摆正大方向，划出底线。

二、加强新时代作风建设

作风建设是新形势下全面推进党的建设的重要环节，是提高拒腐防变和抵御风险能力的重要切入点。我们要从作风建设的角度切入，全面推进党的政治建设、思想建设、组织建设、纪律建设，把制度建设贯穿其中，这既是从作风建设的角度进行的重点突破，又是对党的建设新的伟大工程的整体推进。加强作风建设，必须落实到每一名党员特别是领导干部的个人作风建设上，一个人的作风，不仅体现他的思想水平，决定着他的行动作为，更是新时代保持党员队伍先进性和纯洁性的核心内容，是提高整个党员队伍政治素质的基本要求，更是推动我们党整体作风形象提升的关键环节。中国共产党是中国工人阶级的先锋队，同时是中国人民和中华民族的先锋队，毛泽东曾说:“只要我们党的作风完全正派了，全国人民就会跟我们学。党外有这种不良风气的人，只要他们是善良的，就会跟我们学，改正他们的错误，这样就会影响全民族。”党的优良作风要靠每一名党员干部保持和发扬，广大党员干部不仅要有过硬的思想、过硬的作风，更要有过硬的行动，确保党的先进性和纯洁性，为我们党领导全国人民把我国建设成为社会主义现代化强国奠定坚实基础。

新时代加强党的作风建设具有鲜明的时代特征。

第一，加强党的作风建设要坚持以人民为中心的政治站位。党的作风看似是党员干部外在行为的表现，但是其意义不仅仅局限于个人的行为，执政党直接面对的是人民，我们党有什么样的作风，直接决定了我们党在人民群众心目中有什么样的形象。中国共产党是马克思主义政党，要始终牢固树立全心全意为人民服务的宗旨，提高政治站位，强化政治意识，推进全面从严治党向纵深发展，切实改进不良作风，加强作风建设。以人民为中心，是习近平总书记关于加强党的作风建设思想的重要特征，“人民群众反对什么、痛恨什么，我们就要坚决防范和纠正什么”，人民群众是我们党作风建设的出发点，也是我们党作风建设的落脚点，是作风建设成效的重要阅卷人。

第二，加强党的作风建设要坚持问题导向。问题是时代的声音，人心是最大的政治，推进党和国家各项工作，必须坚持问题导向、倾听人民的呼声，只有抓住问题的主要矛盾才能事半功倍。党的十八大以来，以习近平同志为核心的党中央坚持问题导向推进全面从严治党，党的作风建设有了新气象、新作为。加强作风建设，只要抓住问题的根源，就会找到差距和不足，为下一步的改进锚定方向，以作风的不断提升赢得党心民心。

第三，加强党的作风建设需强化顶层设计。党的十八大以来，以习近平同志为核心的党中央有序部署和推进党的作风建设，强化顶层设计，以“四风”问题为突破口，转变党的作风，然后将党风的转变引向严肃党内政治生活和加强党内监督，净化党内政治生态，显示出由浅到深、由表及里的深化路径，呈现出全面从严治党层层推进、不断发展的时代新格局。

第四，加强党的作风建设需要有勇于自我革命的魄力和勇气。中国共产党是勇于自我革命的政党，敢于直面问题、敢于自我解剖，以自我革命引领伟大的社会革命。治理党的作风顽疾的关键在于对自己动刀子。加强作风建设充分体现了我们党抓铁有痕、踏石留印的决心，猛药去疴、一抓到底的精神和久久为功、绵绵用力的决心。

三、党的作风问题的核心与本质

党的作风和党的性质是相互联系、紧密结合的，党的性质决定党的作风，党的作风同时又能更好地反映党的性质宗旨。但是，在作风问题上，起决定作用的是党性，正如习近平总书记所说的：“作风问题根本上是党性问题。作风反映的是形象和素质，体现的是党性，起决定作用的也是党性。”

（一）党的作风是党性的表现

提高党性修养离不开作风修养的提升，作风修养在党性修养中占据十分重要的地位。简单来说，作风修养是党性修养的外在表现。一个政党的形象能够通过很多外在形式显露出来，比如，我们可以通过党的纲领、路线、方针、政策所取得的成就认清楚党的本质，可以先大概通过外在形象对一个政党作出判断，同时，党员也是如此。所谓“听其言，观其行”，我们可以通过党员的日常行为判断他的气质和修养，通过党员的言谈举止判断他的品质与内在，通过党员的外在素养判断这个政党是否真正为人民服务。

马克思主义政党的作风与党性是一致的，马克思主义政党是真心为人民利益而奋斗的，在作风上就能体现出来，如求真务实、廉洁从政，实事求是、执政为民等一些为民的行动和表现，这些就是无产阶级党性的体现。党风不是被动地反映党性，而是对党性具有能动的反作用。好的党风能起到维护党性、巩固政权的作用，反之，一种不好的党风也是一个国家、一个政党走向衰败的原因。因此，加强作风建设是长久之策而非权宜之计。

（二）党性决定着作风的优劣

党性决定党风，党性是魂，党风是形，党风的发展变化要受到党性的制约。一个政党的党性与政党的阶级性相关，不同阶级的政党由于党性各异，其作风也是不同的。政党的性质决定政党的作风。对于马克思主义政党而言，它的党性决定其在认识和改造世界的过程中，在思想、工作、学习等方面都会从人民的利益出发，尊重客观规律，而全心全意为人民服务是其根本宗旨，这就决定了不管是在思想工作还是学习方面都会遵循这个天然的原则，都会按照马克思主义的立场、观点、方法处理问题。

在实际工作中，政党内在的修为决定着其外在的表现形态。没有好的党性修养就不会有好的党风。一个党性强的党员、一个真心为人民谋利益的党员，在实践中就会自觉遵守规矩，表现出理论联系实际的作风，他能够在工作中真正做到与人民群众在一起，能够坚持批评和自我批评的作风，就能做到谦虚谨慎、不骄不躁、求真务实。相反，党员的党性较弱，在工作中就很容易表现出形式主义、经验主义作风。2016 年 7 月 1 日，习近平总书记在庆祝中国共产党成立 95 周年大会上强调：“党的作风正，人民的心气顺，党和人民就能同甘共苦。”党员要真正想人民所想、做人民所做。只有这样才能形成良好的作风，得到人民群众的拥护支持与爱戴，真正和人民群众想在一起、干在一起，使我们党永葆青春活力和战斗力。

（三）维护作风就是维护党性

党性修养永远在路上，加强作风建设永无尽头，二者相互联系，密不可分，必须处理好这两方面的关系。所以要“透过作风看党性，在解决作风问题的基础上解决好党性问题”。

解决好党的作风中出现的问题，尤其要排除那些不利于优良作风存在和发展的消极因素，维护了党的优良作风也就维护了党性。能不能解决好作风问题，是衡量共产党人对马克思主义信念、对社会主义和共产主义信念、对党和人民忠诚的一把十分重要的尺子。好的作风保护群众的利益，坏的作风毁坏群众的利益，祛除这些不好的作风，排除那些不利于优良作风存在和发展的不良因素，巩固发扬优良作风，就是切身保护好、维护好最广大人民群众的根本利益，提高和巩固无产阶级政党的党性。

参考阅读

传递“樵夫”廖俊波的品格力量

“小桥一滑天地悲，痛断肝肠武夷泣。”人民的“樵夫”廖俊波不幸因公殉职后，他的先进事迹在广大党员干部和人民群众中迅速传播开来。2017 年 3 月，习近平总书记对廖俊波同志先进事迹作出重要指示，并发出了向廖俊波同志学习的号召。为深入学习贯彻习近平总书记的重要指示精神，党中央追授廖俊波同志“全国优秀共产党员”称号。

“樵夫”精神到底是什么？把自己当作“最小的人”，把为人民服务当成“天大的事”，就是“樵夫”精神的“标准答案”。廖俊波用生命践行了忠诚、干净、担当的要求，以实际行动回答了什么是好党员、好干部，他是“两学一做”学习教育中涌现出的先进典型，是新时期县委书记的好榜样，更是广大党员干部学习、看齐的好榜样。从廖俊波身上，能够感悟到他“厚度、热度、尺度”的品格力量。

品行修养有“厚度”。“思想的‘厚度’决定人生的高度。”思想的“厚度”，即党性觉悟的高低，政治品质的好坏，个人追求的价值。“樵夫”廖俊波一生始终坚守共产党人的最高理想，保持共产党人高尚的情操，正心笃志、崇德弘毅，始终以党和人民事业为最高追求，以干事创业、造福百姓为最大快乐，始终做到心中有党、心中有民、心中有责、心中有戒。入党 25 年来，他始终信念坚定、不忘初心，对党和人民无限忠诚，在每一个工作岗位都倾心尽力为党和人民事业奋斗，战斗至生命的最后一刻。因此，作为党员干部，思想之“度”一定要“厚”，不可过于轻浮，专于功利，长于心计。要从心革除“官本位”思想的“病灶”，自觉加强党性修养，不断锤炼党性，不让精神颓废、思想松懈、理想滑坡；要有强烈的事业心和责任感，淡泊名利，乐于奉献，心甘情愿做“铺路石”、架“凌云梯”、当“孺子牛”，涵养廖俊波那样的品格“厚度”。

服务群众有“热度”。“金杯银杯，不如老百姓的口碑。”把自己看小了，群众就大了，把群众的事情办好了，群众的心就“热”了。“樵夫”廖俊波像群众的亲人，始终心系群众、造福人民，把群众的开不开心、答不答应、满不满意作为衡量一切工作好坏的标准。对群众，廖俊波总有一颗“火热”的心，到群众中去，与群众打得“火热”。他担任政和县委书记期间，时刻想着“如何让老区人民尽快脱贫增收”，带头深入贫困村蹲点调研，分类推进精准扶贫，坚持“赚钱的事让群众干，不赚钱的事让党委政府干”，政和县 3 年多时间累计减少贫困人口 3 万多人，连续 3 年进入福建省县域经济发展“十佳”。因此，作为党员干部，服务群众心要“热”、头脑要“冷”，坚持把群众安危冷暖时刻放在心上，常翻民生“小账本”，做好服务“大文章”，摆正位置，找准角色定位，真心实意为百姓谋福祉，涵养廖俊波那样服务群众的“热度”。

为官做人有“尺度”。“做人有原则，做事有准则”，即为尺度。权力越大，责任就越大，权力越大，就越容易受到不法分子的“围猎”。“樵夫”廖俊波严守廉洁底线，做人光明磊落，从不利用权力、地位为自己和亲属谋取私利，时常叮嘱家人多付出、多奉献，不搞特殊，以良好的形象和口碑赢得了党员干部和群众的广泛赞誉；他舍小家、顾大家，带头清清白白做人、干干净净做事、堂堂正正做官，真正做到了事事带头、时时带头、处处带头；他为企业家排忧解难，却始终不越界，正确处理好了政商“清”与“亲”的关系。因此，作为党员干部，要分得清重与轻、是与非、廉与腐，在大事上不糊涂，在小节上严要求，珍惜自己洁白无瑕的名节，珍惜党和人民赋予的权力，守住为官从政的底线，像廖俊波那样始终保持廉洁奉公、无私奉献的道德情操，坚守共产党人政治本色，践行共产党人价值观，涵养廖俊波那样的廉洁魅力。

“政声人去后，民意闲谈中。”“樵夫”廖俊波走了，但他的“樵夫”精神却犹如耸立在中华民族历史长河中的巍峨丰碑，让我们仰望、追随，他虽然走了，却活在了人们的心中，激励着广大党员干部和群众奋勇拼搏、艰苦奋斗，在决战脱贫攻坚、同步全面小康的道路上再创辉煌业绩。

（摘编自中国共产党新闻网 2017 年 6 月 8 日，作者：王邦和）

全党同志要把老一辈革命家和共产党人留下的光荣传统和优良作风传承好发扬好，勇于推进党的自我革命，坚定不移推进全面从严治党，始终保持党的先进性和纯洁性，确保党始终成为中国特色社会主义事业的坚强领导核心。

——2022 年 10 月 27 日，习近平总书记带领二十届中共中央政治局常委瞻仰延安革命纪念地时的讲话

第六讲

党风问题关系党的生死存亡

中央八项规定从改进调查研究、精简会议活动、厉行勤俭节约等八个方面立规矩、明导向，成为改进党的作风的“一个切入口和动员令”，成为新时代作风建设的“金色名片”。

一、党的作风关系人心向背

作风是一种无形的力量，政党的作风代表着党的形象。党员来自人民群众，是人民群众中的一员。党员的言行不仅代表个人形象，还与整个党的形象和作风密切相连。人民群众对党的认识、对党的态度，主要由其成员的言行和党的作风所决定。在新民主主义革命时期，党用良好的作风和行动赢得了人民群众的支持和拥护，坚定了他们跟党走的决心。在社会主义革命和建设、改革开放和社会主义现代化建设新时期，党用良好的作风感召和凝聚了人民群众，形成强大的合力，共同为国家的富强而奋斗。在中国特色社会主义新时代，人民群众同样通过观察党员的言行来确定对党的态度。“作风问题，核心是党和人民群众的关系问题”，党的作风好，真心为人民群众办实事，人民就相信党、拥护党，党在群众中的威信就高、形象就好。党的作风还广泛地影响社会风气，对社会风气起着重要的示范和导向作用。在党风和民风中，关键是搞好党风，因为党在群众中有着崇高的威望，党员的一举一动都会影响群众。党指引的方向就是群众前进的方向。党员清正廉洁、艰苦朴素，群众就会崇尚节俭。党的作风正了，党员的先锋模范作用发挥得好，群众就会自觉地跟着学，从而营造出良好的、充满活力的社会氛围。

二、党的作风关系党的执政基础

党的执政地位是由诸多因素决定的。我们党之所以得到人民群众长期的支持，拥有坚实的群众基础，是因为党是人民群众利益的忠实代表。党拥有优良的作风，“风清则气正，气正则心齐，心齐则事成”。人民群众在党的优良作风的号召下而聚集在一起，为共同的理想而努力奋斗。党掌握的政权是人民的政权，必须克服和根治不良作风，“如果不坚决纠正不良风气，任其发展下去，就会像一座无形的墙把我们党和人民群众隔开，我们党就会失去根基、失去血脉、失去力量”，最终人民群众对党领导的政权就会丧失信心，党的执政基础就会动摇。因此，党要长期执政，必须十分重视加强自身建设。党的建设是一个体系，与所处时代的环境和任务有关，党的作风需要与时俱进。

三、弘扬党的光荣传统和优良作风

党的作风建设，是党的建设的重要组成部分。作为长期执政的马克思主义政党，在新时代新征程上，中国共产党要结合新的实际长期坚持、不断发扬光大党的优良作风，以赶考的坚强意志和决心走好新时代的长征路。

（一）坚持理论联系实际的作风

恩格斯多次强调，社会主义自从成为科学以来，就要求人们把它当作科学看待。我们的理论是发展的理论，而不是必须背得烂熟并机械地加以重复的教条。列宁在1920年评论《共产主义》杂志的“左派”幼稚病缺点时指出：“马克思主义的精髓，马克思主义的活的灵魂：对具体情况作具体分析。”列宁把那种做每一件事、说每一句话都要到马克思主义理论里找根据的人，视为如同盲人依靠盲杖走路一样可怜。列宁强调：“现在必须弄清一个不容置辩的真理，这就是马克思主义者必须考虑生动的实际生活，必须考虑现实的确切事实，而不应当抱住昨天的理论不放，因为这种理论和任何理论一样，至多只能指出基本的、一般的东西，只能大体上概括实际生活中的复杂情况。”所以，如果只知道照搬照抄马克思主义的词句，就会把马克思主义变成一种片面的、畸形的、僵死的东西，就会阉割马克思主义的活的灵魂，那就是只忠于马克思主义学说的字面，而不是忠于马克思主义学说的精神。

坚持理论联系实际，要处理好理论、实际以及二者的结合关系。在理论方面，要努力学习马克思主义理论。在实际方面，在实践中，实际是已有的现实、具体的现实，不是抽象的概念。当下，处于并将长期处于社会主义初级阶段就是我国当前最大的实际。实际是实践的基础和起点，在尊重现实的同时坚持实践的观点。在结合方面，理论与实际相结合，不是抽象的而是具体的，不是静止的而是发展的。要运用已掌握的理论，结合现实实际，解决好前进中的问题，这也是理论联系实际的最终目的和要求。

理论联系实际，要联系自己的工作实际，增强理论对实际工作的科学指导作用，提高工作实效。党员不论在什么岗位上，都要发挥先锋模范作用，通过自己的诚实劳动，创造对人类、对社会更大的价值，就要有科学理论的指导。比如，有些党员甚至是领导干部，为什么在工作中缺乏开拓精神，平庸、畏首畏尾；为什么在工作中缺乏全局意识，部门利益至上，地方主义第一；等等。其中一个重要的原因就是没有用科学的理论指导工作，这不仅使理论对工作的指导作用大打折扣，而且还助长轻视理论学习的不良倾向。

理论联系实际，更要联系自己的思想实际，改造主观世界，净化精神境界，增强理论素养。科学的世界观是党员的立身之本，是党员树立正确的人生观、价值观的基本前提，是党员不犯错误、多作贡献的基本保证。在实践中，一些党员和干部犯错误，包括以权谋私、违法乱纪，同不注意学习理论或者学习理论不注意联系自己的思想实际等不无关系。因此，要通过学习马克思主义理论，自觉坚持正确思想，克服错误思想，保持一种坚韧不拔、奋发有为的精神状态。

坚持理论联系实际的方针，说起来容易，但真正做起来并非轻而易举。一方面，要真正做到理论联系实际，会受到诸多条件的制约，如个人的文化程度、认识水平、分析判断能力、实际工作经验、思想政治工作的意识等。另一方面，理论联系实际不是一劳永逸的事情，而是党员在自己的政治生涯中必须始终坚持的习惯，这就需要坚强的意志、顽强的毅力以及百折不挠的精神。虽然我们党一直倡导要坚持理论联系实际，但在现实中，理论联系实际还存在许多问题。主要是：缺乏学习理论的兴趣和热情，认为学不学无所谓，强调没有时间学习，整天忙于不必要的应酬；学习不刻苦，浅尝辄止，满足于一知半解，不注重掌握理论的科学体系和精神实质；理论与实际脱节，不用或者不会用理论武器解决面临的实际问题；断章取义、各取所需，甚至把自己的不正确理解说成马克思主义理论的原意和党中央精神；搞形式主义，做表面文章，甚至言行不一；教育别人一套一套的，却从不联系自己的思想和行动。诸如此类的问题，虽然表现在一部分人身上，但害己害人，危害极大。因此，必须反对理论脱离实际的工作作风，坚持理论联系实际的马克思主义作风。

（二）始终做到密切联系群众

新时代新征程继续推进中国特色社会主义伟大事业，就必须密切联系群众，提升群众工作的能力和本领，紧紧依靠群众，保持与群众的血肉联系，让人民群众始终成为党的力量源泉和胜利之本。

提升密切联系群众的作风，要密切同群众的感情。人民群众是历史的创造者，密切联系群众要发自内心地认同群众。为什么人民群众跟着共产党走？因为他们真正感受到党是真心为他们的利益而奋斗的，是最关心他们冷暖和疾苦的。同样，党要获得全国各族人民的拥护、赢得人民群众的支持，就必须真心真意为他们服务，对人民群众有真挚的感情。但是在市场经济飞速发展的环境下，出现了对群众感情淡漠的情况，利益多元化、价值观多样化导致割裂党与人民群众密切联系的现象，破坏了党在群众中的形象，损害了党同人民群众的血肉联系，这与党的工作作风的要求是不相符的。改进工作作风，就是要巩固和增进与人民群众的情感，与人民群众真正心连心。只有党同人民群众的感情加深了，人民群众才会敞开心扉接纳党，发自肺腑地认可党，自觉地团结在党的周围，真心真意地拥护党。

提升密切联系群众的作风，要牢固树立执政为民的理念。党的权力是人民赋予的，党员干部不能滥用手中的权力，只为少数人谋利益。党员干部更不能利用权力搞政治上、生活上的特殊化，必须勤勤恳恳做公仆。滥用权力，党就会失去群众的支持，最终失去执政的资格。执政为民，是领导干部掌权用权的本质要求。所以，提升作风修养，尤其是密切联系群众的修养，就必须牢固树立执政为民的意识，把一切工作的出发点和落脚点都放在人民的利益上，积极引导人民群众满怀热情地投身中国式现代化建设，投身实现中华民族伟大复兴的实践。

提升密切联系群众的作风，必须学习和掌握群众路线的工作方法。这是我们党的根本工作路线和根本工作方法，体现了马克思主义历史唯物主义原理。当下，部分党员漠视群众路线，与群众的距离随着交通工具的发展反而远了，做群众工作的水平降低了，这些都违背了党的宗旨和要求。我们党取得的胜利，靠的是群众的力量和智慧。提升群众工作水平，一要相信群众。在新时代，推进伟大事业不是一帆风顺的，肯定会遇到这样那样的难题和矛盾，但我们要相信，群众的力量是无穷尽的，在遇到困难的时候，要想到人民群众，把遇到的困难告诉群众，虚心向人民群众请教和学习，从人民群众那里获得解决问题的办法，坚决克服“群众落后论”和“自发论”，倾听人民群众的呼声，尊重人民群众的创造，学习人民群众的智慧。当群众的意见正确时，要合理吸收和采纳；当群众的意见不正确时，要引导群众，把他们引导到正确的认知方向上。尤其是对涉及群众切身利益的重大决策，一定要充分听取群众的意见。同时，还要克服命令主义与尾巴主义，彻底治好“急性病”和“慢性病”。二要贯彻群众路线，注意加强对群众的教育和引导，让党的先进的理论为群众所接受，使党的路线方针政策成为群众的奋斗方向。相信群众和依靠群众的目的是一致的，把党的事业与人民的利益融为一体，进而使人民群众认识到自己的根本利益同党的利益的一致性，并为之奋斗。

（三）用好批评和自我批评的武器

任何人、任何政党都难免有犯错误的时候，犯错误并不可怕，可怕的是不能及时纠正错误，以及不能防范出现错误。从党的历史来看，批评和自我批评的作风就是我们党防范出现错误的武器，是我们党区别于其他政党的显著标志之一。正是依靠这个武器，我们党才能不断清扫政治灰尘，才能始终充满生机和活力。

批评和自我批评是我们党宝贵的精神财富，是我们党特有的武器。一个先进的无产阶级政党，要勇于正视和纠正自己的错误。我们党有错误、有缺点，不怕别人批评指出。因为我们党是为人民服务的，要对人民高度负责，只要说得对，我们党就会坚决改正。

不但如此，面对自己的错误和缺点，我们党还能够公开作严肃的而不是敷衍的自我批评，这使我们党更加纯洁、更加光明磊落。人民群众看到党的真诚，就会更加信任和拥护我们党，从而使我们党变得更加坚强有力。马克思主义告诉我们：矛盾是无处不在的，中国共产党党内也不可避免地出现矛盾，中国共产党正是在解决自身矛盾中前进的。党内矛盾影响着党的肌体健康，而批评和自我批评就是解决矛盾的最好方法。我们党一直依靠这个方法解决党内矛盾，清除党内政治灰尘和政治微生物。新时代，党内矛盾也是长期存在的，解决好这些矛盾仍然需要运用批评和自我批评这个武器、发扬批评和自我批评这个作风。批评和自我批评是维护我们党团结统一的必要方法。在历史上，我们党存在过主观主义和宗派主义，影响了党的团结统一。整风运动用批评和自我批评的方法，克服了这两种主义的影响，使党在思想上和组织上达到空前统一，为抗日战争和解放战争的胜利奠定了基础。我们必须继承和发展这种方法，因为在新时代，面对艰巨的历史任务，面对前进中的挫折，党内也会存在不同的声音。即使是一个领导班子，由于个体的不同也会在决策、执行、工作思路等各个环节上存在不同的意见，这就得依靠批评和自我批评，辨别是非、坚持真理，解决好分歧，统一意见、化解矛盾，在思想上行动上达到统一。批评和自我批评是坚持实事求是的基本要求，决不能歪曲事实真相，搞恶意攻击。批评和自我批评是规范政治生活的重要手段。要使党内政治生活这座熔炉保持高温，就必须在党的建设实践中真正用活用好批评和自我批评。和风细雨式、一针见血式等方式要根据场合以及对象的不同而有选择性地加以应用，这样才能达到既提升思想又令人乐于接受的效果，真正实现批评和自我批评的目的。

改进工作作风，还要继续保持求真务实、真抓实干的作风，艰苦奋斗、勤俭节约的作风，忠于职守、廉洁从政的作风，生活正派、情趣健康的作风等，从而不断增强党的纯洁性。

参考阅读

全面从严治党探索出依靠党的自我革命跳出历史周期率的成功路径（节选）

全面从严治党是新时代党的自我革命的伟大实践，开辟了百年大党自我革命的新境界。

第一，坚持以党的政治建设为统领，坚守自我革命根本政治方向。历史反复证明，党的团结统一是党的生命，党中央坚强有力领导是我们战胜一切困难和风险的根本保证。党的团结统一首先是政治上的团结统一。我们坚持把党的政治建设摆在首位，把维护党中央权威和集中统一领导作为最高政治原则，把党的领导落实到管党治党、治国理政各领域各方面各环节，严明政治纪律和政治规矩，强化政治监督、深化政治巡视，坚决防止和治理“七个有之”，坚决清除对党中央阳奉阴违的两面人、两面派，不断净化党内政治生态。经过新时代全面从严治党的革命性锻造，从根本上扭转了落实党的领导弱化、党的观念淡漠状况，全党“四个意识”不断增强，“四个自信”日益坚定，“两个维护”更加自觉。

第二，坚持把思想建设作为党的基础性建设，淬炼自我革命锐利思想武器。我们坚持用“革命理想高于天”的信仰强基固本、凝心铸魂，用党的创新理论武装全党、教育人民，要求全党牢记中国共产党是什么、要干什么这个根本问题，从党的百年奋斗中看清楚过去我们为什么能够成功、弄明白未来我们怎样才能继续成功，先后开展党的群众路线教育实践活动、“三严三实”专题教育、“两学一做”学习教育、“不忘初心、牢记使命”主题教育、党史学习教育等，推进学习教育常态化制度化，加强意识形态阵地建设和管理，不断去杂质、除病毒、防污染，锤炼共产党人信仰信念的钢筋铁骨。经过新时代全面从严治党的革命性锻造，一些领域长期存在的意识形态之乱、价值观之乱得以正本清源，全党自觉用党的创新理论滋养初心、引领使命，增强为党分忧、为国奉献、为民造福的政治担当，在风浪考验中立住脚，在诱惑“围猎”前定住神，在复杂严峻斗争中保持了政治本色。

第三，坚决落实中央八项规定精神、以严明纪律整饬作风，丰富自我革命有效途径。党性、党风、党纪是有机整体，党性是根本，党风是表现，党纪是保障。新时代全面从严治党以落实中央八项规定精神破题，党中央率先垂范，弘扬谦虚谨慎、艰苦奋斗等光荣传统，涵养求真务实、清正廉洁的新风正气，把纪律和规矩挺在前面，抓早抓小、防微杜渐，一个毛病一个毛病纠治，一个问题一个问题突破，一年接着一年坚守，坚决纠正形式主义、官僚主义、享乐主义和奢靡之风，坚决破除特权思想、特权行为，坚决整治群众身边的腐败和不正之风。经过新时代全面从严治党的革命性锻造，纪律松弛、作风飘浮状况显著改变，真管真严、敢管敢严、长管长严氛围基本形成，党风政风焕然一新，社风民风持续向好，重塑了党在人民心中的形象。

第四，坚持以雷霆之势反腐惩恶，打好自我革命攻坚战、持久战。古人说:“国家之败，由官邪也。”腐败是最容易颠覆政权的问题，反腐败是最彻底的自我革命。我们以“得罪千百人，不负十四亿”的使命担当去疴治乱，坚持无禁区、全覆盖、零容忍，坚持重遏制、强高压、长震慑，坚持受贿行贿一起查，坚持有案必查、有腐必惩，坚定稳妥、有力有效查处了一批新中国成立以来十分重大的案件，“打虎”“拍蝇”“猎狐”多管齐下，坚决消除腐败这个最大危险，坚决打赢反腐败这场输不起的斗争。经过新时代全面从严治党的革命性锻造，反腐败斗争取得压倒性胜利并全面巩固，不敢腐的震慑充分彰显，不能腐的笼子越扎越牢，不想腐的自觉显著增强。当今世界没有其他哪个政党、哪个国家能够像我们这样大规模、大力度、坚持不懈惩治腐败。我们成功走出一条依靠制度优势、法治优势反腐败之路，书写了人类反腐败斗争历史新篇章。

第五，坚持增强党组织政治功能和组织力凝聚力，锻造敢于善于斗争、勇于自我革命的干部队伍。我们贯彻新时代党的组织路线和好干部标准，以提升组织力为重点、强化政治功能，完善上下贯通、执行有力的组织体系，树立加强基层建设的鲜明导向，推动各级党组织全面进步、全面过硬。总结运用党积累的伟大斗争经验，教育引导党员、干部发扬斗争精神、掌握斗争策略、练就斗争本领，在决胜全面小康、决战脱贫攻坚、抗击疫情、防汛救灾、应对外部打压遏制等一线接受考验。经过新时代全面从严治党的革命性锻造，一些基层党组织虚化弱化边缘化问题得以坚决纠正，爱惜羽毛的“老好人”、推诿扯皮的“圆滑官”、得过且过的“太平官”失去市场，广大基层党组织的战斗堡垒作用和共产党员的先锋模范作用充分彰显，党的政治优势和组织优势不断转化为制胜优势。

第六，坚持构建自我净化、自我完善、自我革新、自我提高的制度规范体系，为推进伟大自我革命提供制度保障。我们健全党和国家监督制度，以党内监督为主导，发挥巡视监督利剑作用和派驻监督探头作用，推进纪律检查体制、国家监察体制、审计统计监督体制改革，推动各项监督贯通协同，实现党内监督全覆盖、对公职人员监察全覆盖。坚持制度治党、依规治党，健全党的组织法规、领导法规、自身建设法规、监督保障法规，让制度“长牙”、“带电”。经过新时代全面从严治党的革命性锻造，我们形成了比较完善的党内法规体系，构建起党统一领导、全面覆盖、权威高效的监督体系，营造了尊崇制度、遵守制度的良好氛围，推动各方面制度更加成熟定型，形成了中国共产党之治、中国之治的独特优势。

（摘编自《全面从严治党探索出依靠党的自我革命跳出历史周期率的成功路径》，《求是》2023 年第 3 期，作者：习近平）

制定实施中央八项规定，是我们党在新时代的徙木立信之举，必须常抓不懈、久久为功，十年不够就二十年，二十年不够就三十年，直至真正化风成俗，以优良党风引领社风民风。

要继续纠治享乐主义、奢靡之风，把握作风建设地区性、行业性、阶段性特点，抓住普遍发生、反复出现的问题深化整治，推进作风建设常态化长效化。

要把纠治形式主义、官僚主义摆在更加突出位置，作为作风建设的重点任务，研究针对性举措，科学精准靶向整治，动真碰硬、务求实效。

——2023 年 1 月 9 日，习近平总书记在二十届中央纪委二次全会上的讲话

第七讲

全面加强和改进党的作风建设

习近平总书记强调:“工作作风上的问题绝对不是小事，如果不坚决纠正不良风气，任其发展下去，就会像一座无形的墙把我们党和人民群众隔开，我们党就会失去根基、失去血脉、失去力量。”党的十八大以来，以习近平同志为核心的党中央从制定和落实中央八项规定开局破题，坚持自上而下、以上率下，以作风建设新气象赢得了人民群众的信任和拥护。中央八项规定不仅是新时代中国共产党作风建设的“金色名片”，更是全面从严治党的重要抓手。

一、作风建设是立破并举、扶正祛邪的过程

党的十八大闭幕后，习近平总书记在十八届中共中央政治局常委同中外记者见面会上的讲话中指出:“坚持党要管党、从严治党，切实解决自身存在的突出问题，切实改进工作作风，密切联系群众，使我们党始终成为中国特色社会主义事业的坚强领导核心。”不久，中共中央政治局召开会议，审议通过了八项规定，迈出了新时代改进党的作风的第一步。

加强和改进党的工作作风是一场攻坚战、持久战，一刻都不能放松、一刻都不能停顿。作风建设只有进行时，没有完成时。

抓改进工作作风，各项工作都很重要，但最根本的是要坚持和发扬艰苦奋斗精神。各级领导干部要以身作则、率先垂范，说到的就要做到，承诺的就要兑现。要坚持勤俭办一切事业，坚决反对讲排场比阔气，坚决抵

制享乐主义和奢靡之风。要大力弘扬中华民族勤俭节约的优秀传统，大力宣传节约光荣、浪费可耻的思想观念，努力使厉行节约、反对浪费在全社会蔚然成风。

党内政治生活是党风政风的生成土壤。有什么样的党内政治生活，就有什么样的作风。2013 年，习近平总书记在十八届中央纪委二次全会上指出：“改进工作作风，就是要净化政治生态，营造廉洁从政的良好环境。”2014 年，习近平总书记在党的群众路线教育实践活动总结大会上强调：“党内政治生活是党组织教育管理党员和党员进行党性锻炼的主要平台，从严治党必须从党内政治生活严起。”“从严治党，最根本的就是要使全党各级组织和全体党员、干部都按照党内政治生活准则和党的各项规定办事。”2016 年，习近平总书记在十八届中央纪委六次全会上强调：“政治生态好，人心就顺、正气就足；政治生态不好，就会人心涣散、弊病丛生。”党的十九大之后，党中央一直大力抓作风建设，净化政治生态，党风政风有了根本好转。在党的二十大报告中，习近平总书记强调指出：“增强党内政治生活政治性、时代性、原则性、战斗性，用好批评和自我批评武器，持续净化党内政治生态。”

二、中央八项规定是改进作风的切入口和动员令

中央党的建设工作领导小组 2025 年 3 月 12 日召开会议指出，党中央决定，自 2025 年全国两会后至 7 月在全党开展深入贯彻中央八项规定精神学习教育。习近平总书记高度重视，亲自谋划确定学习教育主题，发表重要讲话，作出重要指示，为开展学习教育指明了方向。之后，中共中央办公厅印发《关于在全党开展深入贯彻中央八项规定精神学习教育的通知》。

中央八项规定体现了党中央全面从严治党的根本要求，反映了党中央改进工作作风的坚定信念，反映出中国未来施政的动向。中央八项规定是党中央向全党和全国人民作出的一个庄严承诺，是改进工作作风的一个切入口和动员令。中央八项规定出台后，以习近平同志为核心的党中央身体力行，为端正党风政风率先垂范，极大地推动了党风廉政建设。党的二十

届三中全会强调，要坚持用改革精神和严的标准管党治党，深入推进党风廉政建设和反腐败斗争，锲而不舍落实中央八项规定精神。

（一）中央八项规定的基本内容

概括地说，中央八项规定的主要内容如下。

一要改进调查研究，到基层调研要深入了解真实情况，总结经验、研究问题、解决困难、指导工作，向群众学习、向实践学习，多同群众座谈，多同干部谈心，多商量讨论，多解剖典型，多到困难和矛盾集中、群众意见多的地方去，切忌走过场、搞形式主义；要轻车简从、减少陪同、简化接待，不张贴悬挂标语横幅，不安排群众迎送，不铺设迎宾地毯，不摆放花草，不安排宴请。

二要精简会议活动，切实改进会风，严格控制以中央名义召开的各类全国性会议和举行的重大活动，不开泛泛部署工作和提要求的会，未经中央批准一律不出席各类剪彩、奠基活动和庆祝会、纪念会、表彰会、博览会、研讨会及各类论坛；提高会议实效，开短会、讲短话，力戒空话、套话。

三要精简文件简报，切实改进文风，没有实质内容、可发可不发的文件、简报一律不发。

四要规范出访活动，从外交工作大局需要出发合理安排出访活动，严格控制出访随行人员，严格按照规定乘坐交通工具，一般不安排中资机构、华侨华人、留学生代表等到机场迎送。

五要改进警卫工作，坚持有利于联系群众的原则，减少交通管制，一般情况下不得封路、不清场闭馆。

六要改进新闻报道，中央政治局同志出席会议和活动应根据工作需要、新闻价值、社会效果决定是否报道，进一步压缩报道的数量、字数、时长。

七要严格文稿发表，除中央统一安排外，个人不公开出版著作、讲话单行本，不发贺信、贺电，不题词、题字。

八要厉行勤俭节约，严格遵守廉洁从政有关规定，严格执行住房、车辆配备等有关工作和生活待遇的规定。

中央八项规定的主要内容涉及的都是日常工作中的一些具体问题，甚至是长期以来被视为细小琐事的问题。我国有句古语，“勿以恶小而为之”。蚁穴虽小，但能毁掉万里长堤。从这个角度看，日常工作中的具体事情，的确都是事关党的工作作风的大事。只要把中央八项规定精神落实到位，就能从源头上有效预防和避免各种不正之风和腐败现象。中央八项规定出台之后，中央领导同志特别是习近平总书记带头执行、率先垂范，各地也大力整饬工作作风，摒弃官僚主义、形式主义。

（二）中央八项规定体现了党的建设的内在规律

中央八项规定不是“一阵风”，作风建设也永远没有休止符。中央八项规定为什么能够产生如此重要的作用和深远的影响？

首先，它体现了党的建设的内在规律。党的建设是一个伟大工程，在长期推进过程中已经形成了很多内在规律，深刻认识和把握这些规律，对于我们在现实中加强党的建设、有效管党治党具有重要意义。按照这些规律的要求去做，我们就牵住了“牛鼻子”。

其次，它抓住了广大党员干部和群众最关注、反映最强烈、与人民群众现实生活联系最紧密的问题。管党治党是为了保证党能够更好地为人民谋利益，只有抓住这些问题，解决好这些问题，才能更好地体现我们党立党为公、执政为民的执政理念，才能保证各级党组织和广大党员干部在实际工作中更好地联系群众、为人民办事，夯实党的执政基础。

最后，它体现了制度建设的系统化要求。围绕中央八项规定的贯彻落实，我们党采取了一系列重要举措，制定了一系列具体制度。按照中央要求，各地区各部门普遍结合实际，制定了贯彻落实中央八项规定精神的实施办法、细则及配套制度。这些规定出台以来，我们管党治党的制度体系不断健全完善，体制机制改革不断深化。盯紧中央八项规定精神的落实，体现了党中央管党治党的坚定决心、坚强态度、坚决行动。一段时间以来，有一些党员干部内心存在错误思想认识：有的认为纠治“四风”是“一阵风”，还有的抱有侥幸心理。这些思想认识是完全错误的。以习近平同志为核心的党中央以非凡的政治勇气和历史担当，顺应社会要求和人民意愿，义无反顾地坚持推进全面从严治党，不断巩固管党治党的成果，开创了党的建设新局面。

（三）让中央八项规定在实践中发挥长效作用

中央八项规定实施以来，已经取得很好的社会效果。领导人出行不封路，从全国两会到各地两会，均不再摆鲜花，而是开短会，厉行节俭。一些地方高端餐饮、奢侈品消费数据的下降，都证明了中央八项规定的威力。从中央到地方，群众看到了贯彻落实中央八项规定所取得的成效。但是，逆水行舟，一篙不可放缓，必须以踏石留印、抓铁有痕的劲头抓下去。

“踏石留印”“抓铁有痕”，原指人们踏石、抓铁要留下印记、痕迹，比喻做事情一丝不苟，严肃认真，不达目的不罢休。习近平总书记借用“踏石留印”“抓铁有痕”作比喻，意在强调我们党持续深入抓作风建设的坚定决心。近年来，随着中央八项规定精神落地落实，当初对其抱有“过一阵就不管了”幻想的人也越来越清醒地认识到，中央八项规定不是“一阵风”，不是挂在墙上、放在案上的摆设，而是实打实的转作风、树新风的利器，谁胆敢触碰，就要被严肃处理。中央八项规定是新形势下聚焦作风建设的“第一把火”。

三、持续深化纠治“四风”

形式主义、官僚主义、享乐主义和奢靡之风这“四风”是党的群众路线的死敌大敌顽敌。因此，习近平总书记在党的群众路线教育实践活动工作会议上强调，要对作风之弊、行为之垢来一次大排查、大检修、大扫除。“四风”的形成非“一日之寒”，纠治解决“四风”问题务必下大气力，甚至要有壮士断腕的勇气，需要从根本上进行解决。

（一）“四风”是损害党群关系的重要根源

形式主义、官僚主义、享乐主义和奢靡之风这“四风”，违背我们党的性质和宗旨，是群众深恶痛绝、反映最强烈的问题，也是损害党群干群关系的重要根源。解决好了“四风”问题，解决党内其他问题就更容易了。

“四风”问题的表现形式是多样的。

在形式主义方面，主要是知行不一、不求实效，文山会海、花拳绣腿，贪图虚名、弄虚作假。有的不认真学习党的理论和做好工作所需要的知识，学了也是为应付场面，蜻蜓点水，浅尝辄止，不求甚解，无心也无力在实践中认真运用。有的习惯于以会议落实会议、以文件落实文件，热衷于造声势、出风头，把安排领导出场讲话、组织发新闻、上电视作为头等大事，最后工作却不了了之。

在官僚主义方面，主要是脱离实际、脱离群众，高高在上、漠视现实，唯我独尊、自我膨胀。有的对实际情况不了解不关注，不愿深入困难艰苦地区，不愿帮助基层和群众解决实际问题，甚至不愿同基层和群众打交道，怕给自己添麻烦，工作上敷衍塞责、推诿扯皮、得过且过。有的不顾地方实际和群众意愿，喜欢拍脑袋决策、拍胸脯表态，盲目铺摊子、上项目，最后拍屁股走人，留下一堆“后遗症”。有的对上吹吹拍拍、曲意逢迎，对下吆五喝六、横眉竖目，门难进、脸难看、事难办，甚至不给钱不办事，收了钱乱办事。有的对待上级部署囫囵吞枣、断章取义，执行上级决定照本宣科等，或者照猫画虎、生搬硬套，以前怎么做就怎么做，别人怎么做就怎么做，完全不顾本地区本部门的实际情况。有的官气十足、独断专行，老子天下第一，一切都要自己说了算，拒绝批评帮助，容不下他人，听不得不同意见。

在享乐主义方面，主要是精神懈怠、不思进取，追名逐利、贪图享受，讲究排场、玩风盛行。有的意志消沉、信念动摇，奉行及时行乐的人生哲学，“今朝有酒今朝醉”“人生得意须尽欢”。有的追求物质享受，情趣低俗，玩物丧志，沉湎于花天酒地，热衷于灯红酒绿，纵情于声色犬马。有的拈轻怕重，安于现状，不愿吃苦出力，满足于现有学识和见解，陶醉于已经取得的成绩，不立新目标，缺乏新动力，“清茶报纸二郎腿，闲聊旁观混光阴”。

在奢靡之风方面，主要是铺张浪费、挥霍无度，大兴土木、节庆泛滥，生活奢华、骄奢淫逸，甚至以权谋私、腐化堕落。有的修建豪华气派的办公大楼，甚至占地上百亩、耗资几亿元，搞得富丽堂皇，吃喝玩乐一应俱全。有的热衷于造节办节，节庆泛滥成灾，动辄花费几百万元、几千万元，劳民伤财。有的热衷于个人享受，住房不厌其大其多，车子不厌其豪华，菜肴不厌其精美，穿戴讲究名牌，对超出规定的生活待遇安之若素，还总嫌不够。有的要求超规格接待，住高档酒店，吃山珍海味，喝美酒佳酿，觥筹交错之后还要“意思意思”。有的兜里揣着价值不菲的会员卡、消费卡，在高档会馆里乐不思蜀，在高级运动场所流连忘返，在名山秀水间朝歌夜弦，在异国风情中醉生梦死，有的甚至到境外赌博场所挥金如土。有的作风不检点，甚至道德败坏、生活放荡，不以为耻，反以为荣。

从以上“四风”问题的主要表现来看，不解决“四风”问题，人民就不会和我们在一起。党的群众路线教育实践活动，就是要把为民务实清廉的价值追求深深植根于全党同志的思想和行动中，使全党同志牢记并恪守全心全意为人民服务的根本宗旨，以优良作风把人民紧紧凝聚在一起。改革开放以来，经过全党努力，党的作风总体是好的，党的思想路线、政治路线和精神面貌是好的。但也应该看到，某些党员干部在思想作风方面存在一些不符合新的形势发展要求的突出问题，这些问题严重损害了党在人民群众中的威信，严重影响了党同人民群众的关系，制约了改革开放和社会主义现代化建设的进程。这些问题突出表现为“四风”，即一些领导干部中存在形式主义、官僚主义、享乐主义和奢靡之风。只要抓住了“四风”问题，就能找准穴位、抓住要害，有的放矢、对症下药。

早在1945年党的七大上，毛泽东指出：“以马克思列宁主义的理论思想武装起来的中国共产党，在中国人民中产生了新的工作作风，这主要的就是理论和实践相结合的作风，和人民群众紧密地联系在一起的作风以及自我批评的作风。”“在一起”三个字，道出了中国共产党和广大人民群众的关系。作为一个政党，中国共产党不是资本主义社会里由少数精英组成的选举团队，而是始终和广大人民群众联系在一起的工人阶级先锋队组织。中国共产党在100多年革命、建设、改革的历史进程中，之所以能够战胜各种困难、风险和挑战，关键在于我们党赢得了人民群众的信赖、拥护和支持。什么时候我们党的群众路线执行得好，党群关系密切，我们的事业就顺利发展；什么时候我们党的群众路线执行得不好，党群关系受到损害，我们的事业就遭受挫折。因此，紧紧地和广大人民群众在一起、坚定不移地做好群众工作是我们党取得一切胜利的根本。

只有刹住“四风”蔓延势头，才能带动社会风气整体好转。我们党是马克思主义政党，从成立那天起，就把全心全意为人民服务作为根本宗旨，为实现中国人民的彻底解放而奋斗。形式主义、官僚主义、“假大空”，历来是中国共产党人所反对的。对人民群众的要求视而不见，对人民群众的实践经验敷衍塞责，这绝对不是共产党人应有的态度。2013 至 2014 年全党开展党的群众路线教育实践活动，就是要抓紧研究解决本地区本部门改革发展稳定中的重大问题，抓紧研究解决群众生活中的紧迫问题，抓紧研究解决党的建设中存在的突出问题。

（二）紧紧抓住纠治“四风”的重点

“反对形式主义，重在解决作风飘浮、工作不实，文山会海、表面文章，贪图虚名、弄虚作假等问题。反对官僚主义，重在解决脱离实际、脱离群众，消极应付、推诿扯皮，作风霸道、迷恋特权等问题。反对享乐主义，重在解决追名逐利、贪图享受，讲究排场、玩物丧志等问题。反对奢靡之风，重在解决铺张浪费、挥霍无度，骄奢淫逸、腐化堕落等问题。”《关于新形势下党内政治生活的若干准则》列出了纠治“四风”的重点。不解决这些群众反映最强烈的重点问题，就难以取信于民。

要充分认识纠治“四风”的长期性、复杂性、艰巨性。纠治“四风”不可能一蹴而就、毕其功于一役。习近平总书记指出，横下一条心纠正“四风”，常抓抓出习惯、抓出长效。“四风”的产生有其深刻的历史渊源和现实背景，“四风”赖以生存的土壤还没有被完全铲除，防止“四风”的制度体系还有待进一步完善，遏制“四风”的社会环境还需进一步营造，“四风”的变异形式还会长时间存在。所以必须以踏石留印、抓铁有痕的劲头常抓不懈，切实把落实中央八项规定精神抓住不放，及时严厉查处各种顶风违纪违规行为，特别是要坚决反对和纠正各种隐性的、变异的不良作风问题。

（三）纠治“四风”不能止步

纠治“四风”是一项长期而艰巨的斗争，既要治标又要治本，坚持一以贯之，从具体问题抓起，该纠正的纠正，该禁止的禁止。

1. 认真落实习近平总书记重要指示

2017年12月，习近平总书记就新华社一篇《形式主义、官僚主义新表现值得警惕》的文章作出指示：各地区各部门都要摆摆表现，找找差距，抓住主要矛盾，特别要针对表态多调门高、行动少落实差等突出问题，拿出过硬措施，扎扎实实地改。各级领导干部要带头转变作风，身体力行，以上率下，形成“头雁效应”。2017年12月9日，中共中央办公厅印发通知指出，习近平总书记的这一重要指示，一针见血、切中时弊，内涵丰富、要求明确。以习近平同志为核心的党中央坚定不移全面从严治党、持之以恒正风肃纪的鲜明态度和坚定决心，对于加强党的作风建设具有重要指导意义。

各地区各部门要认真组织党员干部学习讨论习近平总书记的重要指示，深刻领会指示的内容和精神实质，牢固树立“四个意识”，不断提高政治站位和政治自觉，以永远在路上的坚韧，锲而不舍抓好作风建设；各地区各部门召开民主生活会和组织生活会，要把贯彻落实中央八项规定精神、转作风改作风情况作为对照检查的重要内容，切实按照习近平总书记的重要指示要求，认真查找“四风”突出问题特别是形式主义、官僚主义的新表现，采取过硬措施，坚决加以整改，务求取得实效；要坚持从各级领导干部做起，以上率下、层层带动，继续紧盯元旦、春节等时间节点，从一件件小事抓起，坚决防止不良风气反弹回潮，不断巩固和拓展落实中央八项规定精神的成果。

2. 作风建设贵在常抓不懈

在新时代，必须警惕和力戒很多披上“新外衣”的形式主义、官僚主义，从体制机制层面进一步破题。

一要坚持求真务实，下大气力解决形式主义问题。求真务实与形式主义是相对立的两个性质不同、效果不一的概念。求真务实是人民群众对党员干部的迫切要求、衷心期盼，形式主义则被人民群众所深恶痛绝。但是，形式主义因其表面文章做得“好”，在短时期内很容易蒙蔽人的耳目，从而使搞形式主义的人获得一时的荣誉和利益。因此，在任何时候都有一些人热衷于搞形式主义。因此，一定要充分认识形式主义的实质和危害，提高反对形式主义、倡导求真务实的思想认识。

克服形式主义的根本举措，就是坚持求真务实、争创实绩的工作作风。求真务实，从根本上来说是辩证唯物主义和历史唯物主义一以贯之的科学精神，是我们党的思想路线的核心内容，是党的优良传统和共产党人应该具备的政治品格。毛泽东在延安时期就要求全党：实事求是，力戒空谈。当老实人，说老实话，做老实事。领导干部一定要把求真务实、争创实绩的工作作风付诸实践、见诸行动，让人民群众共享改革发展的成果。人民群众对每一个党员干部都会“听其言而观其行”。老百姓不会只听党员干部嘴上怎么说，而是注重党员干部怎样干、干得怎么样。只有求真务实，真正从老百姓的利益出发，为人民群众办实事、办好事，实现好、维护好、发展好最广大人民的根本利益，我们党才能把立党为公、执政为民的要求落到实处，始终保持同人民群众的血肉联系，始终得到人民群众的拥护和支持。

二要坚持执政为民，解决官僚主义问题。“官僚”，中国古代指在衙署办事的官吏。官僚主义的要害是脱离实际、脱离群众，热衷于“官本位”、做官当老爷的领导作风。官僚主义者对党和国家的事业不负责，对民族和人民的利益不负责，只对自己或亲属或小团体的利益负责。官僚主义的表现主要是脱离实际、脱离群众，高高在上、漠视现实，唯我独尊、自我膨胀。老百姓讽刺这些人说：“拍脑袋决策，拍胸脯表态，拍屁股走人。”

反对官僚主义，要着重解决党员干部在人民群众利益上不维护、不作为的问题，教育引导他们深入实际、深入基层、深入群众，坚持民主集中制，虚心向群众学习，真心对群众负责，热心为群众服务，诚心接受群众监督，坚决整治消极应付、推诿扯皮、侵害群众利益的问题。

当前，官僚主义仍然是顽疾。党和国家机关中依然存在种种官僚主义，我们决不能掉以轻心，熟视无睹，置之不理，坚持把反对官僚主义作为一项重要的任务。

如果说官僚主义是阴魂，害怕见到光的话，公开就是置官僚主义于死地的利器。推进党务公开和政务公开，不但可以提高党和政府的政策制定和公共治理的环节、过程的透明度，而且可以提高公众的知情度和参与度，这样一来，官僚主义就无处藏身了。党务公开和政务公开，就是要打造“阳光政党”和“阳光政府”，使政党和政府成为“透明政党”“透明政府”。要使党务、政务更加公开、透明，使人民群众对党政机关和党员领导干部的职责权限、办事程序、办事结果等能够一目了然，进而保障群众的知情权、参与权和监督权。

三要弘扬艰苦奋斗精神。几千年的中华文明，培育了优秀的民族文化和精神，艰苦奋斗就是其中之一。在这方面古人给我们留下了许多至理名言：“忧劳可以兴国，逸豫可以亡身”“虑生骄逸之端，必践危亡之地”“历览前贤国与家，成由勤俭破由奢”。

中国共产党不仅继承了先人培育的艰苦奋斗的优良传统，并结合时代特点和实践特征，培育和形成了艰苦奋斗的优良作风。1949 年 3 月，毛泽东在党的七届二中全会上提出“两个务必”。党的十八大以后，以习近平同志为核心的党中央，以抓工作作风的改进作为密切党与人民群众联系的突破口，带头模范执行中央八项规定，把坚持和弘扬艰苦奋斗作风作为改进工作作风的根本，这反映了党中央对艰苦奋斗优良作风在新形势下的继承和发展。

保持和发扬艰苦奋斗精神，根本是牢固树立马克思主义的世界观、人生观、价值观。保持和发扬艰苦奋斗精神，关键是要体现在坚持勤奋工作、兢兢业业地创造一流工作业绩上，体现在带领群众为推动经济发展和社会进步开拓进取的实际行动中。保持和发扬艰苦奋斗精神，领导干部要发挥带头作用。要带头走出高楼大院，到基层倾听群众呼声，体察群众情绪，关心群众疾苦，把群众的安危冷暖时刻放在心上，特别是对工作和生活遇到困难的群众要格外关注、重点帮助，让他们感受到党的关怀和政府的温暖。要带头遵循勤俭节约、艰苦创业的原则，量力而行，精打细算，讲求实效，反对讲排场、比阔气、铺张浪费。要与群众同甘共苦，休戚与共，体察民情，了解民意，集中民智，珍惜民力，诚心诚意为群众谋利益。只要领导干部以艰苦奋斗的优良作风和人格力量影响和带动广大群众，就一定能够带领人民群众完成全面建设社会主义现代化国家的任务，推进中国特色社会主义事业的发展。

反对奢靡之风，必须建设节约型政府。建立“廉价政府”是马克思主义国家学说的一个基本观点。建设节约型社会是我们党提出的一个目标。建设节约型政府、节约型社会是坚持勤俭节约、反对奢靡之风的根本之举。建设节约型政府，各级干部特别是领导干部必须做到：要坚持立党为公、执政为民，树立正确的政绩观。说到底就是要忠实践行党的宗旨，真正做到权为民所用、情为民所系、利为民所谋。要实事求是，按客观规律办事，坚持讲真话、办实事、求实效，不盲目攀比；要深入实际，深入群众，脚踏实地，艰苦奋斗，不搞花架子；要顾全大局、统筹兼顾，立足当前、着眼长远，不急功近利。

反对奢靡之风，必须加强节约型社会建设。建设节约型社会，要坚持以习近平新时代中国特色社会主义思想为指导，贯彻党的二十大精神，坚持创新发展、协调发展、绿色发展、开放发展和共享发展的新理念，坚持资源开发与节约并重，把节约放在首位，紧紧围绕实现经济增长方式的根本性转变，以提高资源利用效率为核心，以节能、节水、节材、节地、资源综合利用和发展循环经济为重点，加快结构调整，推进技术进步，加强法治建设，完善政策措施，强化节约意识，尽快建立健全促进节约型社会建设的体制和机制，逐步形成节约型的增长方式和消费模式，以资源的高效和循环利用，促进经济社会可持续发展。

四、坚持以严的基调强化正风肃纪反腐

党的十八大以来，我们坚定不移推进全面从严治党，一体推进不敢腐、不能腐、不想腐，始终坚持严的主基调，持续深入正风肃纪反腐，深化标本兼治，将好传统带进新征程，将好作风在新时代弘扬，反腐败斗争取得压倒性胜利并全面巩固。党的二十大报告继续强调，坚持以严的基调强化正风肃纪，坚决打赢反腐败斗争攻坚战持久战。党的二十届三中全会还专

门就“深入推进党风廉政建设和反腐败斗争”作出重要部署。

（一）从严治党是我们党的优良传统和政治优势

从党的历史发展来看，从严治党是我们党长期形成的优良传统。从严治党、开展严肃认真的党内政治生活是中国共产党的优良传统。从“从严治党”的传统到习近平总书记提出“全面从严治党”，既是历史的传承，也是党建理论发展的逻辑必然。回顾党的“从严治党”的光荣传统，会进一步加深党员干部对“全面从严治党”的认识和理解。

1. 建党之初就重视纪律建设

加强纪律建设，把纪律和规矩挺在前面。党的二大制定了第一个党章，在其第四章就专门讲到纪律，其中就有党员个人服从组织，下级机关须完全执行上级机关之命令，少数绝对服从多数的内容，对于有六种情况的党员要开除出党，比如，言论行动有违背本党宣言、章程及大会各执行委员会之议决案，无故连续二次不到会，欠缴党费三个月，无故连续四个星期不为本党服务，经中央执行委员会命令其停止出席、留党察看期满而不改悟，泄漏党的秘密等都要开除出党。可见，中国共产党在成立之初就把纪律挺在前面，而且纪律十分严格。

1927 年 6 月 1 日，中共中央政治局会议通过的《中国共产党第三次修正章程决案》第九章专门讲到纪律，强调：“严格党的纪律是全体党员及全体党部最初的最重要的义务，党部机关之决议，应当敏捷的与正确的执行之，但对于党内一切争论问题，在未决定以前，得完全自由讨论之。”“不执行上级机关的决议及其他破坏党的行为，即认为违背党的共同意志而处罚之。”“党的一切决议取决于多数，少数绝对服从多数。”这里讲的是政治纪律、组织纪律和大局意识，也是贯彻党的民主集中制的具体体现。

党的制度建设主要体现在对民主集中制的不断发展和完善上。《中国共产党第三次修正章程决案》，除第一次把“党的建设”单独作为重要章节外，更为突出的是在“党的建设”这一章的头两条中第一次表述了我们党的“民主集中制”：“党部的指导原则为民主集中制。”“按照民主集中制的原则在一定区域内建立这一区域内党的最高机关，管理这一区域内党的部分组织。”六大党章不仅规定了中国共产党的组织原则为民主集中制，而且第一次规定了民主集中制的三项根本原则：“（1）下级党部与高级党部由党员大会、代表会议及全国大会选举之。（2）各级党部对选举自己的党员，应作定期的报告。（3）下级党部一定要承认上级党部的决议，严守党纪，迅速且切实的执行共产国际执行委员会和党的指导机关之决议。”

1935 年 1 月，中共中央政治局在贵州遵义召开的扩大会议，是坚持民主集中制的典范。博古在会议上作关于反对第五次“围剿”的总结报告，周恩来在博古的主报告之后作了副报告，张闻天作反对“左”倾军事错误的报告。接着毛泽东作了系统的长篇发言，指出第五次反“围剿”以来的一系列失败和挫折，主要是军事上的单纯防御路线，表现为进攻时的冒险主义、防御时的保守主义和突围时的逃跑主义，公开批评了博古和李德的错误，受到与会大多数同志的拥护。周恩来、朱德、刘少奇等同志也相继发言，表示不同意博古的总结报告，同意毛泽东、张闻天提出的意见。遵义会议结束了王明“左”倾教条主义在党中央的统治，实际上确立了毛泽东在中共中央和红军的领导地位，是我们党第一次在没有共产国际的干预下，依靠民主集中制来解决我们党自己的问题。

1945 年 6 月，党的七大通过的党章确立了毛泽东思想的指导地位，而且系统全面地阐发了民主集中制的科学内涵。党章明确规定，“中国共产党是按民主的集中制组织起来的，是以自觉的、一切党员都要履行的纪律联结起来的统一的战斗组织”。党章明确了民主的集中制内涵，即在民主基础上的集中和在集中领导下的民主。党章明确了民主集中制的基本条件：（1）党的各级领导机关由选举制产生。（2）党的各级领导机关向选举自己的党的组织作定期的工作报告。（3）党员个人服从所属党的组织，少数服从多数，下级组织服从上级组织，部分组织统一服从中央。（4）严格地遵守党纪和无条件地执行决议。

2. 把“从严治党”写进党章

1987 年 10 月，党的十三大正式提出“从严治党”，大会提出为了使我们党能经得起执政的考验，经得起改革开放的考验，消除新时期党内出现的各种腐败现象，对经不起考验的党员仅仅靠教育不能完全解决问题，必须从严治党，严肃执行党的纪律。从严治党，除了必须把少数腐败分子开除出党以外，对绝大多数党员要进行教育，提高他们的素质。

1992 年 10 月，党的十四大报告指出："我们一定要结合新的实际，遵循党的基本路线，坚持党要管党和从严治党，加强和改进党的建设，努力提高党的执政水平和领导水平，使我们这个久经考验的马克思主义的党，在建设有中国特色社会主义的伟大事业中更好地发挥领导核心作用。"党的十四大通过的《中国共产党章程》第一次把"从严治党"写进了党章的总纲。"中国共产党要领导全国各族人民实现社会主义现代化的宏伟目标，必须紧密围绕党的基本路线加强党的建设，坚持从严治党，发扬党的优良传统和作风，提高党的战斗力，把党建设成为领导全国人民沿着有中国特色的社会主义道路不断前进的坚强核心。"十六大党章增加了"坚持党要管党、从严治党，发扬党的优良传统和作风，不断提高党的领导水平和执政水平，提高拒腐防变和抵御风险的能力，不断增强党的阶级基础和扩大党的群众基础，不断提高党的创造力、凝聚力、战斗力，使我们党始终走在时代前列，成为领导全国人民沿着中国特色社会主义道路不断前进的坚强核心"的内容。十七大党章增加了"加强党的执政能力建设和先进性建设，以改革创新精神全面推进党的建设新的伟大工程。坚持立党为公、执政为民"的内容。十八大党章强调："坚持立党为公、执政为民，坚持党要管党、从严治党，发扬党的优良传统和作风，不断提高党的领导水平和执政水平，提高拒腐防变和抵御风险的能力，不断增强党的阶级基础和扩大党的群众基础，不断提高党的创造力、凝聚力、战斗力，建设学习型、服务型、创新型的马克思主义执政党，使我们党始终走在时代前列，成为领导全国人民沿着中国特色社会主义道路不断前进的坚强核心。"

党的十八大以来，全面从严治党成为党中央作出的重大战略部署，被提升为"四个全面"战略布局的重要组成部分。党的十九大将"全面从严治党"写入党章，同时把"坚持党要管党、从严治党"深化为"坚持党要管党、全面从严治党"，并且将党的建设四项基本要求丰富为五项，全面从严治党单列一项。二十大党章明确规定："全面从严治党永远在路上，党的自我革命永远在路上。""要把严的标准、严的措施贯穿于管党治党全过程和各方面。坚持依规治党、标本兼治，不断健全党内法规体系，坚持把纪律挺在前面，加强组织性纪律性，在党的纪律面前人人平等。”100多年来，我们党结合革命、建设和改革不同历史时期的时代特征，与时俱进，不断发展，不断完善，形成了自我净化、自我完善、自我革新、自我提高的独特政治优势。

（二）坚决破除特权思想和特权行为

党的二十大报告提出“反对特权思想和特权现象”。党的二十大报告在分析10年前我们党面对的形势时指出，“一些地方和部门形式主义、官僚主义、享乐主义和奢靡之风屡禁不止，特权思想和特权现象较为严重”。在总结10年来我们党推进一系列变革性实践时又指出，“我们持之以恒正风肃纪，以钉钉子精神纠治‘四风’，反对特权思想和特权现象，坚决整治群众身边的不正之风和腐败问题”。党的二十大报告在关于全面从严治党部分再次强调，“持续深化纠治‘四风’，重点纠治形式主义、官僚主义，坚决破除特权思想和特权行为”。从中可以深刻感受到我们党对特权问题的清醒认识，对破除特权思想和特权行为的鲜明态度和坚定决心。

1. 深化思想教育，筑牢反对特权的思想堤坝

我们党历来高度重视党风建设，坚决反对特权思想和特权现象。所谓“特权”，就是法律、制度规定之外的特殊权力。特权是腐败产生的思想根源和重要条件。特权问题的产生，有诸多方面的原因，但其根本是权力观扭曲，法纪观念淡薄，思想这个“总开关”出了问题。特权破坏公平正义，诱发腐败，如果任其泛滥，必将贻害无穷。习近平总书记深刻指出，“这个问题不仅是党风廉政建设的重要内容，而且是涉及党和国家能不能永葆生机活力的大问题”。新时代以来，以习近平同志为核心的党中央从制定并落实中央八项规定开局破题，党中央以身作则、率先垂范，带头严格执行中央八项规定，为全党树立了典范，向全国人民持续传递信心和力量。各级党组织自觉对标对表，从整治“舌尖上的浪费”“车轮上的铺张”到“会所中的歪风”“节日中的腐败”，一个节点一个节点紧盯，一个问题一个问题解决，以钉钉子精神加强作风建设。在这个过程中，特权思想和特权现

象得到有力抑制和消解，全党全社会迎来了一场激浊扬清的风气巨变。

治疗“特权病”需对症下药，关键要铲除滋生特权思想和特权行为的土壤。一方面，领导干部要自觉树立正确的权力观，从思想认识上破除特权思想毒瘤。因此，必须加强思想教育，使党员干部坚定理想信念，恪守党的宗旨，强化坚决反对特权的政治自觉。另一方面，必须采取得力措施，坚决反对和克服特权思想、特权现象。加强对公权力的监督和规制，从权力运行机制上破除特权行为。要为权力设置合理边界，使权力在法治的轨道上运行。要监督权力，让权力在阳光下运行，通过人民群众强有力的监督，有效防范公共权力异化为谋取私利的特权。

2. 加强权力监督，努力压缩特权现象的生存空间

不受约束的权力必然滋生特权和腐败。加强监督制约，是确保权力规范运行的关键。

深化民主公开“晒”。阳光是最好的防腐剂。要研究探索拓展民主、深化公开的方法和路子，防止暗箱操作、违规用权，让权力在阳光下运行。加强党内监督，执行民主集中制，推进重大事项决策刚性化程序建设，充分发挥全委会的决策和监督作用。深化事务和党务公开，做到全面公开、及时公开、真实公开。着力拓宽监督渠道，强化纪检监察、审计监督职能，注重运用组织、社会、家庭和舆论监督手段，建立全方位多角度的立体监督网络。

加强风险防控“堵”。坚持关口前移、预先防范，是对权力运行实施有效管控的重要经验。要突出对重点领域、重要工程和关键环节的监督，深入排查权力运行廉政风险，建立完善廉政档案。认真制定防控措施，针对容易发生越权、滥用职权问题的风险点，研究制定具体管用、操作性强的规范措施。实施全程动态监控，加大巡视监督、纪律检查、行政监察、经济审计等监督力度，发现苗头提前预警，综合运用教育、监督、纠错等措施有效化解风险。

开展专项治理“纠”。针对群众反映强烈的突出问题，采取上下联动、条块治理的方式，扎实开展专项整治工作，抓一项成一项，积小胜为大胜，以重点问题的突破促进特权问题的解决。

3. 深化制度改革，真正把权力关进制度的笼子里

特权问题与制度机制缺失直接相关。在制度建设上，既有不够健全完善的问题，更有执行不严格的问题。反对特权必须强化制度约束，切实提高法规制度的权威性、严肃性和执行力。全面依法治国是国家治理的一场深刻变革，关系党执政兴国，关系人民幸福安康，关系党和国家的长治久安。要根除各类特权现象和特权行为，就必须更好发挥制度特别是法治固根本、稳预期、利长远的保障作用，在法治轨道上全面建设社会主义现代化国家。

党的二十大报告深刻总结了全面加强党的纪律建设、健全党内法规制度、加强对权力运行制约和监督的新鲜经验。这些宝贵的经验为新时代党和国家深化制度改革，真正把权力关进制度的笼子里提供了重要遵循。首先，要编好制度的“笼子”。只有编好笼子，关住权力，才能管住特权。要紧紧围绕特权问题易发多发领域，搞好建章立制，弥补制度缺失，使责权机制更科学，倒逼机制更管用，监督机制更常态，问责机制更严肃。其次，要扎紧执行的“口子”。法不严则不力，治不严则无获。要加强对制度执行情况的监督监察，实施严格的过程控制，重点查纠落实制度作选择、搞变通、打擦边球和虎头蛇尾、双重标准等问题，确保各项规章制度得到不折不扣的落实。再次，要拓宽改革的“路子”。要积极探索实践“制度＋科技”模式，形成权力运行的防火墙和制度执行的监控器，有效铲除特权问题滋生的空间。最后，要吹响冲锋的“号子”。反对特权、反对腐败的斗争一刻也不能停，必须永远吹冲锋号。要保持反对和惩治特权的强大力量常在，坚决防止领导干部成为利益集团和权势团体的代言人、代理人。深化整治权力集中、资金密集、资源集中领域的腐败，坚决惩治群众身边的“蝇贪”，严肃查处领导干部配偶、子女及其配偶等亲属和身边工作人员利用影响力谋私贪腐问题。认真倾听基层呼声，回应社会关切，探索总结清理和规范的措施办法，及时将成熟的经验做法转化为制度机制，逐步推进有效破除特权问题。

4. 加大惩治力度，严肃查处特权行为

特权是滋生腐败的温床。惩治不力会助长歪风邪气，执纪不严会带来“破窗效应”，必须以坚强的党性原则和敢于较真碰硬的责任担当反对特权。党的十八大以来，以习近平同志为核心的党中央高度重视权力问题，既重

视权力的正确使用，更重视权力的有效制约，坚决反对特权思想和特权行为的出现。

党的二十大报告深刻指出，坚持以严的基调强化正风肃纪，锲而不舍落实中央八项规定精神，抓住“关键少数”以上率下，持续深化纠治“四风”，重点纠治形式主义、官僚主义，坚决破除特权思想和特权行为。党的十八大以来，党中央秉持顽强的斗争精神，对不正之风“零容忍”，既搭“高压线”又通“高压电”，让搞特权的人意识到风险，搞腐败的人得不偿失，以儆效尤、正风肃纪；坚持“老虎”“苍蝇”一起打，既严肃查处大案要案，又着力解决发生在百姓身边的特权行为和不正之风，让广大群众看到反对特权实实在在的成果；注重发挥惩治的综合效益。坚持惩治和预防“两手抓、两手都要硬”，运用反面典型搞好警示教育，举一反三，吸取教训，堵塞漏洞，发挥好查办案件的治本功能，推动反对特权的惩治成果向预防成果转化。

（三）坚决打赢反腐败斗争攻坚战持久战

反腐败，事关党的生死存亡。党的十八大以来，我们党以壮士断腕的勇气、零容忍的态度应对重大风险考验和突出问题，持之以恒正风肃纪、反腐惩恶，消除了党和国家内部存在的严重隐患，逐步换来了“海晏河清，朗朗乾坤”。党的二十大报告强调，只要存在腐败问题产生的土壤和条件，反腐败斗争就一刻不能停，必须永远吹冲锋号。

1. 反腐败的态度一以贯之

1934 年 1 月，毛泽东在中华苏维埃第二次全国工农兵代表大会上强调：“应该使一切政府工作人员明白，贪污和浪费是极大的犯罪。”1951 年 12 月，毛泽东在起草给华东局、福建省委等的电报中指出：“应把反贪污、反浪费、反官僚主义的斗争看作如同镇压反革命的斗争一样的重要，一样的发动广大群众包括民主党派及社会各界人士去进行，一样的大张旗鼓去进行，一样的首长负责，亲自动手，号召坦白和检举，轻者批评教育，重者撤职、惩办、判处徒刑（劳动改造），直至枪毙一批最严重的贪污犯，才能解决问题。”

1956年9月，邓小平在党的八大上针对一些党员骄傲自满、官僚主义、大搞特权等现象，特别强调：“党决不能姑息这样的人，而脱离广大的群众。”1983年10月，邓小平在党的十二届二中全会上指出：“严重的经济犯罪和其他刑事犯罪分子，以权谋私、严重损害党和群众的关系的人，长期在政治上不同中央保持一致、或者表面上保持一致实际上另搞一套的人，等等。所有这些，都是党内的危险因素，腐败因素，是党内思想不纯、作风不纯、组织不纯的严重表现。”1986年6月，邓小平在中央政治局常委会会议上指出：“开放、搞活政策延续多久，端正党风的工作就得干多久，纠正不正之风、打击犯罪活动就得干多久，这是一项长期的工作，要贯穿在整个改革过程之中，这样才能保证我们开放、搞活政策的正确执行。”

1997年9月，江泽民在党的十五大报告中告诫全党：“反对腐败是关系党和国家生死存亡的严重政治斗争。我们党是任何敌人都压不倒、摧不垮的。堡垒最容易从内部攻破，绝不能自己毁掉自己。如果腐败得不到有效惩治，党就会丧失人民群众的信任和支持。在整个改革开放过程中都要反对腐败，警钟长鸣。”2007年10月，胡锦涛在党的十七大报告中指出：“全党同志一定要充分认识反腐败斗争的长期性、复杂性、艰巨性，把反腐倡廉建设放在更加突出的位置，旗帜鲜明地反对腐败。”党的十八大以来，习近平总书记多次就打赢反腐败斗争发表重要讲话，作出重大部署，提出重要要求，并特别强调：勇于自我革命，是我们党最鲜明的品格。对反腐败斗争的新情况新动向要有清醒认识，对腐败问题产生的土壤和条件要有清醒认识，以永远在路上的坚韧和执着，精准发力、持续发力，坚决打赢反腐败斗争攻坚战持久战。

2. 巩固发展反腐败斗争压倒性胜利

习近平总书记反复强调：从严治党，惩治这一手决不能放松。要坚持“老虎”“苍蝇”一起打。不管涉及谁，都要一查到底，决不姑息。

第一，坚定不移惩治腐败，必须坚决查处大案要案。党的十八大以来，以习近平同志为核心的党中央严格依纪依法查处了一批大案要案，惩处了一大批腐败分子，形成了对腐败分子的高压态势，有效遏制了腐败的蔓延势头。力度空前的反腐败斗争，彰显了以习近平同志为核心的党中央巨大的政治勇气和历史担当，彰显了我们党“有腐必反，除恶务尽”的坚强决心与意志，有力证明了党内没有特殊党员，没有免罪的“丹书铁券”，也没有“铁帽子王”，在党的纪律面前人人平等。同时，党中央也一再向全党特别是领导干部敲响警钟：位高不能擅权，权重不能谋私，非分之利面前千万手莫伸，伸手必被捉；贪腐深渊面前千万别失足，一失足成千古恨。

第二，坚定不移惩治腐败，必须切实解决发生在群众身边的不正之风和腐败问题。习近平总书记明确指出：“我们说‘老虎’、‘苍蝇’一起打，有的群众说‘老虎’离得太远，但‘苍蝇’每天扑面。”这些发生在群众身边的不正之风和腐败问题，损害的是老百姓的切身利益，啃食的是群众的获得感，挥霍的是基层群众对党的信任，侵蚀的是基层政权。对此必须“抓早抓小”，要把整治群众身边腐败和不正之风摆在更加突出位置，深入整治民生领域的“微腐败”，放纵包庇黑恶势力的“保护伞”，妨碍惠民政策落实的“绊脚石”，以更加精准有效的监督执纪执法回应群众期盼、增进民生福祉。

第三，坚定不移惩治腐败，必须坚决查处用人腐败。“治国之要，首在用人。”端正用人导向，惩治用人腐败，净化用人环境，确保按照新时代好干部标准选好人用好人，不仅是坚持全面从严治党的要求，更是推进党和人民伟大事业发展的需要。党的十八大以来，按照党中央要求，各级党组织和各相关部门突出重点、有的放矢，打出了一套从严治吏的“组合拳”，着力整治干部选拔任用管理上的不正之风和腐败现象。中央修订和出台了《党政领导干部选拔任用工作条例》《关于防止干部“带病提拔”的意见》《领导干部报告个人有关事项规定》等多部关于干部选拔任用管理的政策法规，立明规矩、破潜规则，从进、管、出等各个环节规范选人用人制度，扫除了用人上的一些顽症积弊，有效净化了用人风气。

第四，坚定不移惩治腐败，必须切断腐败分子逃避惩罚的后路。2014年1月14日，习近平总书记在十八届中央纪委三次全会上强调：“国际追逃工作要好好抓一抓，各有关部门要加大交涉力度，不能让外国成为一些腐败分子的‘避罪天堂’，腐败分子即使逃到天涯海角，也要把他们追回来绳之以法，五年、十年、二十年都要追，要切断腐败分子的后路。”按照中央部署，中央反腐败协调小组坚持追逃、防逃两手抓，建立国际追逃追赃工作专门机构和协调机制，开展“猎狐”专项行动和“天网”行动，发布“百名外逃人员红色通缉令”，同时深化同国际组织和有关国家的合作，向外逃腐败分子撒下天罗地网，有力地切断贪官外逃之路，一批外逃多年的犯罪分子陆续被缉拿归案。

第五，坚定不移惩治腐败，必须把纪律挺在前面。习近平总书记在十八届中央纪委六次全会上强调，要把纪律挺在前面，坚持纪严于法、纪在法前，用纪律管住全体党员。《中国共产党纪律处分条例》为党员开列了负面清单，划出了行为红线，实现了纪法分开、纪在法前、纪严于法。同时，完善了纪律处分运用规则，强化了纪法衔接。要综合分析违纪行为的性质，考虑认错悔错的态度，有效运用监督执纪“四种形态”，经常开展批评和自我批评、约谈函询，让“红红脸、出出汗”成为常态；受党纪轻处分、组织调整成为违纪处理的大多数；受党纪重处分、重大职务调整的成为少数；严重违纪涉嫌违法立案审查的成为极少数。

参考阅读

深入推进党的自我革命
坚决打赢反腐败斗争攻坚战持久战

中共中央总书记、国家主席、中央军委主席习近平在中国共产党第二十届中央纪律检查委员会第三次全体会议上发表重要讲话。他强调，经过新时代十年坚持不懈的强力反腐，反腐败斗争取得压倒性胜利并全面巩固，但形势依然严峻复杂。我们对反腐败斗争的新情况新动向要有清醒认识，对腐败问题产生的土壤和条件要有清醒认识，以永远在路上的坚韧和执着，精准发力、持续发力，坚决打赢反腐败斗争攻坚战持久战。

习近平强调，我们党作为世界上最大的马克思主义执政党，如何成功跳出治乱兴衰历史周期率、确保党永远不变质不变色不变味？这是摆在全党同志面前的一个战略性问题。党的十八大以来，在推进全面从严治党的伟大实践中，我们不断进行实践探索和理论思考，在毛泽东同志当年给出“让人民来监督政府”的第一个答案基础上，给出了第二个答案，那就是不断推进党的自我革命。在新时代十年全面从严治党的实践和理论探索中，我们不断深化对党的自我革命的认识，积累了丰富实践经验，形成了一系列重要理论成果，系统回答了我们党为什么要自我革命、为什么能自我革命、怎样推进自我革命等重大问题。

习近平指出，在深入推进党的自我革命实践中需要把握好九个问题，即：以坚持党中央集中统一领导为根本保证，以引领伟大社会革命为根本目的，以新时代中国特色社会主义思想为根本遵循，以跳出历史周期率为战略目标，以解决大党独有难题为主攻方向，以健全全面从严治党体系为有效途径，以锻造坚强组织、建设过硬队伍为重要着力点，以正风肃纪反腐为重要抓手，以自我监督和人民监督相结合为强大动力。要坚持解放思想、实事求是、与时俱进、守正创新，不断进行实践探索和理论创新，不断深化对党的自我革命的规律性认识，把党的自我革命的思路举措搞得更加严密，把每条战线、每个环节的自我革命抓具体、抓深入。

习近平强调，新征程反腐败斗争，必须在铲除腐败问题产生的土壤和条件上持续发力、纵深推进。总的要求是，坚持一体推进不敢腐、不能腐、不想腐，深化标本兼治、系统施治，不断拓展反腐败斗争深度广度，对症下药、精准施治、多措并举，让反复发作的老问题逐渐减少，让新出现的问题难以蔓延，推动防范和治理腐败问题常态化、长效化。

习近平指出，要加强党对反腐败斗争的集中统一领导。各级党委要切实强化对反腐败斗争全过程领导，坚决支持查办腐败案件，动真碰硬抓好问题整改。纪委监委作为专责机关，要更加主动担起责任，有力有效协助党委组织协调反腐败工作，整合反腐败全链条力量。各职能部门要坚持高效协同，自觉把党中央反腐败的决策部署转化为具体行动。

习近平强调，要持续保持惩治腐败高压态势。面对依然严峻复杂的形势，反腐败绝对不能回头、不能松懈、不能慈悲，必须永远吹冲锋号。要持续盯住“七个有之”问题，把严惩政商勾连的腐败作为攻坚战重中之重，坚决打击以权力为依托的资本逐利行为，坚决防止各种利益集团、权势团体向政治领域渗透。深化整治金融、国企、能源、医药和基建工程等权力集中、资金密集、资源富集领域的腐败，清理风险隐患。惩治“蝇贪蚁腐”，让群众有更多获得感。

习近平指出，要深化改革阻断腐败滋生蔓延。腐败的本质是权力滥用。要抓住定政策、作决策、审批监管等关键权力，聚焦重点领域深化体制机制改革，加快新兴领域治理机制建设，完善权力配置和运行制约机制，进一步堵塞制度漏洞，规范自由裁量权，减少设租寻租机会。要建立腐败预警惩治联动机制，加强廉洁风险隐患动态监测，强化对新型腐败和隐性腐败的快速处置。

习近平强调，要进一步健全反腐败法规制度。围绕一体推进不敢腐、不能腐、不想腐等完善基础性法规制度，健全加强对“一把手”和领导班子监督配套制度。持续推进反腐败国家立法，与时俱进修改监察法，以学习贯彻新修订的纪律处分条例为契机，在全党开展一次集中性纪律教育。加强重点法规制度执行情况监督检查，确保一体遵循、一体执行。

习近平指出，要加大对行贿行为惩治力度。严肃查处那些老是拉干部下水、危害一方的行贿人，通报典型案例，以正视听、以儆效尤。加大对行贿所获不正当利益的追缴和纠正力度。

习近平强调，要持之以恒净化政治生态。坚持激浊和扬清并举，严明政治纪律和政治规矩，严肃党内政治生活，破“潜规则”，立“明规矩”，坚决防止搞“小圈子”、“拜码头”、“搭天线”，有力打击各种政治骗子，严格防止把商品交换原则带到党内。坚持不懈整治选人用人上的不正之风，推动形成清清爽爽的同志关系、规规矩矩的上下级关系，促进政治生态山清水秀。

习近平指出，要加强新时代廉洁文化建设。深入开展党性党风党纪教育，传承党的光荣传统和优良作风，激发共产党员崇高理想追求，把以权谋私、贪污腐败看成是极大的耻辱。要注重家庭家教家风，督促领导干部从严管好亲属子女。积极宣传廉洁理念、廉洁典型，营造崇廉拒腐的良好风尚。

（摘编自《人民日报》2024年1月9日）

党的作风是党的形象，是观察党群干群关系、人心向背的晴雨表。党的作风正，人民的心气顺，党和人民就能同甘共苦。实践证明，只要真管真严、敢管敢严，党风建设就没有什么解决不了的问题。作风建设永远在路上。“己不正，焉能正人。”我们要从中央政治局常委会、中央政治局、中央委员会抓起，从高级干部抓起，持之以恒加强作风建设，坚持和发扬党的优良传统和作风，坚持抓常、抓细、抓长，使党的作风全面好起来，确保党始终同人民同呼吸、共命运、心连心。

——2016 年 7 月 1 日，习近平总书记在庆祝中国共产党成立 95 周年大会上的讲话

第八讲

推进作风建设常态化长效化

当前，我们党正在进行具有许多新的历史特点的伟大斗争，作风建设仍然面临许多新的挑战和考验。正如习近平总书记指出的，作风问题具有反复性和顽固性，不可能一蹴而就、毕其功于一役，更不能一阵风、刮一下就停，必须经常抓、长期抓，在改进作风上立新规、动真格、求实效、防反弹。扭住贯彻落实中央八项规定精神不放，指导有关部门制定一系列规定，严肃查处违反作风规定的问题，遏制迎来送往、文山会海、铺张浪费等不良现象。抓住中秋、国庆等重要节点，狠刹公款送节礼、公款吃喝、公款旅游、奢侈浪费等不正之风，加大违纪行为查处力度，营造风清气正的社会环境。

一、对作风不纯的问题始终做到动真碰硬

“打铁必须自身硬”，习近平总书记用质朴的话语说出了党员干部队伍加强作风建设的极端重要性，同时也对广大干部提出了殷切期待。能否把革命战争年代我们党在异常艰苦的环境中奋勇前进的优良精神继承下来、传承下去，成为新时代新征程党员干部作风建设的试金石。

（一）坚定不移把严的主基调长期坚持下去

以自我革命精神推进全面从严治党、永葆党的先进性和纯洁性，是习近平新时代中国特色社会主义思想极为重要、极具标志性意义的内容。回顾党的100多年征程特别是党的十八大以来全面从严治党的伟大实践，

成功的经验来之不易，失败的教训也同样值得反思，在我们党和国家取得重大成就的同时，也要看到我们有很多问题没有得到根本解决，面临一些新的情况和新的问题。

在新时代新征程上，全面从严治党要突出战略重点，只有切实落在行动上而不是停留在口头上，才能保证全党集中统一，才能使我们党更加有力量。作风建设不能松劲，要求真务实、清正廉洁，以优良作风全面建设社会主义现代化国家、以中国式现代化全面推进中华民族伟大复兴。不仅要继续坚持“老虎”“苍蝇”一起打，重点查处不收敛、不收手的违法违纪问题，还要深刻把握党风廉政建设规律，从反腐败斗争基本方针和新时代全面从严治党重要方略的高度，一体推进不敢腐、不能腐、不想腐，不断巩固发展反腐败斗争压倒性胜利。

（二）敢于动真碰硬是推进党的作风建设的正确准则

2020 年 1 月 8 日，习近平总书记在“不忘初心、牢记使命”主题教育总结大会上的讲话中指出，教育活动“真刀真枪解决了党内存在的一些突出问题，攻克了一些司空见惯的顽瘴痼疾”。但他也指出当前少数党员干部自我革命精神淡化，安于现状、得过且过的问题。“有的检视问题能力退化，患得患失、讳疾忌医；有的批评能力弱化，明哲保身、装聋作哑；有的骄奢腐化，目中无纪甚至顶风违纪，违反党的纪律和中央八项规定精神问题屡禁不止。古人说：‘天下之难持者莫如心，天下之易染者莫如欲。’”

面对党的作风建设的丰富实践，以习近平同志为核心的党中央深入思考，努力创新，形成了“动真碰硬”的原则，从而使广大党员正视党的作风建设中存在的突出问题，有效回应了全党和人民群众的呼声，顺利推进了作风建设。

实践证明，“动真碰硬”原则是推进党的作风建设的正确准则。在党的作风建设实践中，要切实遵守这一原则。一要在党的作风建设的标准上动真碰硬。党的作风建设是永无止境的，是随着客观环境和历史条件的变化而发展的，但在一定历史时期，党的作风建设有着相对稳定的标准和要求。在党的作风建设的标准上动真碰硬主要是指在党的作风建设的要求上要高标准，制定既能切实反映现实需要、人民群众期盼，又能反映阶级性、先进性和体现共产党人本色的标准，而决不能丝毫降低要求和标准。二要在落实党的作风建设上动真碰硬。党的作风建设是全党的工作，党的各级组织、每位党员都有责任落实好、开展好。党组织要认真负责、组织开展好党员作风建设的讨论研究和实践活动，严格按照党中央的要求和标准落实好党的作风建设工作。

（三）坚持不敢腐、不能腐、不想腐一体推进

党的二十大强调，坚持不敢腐、不能腐、不想腐一体推进，同时发力、同向发力、综合发力。这是对新时代反腐败斗争成功经验的深刻总结，也是对标本兼治、管党治党规律的深刻揭示。坚持严厉惩治手段，持续强化不敢腐的氛围。反腐败斗争要取得最终胜利，必须树立有腐必反、有贪必肃的坚强意志，坚持一反到底，让所有公职人员有所忌惮。要保证反腐败斗争最终取得胜利，一定要以坚强的意志应对腐败问题，使所有公职人员畏惧，对于行贿者和受贿者都要加大惩处力度，只有双管齐下才能达到想要达到的效果。同时，要抓好思想教育工作，增强自觉意识，提高思想水平，加强共产党人的理想信念教育。

党的十八大以来，以习近平同志为核心的党中央一再强调一体推进不敢腐、不能腐、不想腐，是党的自我革命必须长期抓好的重大政治任务，是反腐败斗争的基本方针，也是新时代全面从严治党的重要方略；不敢腐、不能腐、不想腐相互依存、相互促进，必须统筹联动，增强总体效果；坚持无禁区、全覆盖、零容忍，坚持重遏制、强高压、长震慑，坚持受贿行贿一起查，让不敢腐的震慑充分彰显；完善党和国家监督体系，强化对权力运行的制约和监督，把不能腐的笼子扎紧扎牢；不想是根本，要加强理想信念教育，提高党性觉悟，涵养廉洁文化，获得抵御侵蚀、防止蜕变的强大抗体；以系统施治、标本兼治的理念正风肃纪反腐，惩治震慑、制度约束、提高觉悟紧密结合、协调联动，不断增强党自我净化、自我完善、自我革新、自我提高能力，跳出治乱兴衰的历史周期率。这一系列重要论述，明确了一体推进不敢腐、不能腐、不想腐的基本原则、战略重点、方

法路径，贯穿着辩证唯物主义和历史唯物主义认识论、方法论，为反腐败斗争向纵深挺进指明了正确方向。

坚持不敢腐、不能腐、不想腐一体推进，必须在同时发力、同向发力、综合发力上下功夫。要坚定不移走中国特色反腐败之路，完善党领导反腐败斗争的责任体系，把党的领导落实到执纪执法、反腐惩恶各方面，覆盖从监督执纪、执法到移送、审判执行、改造全过程各环节，使党始终牢牢掌握反腐败斗争的主动权。保持零容忍的警醒、零容忍的力度，聚焦政治问题和经济问题交织，统筹推进各领域反腐败斗争，让反复发作的老问题逐渐减少直至消除，让一些滋生的新问题难以蔓延。健全防止腐败滋生蔓延的体制机制，抓住政策制定、决策程序、审批监管、执法司法等关键权力，严格职责权限，规范工作程序，强化对权力的制约和监督。开展有针对性的党性教育、警示教育，用廉洁文化滋养身心，把遵规守纪内化为党员干部的思想自觉和政治自觉。把"全周期管理"理念和方式贯穿反腐败斗争全过程，强化从源头到末梢的全流程、全要素、全方位管控，推动各项措施在政策取向上相互配合、在实施过程中相互促进、在工作成效上相得益彰，使严厉惩治、规范权力、教育引导紧密结合、协调联动，不断取得更多制度性成果和更大治理效能。

2024 年 1 月 8 日，习近平总书记二十届中央纪委三次全会上的讲话中强调，经过新时代 10 年坚持不懈的强力反腐，反腐败斗争取得压倒性胜利并全面巩固，但形势依然严峻复杂。党的二十届三中全会通过的《中共中央关于进一步全面深化改革、推进中国式现代化的决定》指出："完善一体推进不敢腐、不能腐、不想腐工作机制，着力铲除腐败滋生的土壤和条件。"我们对反腐败斗争的新情况新动向要有清醒认识，对腐败问题产生的土壤和条件要有清醒认识，以永远在路上的坚韧和执着，精准发力、持续发力，坚决打赢反腐败斗争攻坚战持久战。习近平总书记强调，新征程反腐败斗争，必须在铲除腐败问题产生的土壤和条件上持续发力、纵深推进。总的要求是，坚持一体推进不敢腐、不能腐、不想腐，深化标本兼治、系统施治，不断拓展反腐败斗争深度广度，对症下药、精准施治、多措并举，让反复发作的老问题逐渐减少，让新出现的问题难以蔓延，推动防范和治理腐败问题常态化、长效化。这是新时代新征程反腐败斗争的基本遵循。

二、进行具有许多新的历史特点的伟大斗争

习近平总书记在党的二十大报告中指出，坚持发扬斗争精神。增强全党全国各族人民的志气、骨气、底气，不信邪、不怕鬼、不怕压，知难而进、迎难而上，统筹发展和安全，全力战胜前进道路上各种困难和挑战，依靠顽强斗争打开事业发展新天地。坚持发扬斗争精神，对于团结带领全国各族人民全面建成社会主义现代化强国、实现第二个百年奋斗目标，以中国式现代化全面推进中华民族伟大复兴具有重要指导意义。

（一）时代在变化，斗争精神永不变

“天下虽安，忘战必危。”经过 100 多年的奋斗洗礼，斗争精神早已融入共产党人的血脉。在 1962 年七千人大会上，毛泽东强调：“从现在起，五十年内外到一百年内外，是世界上社会制度彻底变化的伟大时代，是一个翻天覆地的时代，是过去任何一个历史时代都不能比拟的。处在这样一个时代，我们必须准备进行同过去时代的斗争形式有着许多不同特点的伟大的斗争。”的确，我们今天正在进行具有许多新的历史特点的伟大斗争。世界正经历新一轮大发展大变革大调整，大国战略博弈全面加剧，国际体系和国际秩序深度调整，人类文明发展面临的新机遇新挑战层出不穷，不确定不稳定因素明显增多。

中华民族伟大复兴绝不是轻轻松松、敲锣打鼓就能实现的。实现伟大梦想，必须进行伟大斗争。全党要充分认识这场伟大斗争的长期性、复杂性、艰巨性。世界百年未有之大变局给中华民族伟大复兴带来了重大机遇，也给我们全面建设社会主义现代化国家带来挑战。统筹好国内国际两个大局，牢牢把握服务民族复兴、促进人类进步这条主线，有效应对各个领域内的重大风险，需要保持共产党人敢于斗争的风骨、气节、操守、胆魄，需要继续发扬马克思主义斗争精神。切实做好防范化解重大风险的各项工

作，既要高度警惕“黑天鹅”事件，也要防范“灰犀牛”事件，坚定信心，敢于担当，负起责任。

（二）实现伟大梦想，必须进行伟大斗争

“船到中流浪更急，人到半山路更陡。”新时代坚持和发展中国特色社会主义是一场伟大社会革命，我们面临的各种斗争不是短期的而是长期的。在中国特色社会主义进入新时代新征程的关键时刻，面对错综复杂的形势和成千上万的困难与挑战，广大党员干部要从解决具体问题做起，勇当新时代的劲草真金，直面问题和矛盾，义无反顾地承担起历史使命。

发扬斗争精神，面对大是大非要敢于亮剑，面对歪风邪气要敢于坚决斗争。当前，意识形态领域形势总体向好，但是市场经济的发展，特别是网络技术的发展，给意识形态工作带来挑战。面对新情况，中国共产党人要不断夯实敢于斗争、善于斗争的思想根基，掌握马克思主义立场、观点、方法。主动投身各种斗争，既要敢于亮剑、敢于斗争，又要善于斗争，做“战士”不做“绅士”，坚决抵制错误思想侵蚀，在斗争中不断增强斗争本领。

（三）既要敢于斗争，又要增强斗争本领

新时代是奋斗者的时代。面对这场伟大斗争的长期性、复杂性、艰巨性，中国共产党人必须有清醒的认识，要积极发扬马克思主义的指导作用和斗争精神。为了有效开展斗争，确保取得斗争的胜利，必须增强本领。习近平总书记还在斗争原则、斗争策略、斗争艺术、斗争方法上对领导干部提出了要求。我们要把习近平总书记的要求落实到本职岗位上、一言一行中。

首先，要夯实敢于斗争、善于斗争的思想根基。为了避免出现本领不足、本领恐慌、本领落后的情况，避免陷入少知而迷、不知而盲、无知而乱的困境，就要增强工作的科学性、预见性、主动性，学懂弄通做实习近平新时代中国特色社会主义思想，掌握贯穿其中的马克思主义立场、观点、方法，使领导和决策体现时代性、把握规律性、富于创造性。

其次，要做到干中学、学中干，学以致用、用以促学、学用相长。空谈误国，实干兴邦。学习的目的全在于运用，读书是学习，实践也是学习，

并且是更重要的学习。增强工作本领、提高解决实际问题的水平是领导干部加强学习的根本目的。领导干部要发扬理论联系实际的马克思主义学风，坚持在重大斗争中磨砺自己，牢记战国赵括纸上谈兵的历史教训，杜绝夸夸其谈、陷于“客里空”的情况，要在困难大、矛盾多的地方练胆魄、磨意志、长才干。

最后，必须锤炼忠诚干净担当的政治品格。当严峻形势和斗争任务摆在面前时，就是考验共产党人的关键时刻，必须深刻领悟“两个确立”的决定性意义，增强“四个意识”、坚定“四个自信”、做到“两个维护”。要敢于发扬斗争精神、提高斗争本领，做到骨头要硬，敢于出击，敢战能胜。

总之，全党同志特别是各级领导干部要有本领不足的危机感，只有政治过硬、本领高强，我们党才能领导拥有 14 亿多人口的社会主义大国。只有以时不我待的精神，一刻不停地增强本领，才能做到敢于斗争、善于斗争，养成优良作风，在斗争中带领中国人民取得更大的成就，顺利实现中华民族伟大复兴的中国梦。

三、奋力开创党的作风建设的新局面

作风建设是党的建设的永恒主题，中国共产党在 100 多年的发展历程中，在领导我国革命、建设和改革取得胜利和成就的经验中，无不贯穿加强党的作风建设的实践。全面从严治党首先是全面从严治理党的作风。“推进新时代作风建设”绝非抽象的概念和空洞的口号，应有科学合理的思路、雷厉风行的动作、有力的举措和实实在在的成效。当前和今后一个时期，加强党的作风建设必须紧紧围绕党的二十大作出的重大战略部署进行。

（一）围绕党同人民群众的血肉联系，增强群众观念和群众感情

民心是最大的政治。加强作风建设，必须紧紧围绕保持党同人民群众的血肉联系，增强群众观念和群众感情，不断厚植党执政的群众基础。凡是群众反映强烈的问题都要严肃认真对待，凡是损害群众利益的行为都要

坚决纠正。我们党的根基在人民、力量在人民。人民是历史的创造者，是决定党和国家前途命运的根本力量。人民立场是中国共产党的根本政治立场，是马克思主义政党区别于其他政党的显著标志。党与人民风雨同舟、生死与共，始终保持血肉联系，是党战胜一切困难和风险的根本保证。党成立以来100多年的历史，就是同人民群众生死与共、同甘共苦的奋斗历史，是密切联系群众的历史，是形成和发展、贯彻和落实党的群众路线的历史。增强群众观念和群众感情，要坚持以人民为中心的发展思想。要把人民群众的利益放在心中最高位置，心系群众安危冷暖，做到“饱而知人之饥，温而知人之寒，逸而知人之劳”。

（二）始终坚持以上率下的原则，率先垂范作改进作风的表率

加强作风建设，要坚持以上率下，巩固拓展落实中央八项规定精神成果，继续整治“四风”问题，坚决反对特权思想和特权现象。《尚书·周书·毕命》中说：“惟公懋德，克勤小物，弼亮四世，正色率下。”这句话的意思是领导干部地位越高，责任越重，就越要时刻正身修为，只有身先士卒才能带好下属。关于以上率下的重要性，孔子早在2000多年前就诠释过：“其身正，不令而行；其身不正，虽令不从。”东汉班固在《白虎通·三教》中指出：“教者，效也，上为之，下效之。”在兵家箴言中有“身先士卒，号令三军”，民谚中也有“上梁不正，下梁歪”的说法。可见以上率下在中国是千年话题，是处理问题的一种方法，更是一种做事的原则。正是看到了以上率下的重要性，所以，我们党在汲取中国古代文化精华的基础上，在发扬领导干部先锋模范作用传统的基础上，在党的作风问题上确立了以上率下原则，希望用以上率下这种要求、号召克服党的作风中存在的问题，希望通过以上率下潜移默化地感染、带动和确保广大党员自觉地不断地改进党的作风。

领导干部带头以上率下是推动各项工作扎实有效开展的重要方法。所以，习近平总书记在多个场合针对多个问题都强调用以上率下的方式解决。尤其是在党的十八大之后，党和国家凡有大的举措、大的突破，习近平总书记都会强调要从中央政治局做起，从领导干部、领导班子抓起，突出抓好“关键少数”。在党的作风建设问题上，习近平总书记向全党尤其是领

导干部提出了“以上率下”的要求，进而示范和带动“多数”和“全面”，并且始终遵循这一原则，使之成为加强和改进党的作风一以贯之的主线。如关于落实中央八项规定精神，习近平总书记提出从中央做起，中央政治局带头执行。

（三）作风建设从“小事”做起，防微杜渐、防患于未然

党的作风建设是一个逐步积累的过程，并不能一下就达到高深的境界，需要每位党员从细小的事情做起，从量变积累到质变。因此，作风建设只有进行时，没有完成时。正如习近平总书记所说：“回顾党的历史，我们党总是在推动社会革命的同时，勇于推动自我革命，始终坚持真理、修正错误，敢于正视问题、克服缺点，勇于刮骨疗毒、去腐生肌。正因为我们党始终坚持这样做，才能够在危难之际绝处逢生、失误之后拨乱反正，成为永远打不倒、压不垮的马克思主义政党。”对于广大党员干部来讲，要时刻保持一份清醒冷静，始终保持一份坚忍和执着，不断强化不敢腐的震慑、扎牢不能腐的笼子、增强不想腐的自觉，才能让“金色名片”永不褪色、永不蒙尘，不断开创党的作风建设的新时代。

参考阅读

习近平谈加强作风建设的有效方法

坚持党的领导，强化理论武装

要深刻领悟坚持中国共产党领导的历史必然性，坚定对党的领导的自信。要深刻领悟马克思主义及其中国化创新理论的真理性，增强自觉贯彻落实党的创新理论的坚定性。要深刻领悟中国特色社会主义道路的正确性，坚定不移走中国特色社会主义这条唯一正确的道路。

——2021 年 3 月 22 日至 25 日，习近平在福建考察时的讲话

我们必须坚持党的全面领导，不断完善党的领导，增强“四个意识”、坚定“四个自信”、做到“两个维护”，牢记“国之大者”，不断提高党科

学执政、民主执政、依法执政水平，充分发挥党总揽全局、协调各方的领导核心作用！

——2021年7月1日，习近平在庆祝中国共产党成立100周年大会上的讲话

坚持人民至上，维护群众根本利益

要崇尚造福人民的公德，广大党员、干部要站稳人民立场，始终同人民风雨同舟、生死与共，勇于担当、积极作为，切实把造福人民作为最根本的职责。

——2021年6月7日至9日，习近平在青海考察时的讲话

要保持党同人民群众的血肉联系，站稳人民立场，着力解决发展不平衡不充分问题和人民群众急难愁盼问题，不断实现好、维护好、发展好最广大人民根本利益，坚定不移推进共同富裕。

——2021年11月11日，习近平在十九届六中全会第二次全体会议上的讲话

我们完整、准确、全面贯彻新发展理念，坚持以人民为中心的发展思想，坚持发展为了人民、发展依靠人民、发展成果由人民共享，努力实现更高质量、更有效率、更加公平、更可持续、更为安全的发展，在发展中使广大人民群众的获得感、幸福感、安全感更加充实、更有保障、更可持续。

——2022年2月25日，习近平在十九届中央政治局第三十七次集体学习时的讲话

坚持问题导向，抓常抓细抓长

抓常，就是要把作风建设时刻摆上位置、有机融入日常工作，做到管事就管人，管人就管思想、管作风。推动各项工作，都要落实作风建设具体要求，形成抓作风促工作、抓工作强作风良性循环。抓细，就是要对干部群众特别是基层群众反映的作风问题一一回应、具体解决。要透过现象看本质，在解决个别具体问题的同时，着力解决面上的普遍性问题。抓长，就是要反复抓，不能三天打鱼两天晒网，集中抓的时候雷霆万钧，平时放任自流。要认真落实作风建设各项制度，做到有章必循、违规必究。

——2014年5月9日，习近平在指导河南省兰考县委常委班子党的群众路线教育实践活动专题民主生活会时的讲话

要把坚持底线思维、坚持问题导向贯穿工作始终，做到见微知著、防患于未然。要强化责任意识，知责于心、担责于身、履责于行，敢于直面问题，不回避矛盾，不掩盖问题，出了问题要敢于承担责任。

——2020 年 12 月 24 日至 25 日，习近平在中央政治局民主生活会上的讲话

坚持领导带头，以上率下

“善禁者，先禁其身而后人。”各级领导干部要以身作则、率先垂范，说到的就要做到，承诺的就要兑现，中央政治局同志从我本人做起。

——2013 年 1 月 22 日，习近平在十八届中央纪委二次全会上的讲话

“人不率则不从，身不先则不信。”领导机关和领导干部带头冲在前、干在先，是我们党走向成功的关键。革命战争年代，喊一声“跟我上”和吼一声“给我上”，一字之差、天壤之别。新中国成立以后，也是因为我们党有一大批像焦裕禄、谷文昌、杨善洲、张富清这样的英雄模范率先垂范，才团结带领人民群众不断开创各项事业发展新局面。领导机关和领导干部要深刻认识自身的责任，时刻保持警醒，经常对照检查、检视剖析、反躬自省。

——2020 年 1 月 8 日，习近平在“不忘初心、牢记使命”主题教育总结大会上的讲话

坚持建章立制，狠抓执行

要坚持全面从严、一严到底，对群众反映强烈的公款吃喝、餐饮浪费等歪风陋习露头就打、反复敲打。对形式主义、官僚主义要毫不妥协，全面检视、靶向纠治，持续为基层松绑减负，树立重实干、重实绩的用人导向，督促全党担当尽责、干事创业。

——2021 年 1 月 22 日，习近平在十九届中央纪委五次全会上的讲话

必须坚持增强党组织政治功能和组织力凝聚力，锻造敢于善于斗争、勇于自我革命的干部队伍；必须坚持构建自我净化、自我完善、自我革新、自我提高的制度规范体系，为推进伟大自我革命提供制度保障。

——2022 年 1 月 18 日，习近平在十九届中央纪委六次全会上的讲话

（摘编自党建网微平台 2022 年 4 月 22 日）

党 纪 篇

加强党的纪律建设是一项经常性工作，要引导党员、干部把他律转化为自律，内化为日用而不觉的言行准则。建立常态化长效化的纪律教育机制，使纪律教育贯穿干部成长全周期、融入组织管理全过程。严格执行党的纪律，准确运用“四种形态”，实事求是、毋枉毋纵，抓早抓小、防微杜渐，把从严管理监督和鼓励担当作为统一起来，使干部在遵规守纪中改革创新、干事创业。

——2025 年 1 月 6 日，习近平总书记在二十届中央纪委四次全会上的讲话

第九讲

纪律是管党治党的“戒尺”

党的纪律是党的各级组织和全体党员必须遵守的行为规则，是维护党的团结统一、完成党的任务的保证。习近平总书记在二十届中央纪委二次全会上的讲话指出，纪律是管党治党的“戒尺”，也是党员、干部约束自身行为的标准和遵循。要把纪律建设摆在更加突出位置，党规制定、党纪教育、执纪监督全过程都要贯彻严的要求，既让铁纪“长牙”、发威，又让干部重视、警醒、知止，使全党形成遵规守纪的高度自觉。

2024 年全党专门开展了党纪学习教育，这是党的历史上首次开展以党纪为主题的集中性学习教育。2025 年全国两会后至 7 月开展的深入贯彻中央八项规定精神学习教育，就是巩固深化党纪学习教育成果、推进作风建设常态化长效化的重要举措。

一、党的纪律的概念及特征

（一）党的纪律的概念

纪律是在一定社会条件下形成的，由特定组织按照一定程序制定或认可，在组织内部普遍适用、要求其成员共同遵守的行为规则。纪律具有强制性，要求某特定组织中的成员遵守一定的规则、执行有关要求、履行特定职责，如果违反有关纪律，行为人就会受到相应的惩戒。纪律一般由纪律规范、纪律原则、纪律概念三个要素构成。纪律规范就是具体规定人们的权利和义务并设置相应的违反纪律后果的行为规则，纪律原则就是构成纪律规范最基本、相对稳定的准则，纪律概念就是对各种纪律事实进行抽象概括而形成的权威性术语。

从表现形式来看，纪律的种类多种多样，既可以是成文的，也可以是不成文的。在现实生活中，有的纪律是以明确条文形式出现的，比如，章程、守则、条例、制度、规定、注意事项等；有的纪律是以口头形式让大家周知的；有的纪律则是以传统、习惯或约定俗成的惯例存在和被使用的。从基本特点来看，尽管纪律的表现形式不同，但作为特定组织或团体的纪律，一般都具有许多共同的特点，比如，组织创制性、普遍适用性、强制实施性。组织创制性是指纪律是由特定组织制定或认可的；普遍适用性是指纪律对组织内部的一切单位和个人都适用，具有同等的约束力；强制实施性是指纪律一经制定就具有强制性，依靠组织力量保证实施。从作用和功能来看，任何一个组织创制纪律，其目的都是维护组织自身的利益。一般来说，纪律通常具有规范、引导、教育、评价、惩戒、保护等作用，政治组织的纪律还具有政治作用。

（二）党的纪律的特征

同其他政党和组织的纪律相比，中国共产党的纪律具有鲜明的特征，主要表现在以下几个方面。

1. 先进性

党的纪律的先进性，是指党的纪律相较于其他政党、组织和团体的纪律表现出来的更优秀、更先进的特征。党的纪律的先进性包括互相联系的两层含义：一方面，党的阶级先进性决定党的纪律的先进性。工人阶级是人类历史上最先进、最革命的阶级，是先进生产力的代表者和先进生产关系的体现者。工人阶级与社会其他阶级相比较所表现出来的这种阶级先进性，决定了工人阶级政党的纪律也必然较其他阶级政党的纪律具有先进性。同时，“党是阶级的先进觉悟阶层，是阶级的先锋队”，中国共产党是中国工人阶级的先锋队，代表中国工人阶级中最先进的部分。这就决定了党的纪律的先进程度必然要高于工人阶级的其他组织的纪律。另一方面，党的人民性决定了党的纪律的先进性。中国共产党不同于只代表特定阶级利益的其他政党，是中国人民和中华民族的先锋队，代表中国最广大人民的根本利益。所以党的纪律体现的不仅仅是工人阶级的意志，还包括中国人民的共同意志，反映的是中国人民的共同利益，具有最大范围的群众认同度。此外，党的纪律的时代性也体现了党的纪律的先进性。党的纪律不是一经制定就永恒不变的教条，它的具体内容会随着形势的发展和时代的变化而与时俱进，不断调整、充实、丰富和完善。

2. 科学性

党的纪律的科学性，是指党的纪律的制定和内容符合马克思主义执政党的建设规律，体现党的长期执政能力建设、先进性和纯洁性建设的主线要求，适应新时代新形势新任务和党的组织、党员的现实状况。从指导思想上看，党的纪律以马克思主义为指导，建立在辩证唯物主义和历史唯物主义理论基础之上，是马克思主义建党学说中国化的重要内容。从纪律的制定来看，党的纪律是严格按照民主集中制原则，依照一定的民主程序，在广泛征求意见和党的会议讨论通过的基础上产生的，既坚持科学性、民主性，又体现了谨慎、严密、周全的程序性。从纪律的内容来看，党的纪律是以党章为核心的较为完备的纪律规范体系，内容涵盖政治、组织、群众、廉洁、工作、生活等各领域、各层级，形式既有实体性纪律，也有程序性纪律，还有相应的监督纪律，使党的各项活动都有纪可依。同时，我们党还十分注重党的纪律与国家法律的协调配合，坚持纪严于法、纪在法前，使党纪与国法有效贯通、彼此衔接，真正发挥了党纪国法的整体合力。

3. 严肃性

党的纪律的严肃性，是指党的纪律具有要求党组织和党员必须严格执行、遵守和维护的权威性，以及对于违反纪律的行为作出相应处分的强制性。马克思主义政党之所以有力量，是因为它有严密统一的组织，而组织作用的有效发挥则依赖于严格的纪律。如果党不制定和维护铁的纪律，或者纪律的权威性、严肃性不够强，而是允许党的某些组织和党员按照各自的意愿自由行动，那么，党就不可能形成统一的意志和统一的行动，党组织必然松散无力，党就不可能具有强大的战斗力。一方面，党的纪律是党和人民利益和意志的体现，它一经制定实施，就具有强制性和约束力，党的各级组织和全体党员都必须服从和执行，一旦违反纪律就必须受到相应的处分。另一方面，党组织和党员遵守党的纪律是无条件的，不能把任何组织或个人认为是否正确作为遵守与否的前提条件。

4. 平等性

党的纪律的平等性，是指所有党员不论职务高低、资历深浅、功劳大小，在党的纪律面前人人平等，不管谁违反了纪律，都要受到相应的惩处。无产阶级政党的本质属性决定了其成员在政治地位上一律平等，决定了其纪律是真正平等的纪律、统一的纪律。党员之间有职务分工的不同，有掌握权力大小的不同，但党内不允许有特权党员，任何党员都没有凌驾于集体之上的特殊权力。党的纪律的平等性主要体现在两个方面：一方面，纪律的标准是统一的、平等的。党内任何人、任何组织都必须按照统一的标准遵守和执行纪律，纪律面前没有“双重标准”，不允许搞差异化、特殊化。另一方面，纪律的约束力和惩戒性是统一的、平等的。党内无论任何组织、任何人，只要违反了纪律规定，就必须受到纪律的惩罚和追究，决不允许违反纪律的党员逍遥于纪律惩处之外。

二、党的纪律的内涵与渊源

（一）党的纪律的内涵

当人类社会进入资本主义阶段，政党作为阶级利益冲突发展的产物应运而生。政党纪律作为政党组织及其成员的行为规则，也就自然产生了。中国共产党的纪律属于政党纪律的范畴，具有政党纪律的一般共性，同时又具有不同于其他任何政党的鲜明特性。

1. 政党纪律的含义

随着民主政治的不断发展，政党政治成为世界范围内各国普遍的政治现象，是现代政治的重要标志之一。从本质上来讲，政党是特定阶级利益的代表者，是特定阶级政治力量中的领导力量，是各阶级的政治中坚分子为了夺取或巩固国家政权而组成的政治组织。为了有效发挥政党的领导作用，实现党的政治目标和政治纲领，政党必须制定成员共同遵守的行为规范，这是任何政党存在并进行政党活动不可缺少的条件。新诞生的政党需要用严明的纪律调整党内关系、凝聚自身力量和发展壮大队伍；当政党取得执政地位后，更需要用统一的纪律约束成员，巩固执政地位。政党纪律是政党内部行为规范的总称，是一个政党各级组织和全体党员必须遵守的行为规则，对政党内部组织系统和党员言行起着严格的规范和约束作用。从横向来看，政党内部存在党员个体之间、同级组织之间等平行关系；从纵向来看，政党内部存在党员与组织、党员与领导干部、地方组织与中央组织等垂直关系。这些不同个体、不同组织按照一定的规则组合起来，形成具有特定内部关系结构的组织体系。这是政党运作的主体，也是主要的力量来源。

由于各国国情和政治制度不同，各个政党的性质也不相同，在不同执政党之间、执政党与在野党之间，或者在一党制、两党制以及多党制等不同政党制度下，政党纪律的严明程度也不完全相同。一般而言，无产阶级政党的纪律较为严明，资产阶级政党的纪律较为松弛。无产阶级政党在领导工人阶级和其他劳动群众反抗资产阶级的斗争中，面对强大的资本主义国家机器和极其严峻的斗争环境，要取得革命斗争的胜利，必须执行铁的纪律，否则就无法保持党的统一意志和行动一致，无法保持党的强大战斗力，就难以战胜资产阶级，取得工人阶级和劳动人民的解放。而资产阶级政党的纪律通常是用于约束党员在竞选中投本党候选人选票或者在议会表决中实现本党政治意图的手段，由于缺少革命性和斗争性，其严密程度远远低于无产阶级政党的纪律。当然，不同国家和不同类型资产阶级政党纪律的严密程度也不尽相同。

2. 中国共产党的纪律的含义

中国共产党作为以马克思主义为指导的无产阶级政党，自诞生之日起就与严明的纪律密不可分。党的纪律就是党的生命。党章作为党的根本大法对党的纪律作出了明确表述：“党的纪律是党的各级组织和全体党员必须遵守的行为规则，是维护党的团结统一、完成党的任务的保证。党组织必须严格执行和维护党的纪律，共产党员必须自觉接受党的纪律的约束。”这一表述准确界定了党的纪律的基本属性和重要作用，全体党员和各级党组织都要充分认识遵守党的纪律的重要性，严格遵守党的纪律。

（二）党的纪律思想的渊源

无产阶级政党的纪律思想是马克思主义建党学说的重要内容。马克思、恩格斯在领导工人运动和创建无产阶级政党的斗争实践中，提出了许多关于无产阶级政党纪律的重要思想和论述。列宁在领导苏俄社会主义革命和建设的实践中，对无产阶级政党纪律进行了进一步探索和思考，创造性地提出了无产阶级政党“铁的纪律”等一系列较为系统的纪律思想。这些关于无产阶级政党纪律的诸多重要思想，是中国共产党纪律建设的思想基础和理论来源，为新时代党的纪律建设提供了科学的理论指南。

1. 马克思、恩格斯关于无产阶级政党纪律的论述

第一，严格的纪律是建设坚强的无产阶级政党的首要条件。在早期欧洲共产主义运动中，面对内有严重党派斗争、外有资产阶级政府镇压迫害的严峻形势，马克思、恩格斯指出了纪律对于无产阶级政党事业的极端重要性。1859 年 5 月 18 日，马克思在《致恩格斯》的信中明确指出：“我们现在必须绝对保持党的纪律，否则将一事无成。”1886 年 10 月 23 日，恩格斯在《致保尔·拉法格》的信中指出：“胜利的首要条件是严格遵守法律，而一切革命的高调和喧嚷都不可避免地会导致失败。这种纪律是一个有成效的和坚强的组织的首要条件，是资产阶级最害怕的。”在马克思、恩格斯看来，严格的纪律是无产阶级政党赢得胜利的重要前提和保证。

第二，无产阶级政党纪律的核心内容是集中、权威和团结统一。马克思、恩格斯特别重视无产阶级政党内部的团结问题，所以将其作为党的纪律的重要内容。1868 年 12 月 22 日，针对国际工人协会内部出现的巴枯宁宗派分裂主义，马克思在《国际工人协会和社会主义民主同盟》中指出，“既在国际工人协会之内，又在该协会之外进行活动的第二个国际性组织的存在，必将使协会陷于瓦解”，这样“国际工人协会很快就会变成任何一个种族和民族的阴谋家手中的玩物”。恩格斯在批判巴枯宁派时指出：

“巴枯宁派对什么一不如意，他们就说，这是权威的，以为这样一来他们就作出了永远的判决……而没有这种统一的和指导性的意志，要进行任何合作都是不可能的。”恩格斯深刻地揭示出：“革命无疑是天下最权威的东西。”“为了进行斗争，我们必须把我们的一切力量拧成一股绳，并使这些力量集中在同一个攻击点上”，而“获得胜利的政党如果不愿意失去自己努力争得的成果，就必须凭借它以武器对反动派造成的恐惧，来维持自己的统治”。显然，这个武器很重要的一方面就是要有严明的政党纪律。

第三，无产阶级政党纪律是自觉和民主的纪律。马克思、恩格斯认为，无产阶级政党的纪律是建立在共同的革命理想和目标、共同利益基础上的自觉纪律。1861 年 4 月，恩格斯在《布莱顿和温伯耳登》中写道：“我用‘纪律’这个词，并不是指纠正不良行为说的；我说的纪律，是指成了习惯的团结一致，即旨在实现一定目的的那种精神和肉体的结合，——这种精神和肉体的结合使一切作为一个整体来行动，使一个连、一个营或一个旅的行动就像一部机器一样。”在恩格斯看来，无产阶级政党的纪律能否得到遵守，要靠纪律遵守者的“自觉性”来决定。而自觉纪律所体现出来的，则是建立在理性基础上的绝对服从。恩格斯通过对军队纪律的论述，指出，“兵士对自己的直接长官是否信任（甚至在不止一次的失败以后），是有无纪律的最好标志”。同时，马克思、恩格斯所强调的纪律，不是简单的领袖个人或少数人的集权或集中，而是建立在民主基础上的纪律。

第四，无产阶级政党纪律的组织原则和纪律规范。1847 年 6 月，共产主义者同盟第一届代表大会拟定了《共产主义者同盟章程》，并于 1848 年 12 月在同盟第二次代表大会上批准通过。马克思、恩格斯积极参加了该章程的起草工作，章程反映了他们为无产阶级政党纪律建设提供的一系列组织原则和纪律规范。

2. 列宁关于党的纪律的思想论述

第一，铁的纪律是无产阶级的显著特点和优势。列宁认为，无产阶级政党之所以具有严明的纪律，是因为资本主义社会大生产条件下无产阶级自身所处的历史地位。1904 年，他在《进一步，退两步》中指出：“马克思主义是由资本主义训练出来的无产阶级的思想体系”“工厂是资本主义协作的最高形式，它把无产阶级联合了起来，使它纪律化”“正因为无产阶级在这种工厂‘学校’里受过训练，所以它特别容易接受资产阶级知识分子难以接受的纪律和组织”。在俄国社会民主工党创立之前，列宁针对工人运动长期处于秘密状态的特点，在1897年底写的《“斗争协会”告彼得堡工人和社会主义者》一文中指出，“不加强和发展革命的纪律、组织和秘密活动，就不可能同政府进行斗争”。俄国十月革命胜利后，列宁从多个角度阐述了党的纪律对巩固无产阶级政权的极端重要性。列宁认为，之所以能够粉碎帝国主义武装干涉和国内反革命叛乱，巩固新生的苏维埃政权，是“因为党纪律严明……没有纪律，没有集中制，我们决不能完成这个任务”。他强调，“要使无产阶级能够正确地、有效地、胜利地发挥自己的组织作用（而这正是它的主要作用），无产阶级政党的内部就必须实行极严格的集中和极严格的纪律”。进入社会主义建设时期，列宁在俄共（布）第九次代表大会上强调，“现在的任务是要把无产阶级所能集中的一切力量，把无产阶级的绝对统一的力量都投到经济建设这一和平任务上去，都投到恢复被破坏了的生产这一任务上去。这里需要有铁一般的纪律，铁一般的组织”。

第二，党的纪律是行动一致和批评自由的统一。1906年11月，列宁在《同立宪民主党化的社会民主党人的斗争和党的纪律》一文中明确提出了党的纪律的概念：“我们已经不止一次从原则上明确地谈了我们对工人政党的纪律的意义和纪律的概念的看法。行动一致，讨论和批评自由——这就是我们明确的看法。”在列宁看来，无产阶级政党的纪律是由两个基本要素构成的，首先是“行动一致”，这是对党员义务的规定；同时保证“讨论和批评自由”，这是对党员权利的规定。列宁认为，党的纪律的两个基本要素是辩证统一的关系。一方面，讨论和批评自由不能破坏和妨碍行动一致。另一方面，行动一致要以讨论和批评自由为前提。鉴于此，列宁提出：“在这些统一的组织里，应当对党内的问题广泛地展开自由的讨论，对党内生活中各种现象展开自由的、同志式的批评和评论。”

第三，党的纪律是无产阶级自觉的纪律。列宁继承了马克思、恩格斯的思想，认为无产阶级政党的纪律是建立在自觉基础上的铁的纪律。列宁指出：“无产阶级革命政党的纪律是靠什么来维持的？是靠什么来检验的？是靠什么来加强的？第一，是靠无产阶级先锋队的觉悟和它对革命的忠诚，是靠它的坚韧不拔、自我牺牲和英雄气概。”十月革命胜利后，列宁进一步深入论述了无产阶级政党纪律的自觉性。列宁在《伟大的创举》一文中指出：“共产主义的社会劳动组织——其第一步为社会主义——则靠推翻了地主资本家压迫的劳动群众本身自由的自觉的纪律来维持，而且愈向前发展就愈要靠这种纪律来维持。”列宁还指出：“我们废除资产阶级社会内违反大多数人的意志而实行的强迫纪律，代之以工农的自觉纪律……没有这样的工农的自觉纪律，我们的事业就毫无希望。”1918 年 7 月 5 日，列宁在《在全俄苏维埃第五次代表大会上关于人民委员会工作的报告》中指出：“这种纪律就是信任工人和贫苦农民的组织性的纪律，是同志的纪律，是对人非常尊重的纪律，是在斗争中发挥独创性和主动性的纪律。”

第四，党的纪律是平等的纪律。列宁非常重视无产阶级政党纪律的平等性，认为党内无论职务高低，任何人都必须毫无例外地遵守党的纪律，严格执行党的纪律。针对马尔托夫等孟什维克者声称党的纪律不应约束党的上层人物，列宁严厉地指出，觉悟的工人“应当学会不仅要求普通党员，而且要求‘上层人物’履行党员的义务”。1905 年，列宁在《关于俄国社会民主工党第三次代表大会的通知》中明确指出：“全体党员不分上下都必须无例外和无条件地承认党的纪律！”1907 年，列宁在《社会民主党和杜马选举》一文中再次强调，“俄国社会民主工党是民主地组织起来的。这就是说，党内的一切事务是由全体党员直接或者通过代表，在一律平等和毫无例外的条件下来处理的”。

三、党的纪律的功能和作用

（一）党的纪律是实现党的路线、方针、政策的重要保证

为了实现历史使命，党必须有正确的理论和路线指引，必须遵守严格的统一的纪律。只有遵守严明的纪律，才能确保党的路线、方针和政策得

以执行。如果任由各级党组织和党员按照自己的意愿和主张行事，而不受党的纪律制约，就会导致党的路线、方针和政策无法落实，党的任务无法完成。自党的十一届三中全会以来，党在总结历史经验的基础上，制定了中国特色社会主义的路线、方针和政策。在这个新的历史时期，党的纪律对于党的路线、方针和政策的保障作用变得更为重要。

（二）党的纪律是维护党的团结统一的重要保证

为了确保完成党的最高使命，我们党必须保持高度集中统一，党组织必须团结、有战斗力。有战斗力的党的团结统一是建立在民主集中制基础上的组织上的一致。保持党在思想、政治和组织上的团结统一，必须坚决遵循“四个服从”的原则。其中最重要的是全党服从中央，做到中央领导下的组织行动一致。如果有异议，党员可以通过组织程序向党反映，但决定一经作出，必须坚决服从、认真贯彻。党的纪律绝对不容许派别组织存在，反对任何部门的宗派主义和非组织活动。同时，也不能有阳奉阴违的两面派行为或阴谋诡计，否则就会严重破坏党的团结统一。

（三）党的纪律是巩固和发展党同人民群众密切联系的重要保证

人民群众是我们党的力量源泉和胜利之本。我们党能否始终保持和发展同人民群众的血肉联系，直接关系到党的盛衰兴亡。因此，党必须与人民群众保持密切的联系，并加强党的纪律建设。这是维护群众利益的重要条件。在战争年代，党员为了人民的利益不惜流血牺牲，同时也严格遵守纪律。因为我们党严明的纪律表现出大公无私的品格和全心全意为人民服务的精神，所以我们党才得以同广大群众结成血肉相连的亲密关系，赢得了人民群众的衷心爱戴和拥护。今天，中国式现代化是强国建设、民族复兴的康庄大道，依然需要亿万人民群众的拥护和支持。只有紧紧依靠广大人民群众干事创业，才能全面建成社会主义现代化强国，实现中华民族伟大复兴的中国梦。

四、党纪与国法的辩证关系

（一）在认识上同异并存

党纪是中国共产党纪律的简称，是党为实现党纲和决策而制定的约束党组织和党员的行为准则和规范，是党维护行动统一，提高党员质量，实现政纲、政策并保持社会信誉的重要条件之一；其表现形式为党章、准则、条例、规定、要求等，其核心是党章。国家法律法规是中华人民共和国法律法规的简称，是国家按照统治阶级（中国共产党和广大人民）的利益和意志制定和认可，并由国家强制力保证其实施的行为规范的综合，其目的是维护有利于统治阶级的社会关系和社会秩序，是统治阶级实现统治的一项重要工具；其表现形式为宪法、法律、行政法规、地方性法规等，其核心是宪法。

我国宪法在序言中对中国共产党的执政党领导地位给予了明确规定，并规定包括中国共产党在内的所有组织和个人都必须遵守宪法和法律，对一切违反宪法和法律的行为必须予以追究，任何组织或个人都不得有超越宪法和法律的特权。党章明确规定：党必须在宪法和法律的范围内活动，党员要模范遵守国家的法律法规。由此可见，党纪与国家法律法规在性质上是一致的，都是为了落实党的政策，实现广大人民的意志，完成改革发展稳定的任务，宗旨都是全心全意为人民服务，功能都是为了维护公平正义的社会秩序。

既然党纪与国家法律法规是两个不同层面的概念，那么两者就必然存在不同之处。一是制定主体不同。党纪由党的代表大会或委员会制定，而国家法律法规由全国人大及其他有立法权的机构制定。二是适用对象不同。党纪的适用对象是全体党组织、党员，而国家法律法规的适用对象是全体社会组织和公民。三是具体内容不同。党纪既包括维护社会秩序和国家、个人权益的规范内容，也包括对党员遵守社会道德、公序良俗、个人品格等领域的规范，而国家法律法规主要是对国家、社会、个人利益保护领域的规范内容，基本不涉及道德领域的规范。

综上所述，党纪与国家法律法规同异并存，同为主，异为辅，其本质是一致的，全面推进依法治国必须坚持党的领导，必须坚定不移推进依规治党，实现依法治国与依规治党的辩证统一、同行同向。

（二）在内容上衔接互补

党纪的约束对象是党组织和党员，着重从维护政治纪律、组织纪律、廉洁纪律、群众纪律、工作纪律、生活纪律、社会主义经济秩序、党员与公民权利、社会主义道德和社会管理秩序等方面制定规范性要求，给予引导、约束和惩处。国家法律法规的约束对象是所有社会组织和公民，主要从刑事、治安管理等角度进行规范管理。习近平总书记曾提出要善于将党的意志通过法定程序上升为国家法律，将党的政策转化为法律。从内容上来看，党纪比国家法律法规的范围更广泛，法律立足于维护国家、社会、个人权益的角度制定规范，基本不干涉政治思想、组织人事、社会道德、公序良俗、个人品格等领域，而党纪却对全体党员尤其是党员领导干部，从遵守纪律、社会主义道德、社会秩序、公序良俗等方面给予了较全面的规范和约束。我们要经常对党纪和国家法律法规领域的新情况、新问题进行查找研究，在有些新现象、新事物、新行为对国家、社会、他人造成了一定危害，但又不便在法律上给予规范时，可先在党纪上进行规范，确保执政党管理国家、规范行为的周全，如“三公消费”行为；而党纪规范已经比较成熟，实践证明是它符合法理精神和现实需求的，应该及时通过法定程序将其上升为法律规范。

（三）在运用上界限分明

党纪和国家法律法规基于主体、对象、内容、程序等方面的差异，自然也就决定了在处理结果上的不同。对党员的纪律处分，包括警告、严重警告、撤销党内职务、留党察看和开除党籍，党组织在维护党的纪律方面失职，要进行改组或予以解散。国家法律法规的处理包括管制、拘役、有期徒刑、无期徒刑、死刑和罚金、剥夺政治权利、没收财产等。党纪的处分主要是资格型处罚，而国家法律法规的处理主要是自由型、权利型、财产型处罚，从对被处理对象及家庭的影响程度来说，国家法律法规的处理比党纪的处理更严重，而且现实中国法的处罚一般会引起党纪的处罚，如党章第四十条规定，严重触犯刑律的党员必须开除党籍。虽然党纪与国家法律法规两者性质同一、目标同向、相辅相成，但两者在事实的认定、程序与处理等方面仍有较大不同。基于维护法律权威和惩治的需要，运用党纪和国家法律法规就必须做到界线分明，仅违反党纪的就应按党纪处分，仅违反法律的就要严格依法处罚，如果同时构成违纪和违法，就应该从党纪和国家法律法规的角度给予双重处理，该移送司法机关的必须移送司法机关，避免和杜绝以党纪处分代替法律制裁。

参考阅读

信仰迷失必入歧途　祛除迷信之毒

云南省纪委派驻省人大机关原纪检组组长罗某某自封“活佛”，骗取500多万元扶贫资金建寺庙；贵州省财政厅原党组成员、副厅长冉某某长期参加各种封建迷信活动，神化、鼓吹“仙祖”等迷信身份；湖南省常德市委原书记杨某某经常烧香磕头，祈求菩萨保佑自己升官发财……近段时间，多地纪委监委推出反腐专题片，剖析典型案例，以案促改促治。遇到问题请“大师”指点迷津、随身携带“护身符”、家中供奉佛像甚至修建佛堂，在这些案例中，迷信是不少落马党员干部的共性问题。

有人“求平安”——重庆市万州区生态环境局原党组书记、局长刘某在家中供奉佛像。他深知自己所作所为严重违反党纪国法，但为了消除内心的担忧和恐慌，依然在家供奉佛像，求助神佛保佑。有人“求仕途”——海南省海口市公交集团有限公司原党委书记、董事长王某某按照“大师”指点，购来三口铜钟放置于公司，要求值班人员早晚各敲几次，以保自己仕途平顺。

“迷信行为多发生在这些干部成长的后半期。”江苏省响水县纪委监委第二审查调查室主任许华平分析，迷信的根本原因，是政治上蜕变，思想上总开关出了问题。某些党员干部长期忽视政治理论学习，放弃思想改造，背离初心使命，丧失朝气和锐气，利令智昏，心灵空虚，腐朽不健康的东西就会乘虚而入，思想和行动自然出现偏差，只好通过烧香拜佛，给自己空虚的内心找寄托，实际上心里装的只有金钱和私欲。

正如罗某某在忏悔录中所写，“在精神迷茫时，我不再去找组织谈心，而是选择去寺庙坐坐，听那些和尚讲一些佛教和鬼神方面的说谈。渐渐地我把马列主义抛之脑后，开始迷恋封建迷信，一心只想建塔修庙，保佑子孙后代，让自己死后灵魂有安放之处”。

除了这些貌似“虔诚的信徒”，在另一些人眼中，参与迷信活动则是拓展“社交圈子”的好机会。比如，江苏省无锡市人民检察院原职务犯罪侦查和预防教育基地管理中心主任朱某某，不仅自己偏执迷信，还鼓动身边的一些党员干部参与迷信活动，经常请“大师”为他们设计风水局、驱邪除病等。

“有些干部可能自己并不迷信，但他们错误地认为，能借此帮助自己拓展人脉。”无锡市纪委监委第六审查调查室主任许富伟分析，个别人积极充当迷信活动的掮客，实际上是想借助一些所谓的“世外高人”“风水先生”为自己牵线搭桥，实现个人诉求。

迷信不仅断送自身的发展，更对党的事业、人民福祉带来巨大伤害，强化科学理论武装、加强思想建设、坚定理想信念是一项长期的系统工程，必须常抓不懈。

祛除迷信之毒，矫正“信仰偏离”，关键在于补足精神之钙。无锡市纪委监委成立市级“崇德倡廉”廉政宣讲团，根据不同层级党员干部需求，围绕党的创新理论、党章党规、党风廉政建设等内容“量身定制”备课，专题剖析迷信问题典型案例，引导党员干部坚定理想信念，增强党性修养，坚决清除封建迷信的思想杂草。云南省文山壮族苗族自治州纪委监委召开警示教育大会，警示党员干部深刻汲取罗某某理想信念崩塌、精神迷失的反面教训，严明政治纪律，并进一步健全完善加强教育和管理的工作机制，常态化开展督促指导和跟踪检查。

破除迷信风水等陋习，除了强化理想信念教育外，更要严肃纪律。浙江省衢州市柯城区纪委监委通过政府网、微信公众号、视频号、抖音等渠道，向社会公布《关于设立党员干部及国家公职人员组织参与封建迷信活动监督举报电话的公告》，详细列举了党员干部组织、参与封建迷信活动的违纪行为，加强社会监督，警示党员干部和公职人员远离封建迷信。

（摘编自中央纪委国家监委网站 2023 年 2 月 16 日，作者：沈东方）

要全面加强纪律建设，用严明的纪律管全党治全党。要加强纪律教育，使铁的纪律转化为党员、干部的日常习惯和自觉遵循。要完善纪律规章，实现制度与时俱进。

——2018 年 1 月 11 日，习近平总书记在十九届中央纪委二次全会上的讲话

第十讲

纪律严明是党从胜利走向胜利的根本保证

党中央决定在全党开展深入贯彻中央八项规定精神学习教育，这是以严明纪律整饬作风、纵深推进全面从严治党的重要举措。习近平总书记深刻指出：“党性、党风、党纪是有机整体，党性是根本，党风是表现，党纪是保障。”作风问题本质上是党性问题，过硬作风是党性坚强、党纪严明的生动体现。

纪律严明是中国共产党的显著标志之一。自成立之日起，在领导人民进行革命、建设、改革的各个历史时期，我们党逐渐形成、发展和完善党的纪律，不断推进党的纪律建设。

一、新民主主义革命时期党的纪律建设

从 1921 年中国共产党成立到 1949 年新中国成立，这 28 年是我们党成立、发展和壮大的关键时期，也是党的纪律的创立和形成阶段。在这一时期，无论是党的纪律的内容，还是党的纪律检查机关和纪律检查制度，都经历了从无到有、从创立到发展的过程。在新民主主义革命时期，党的纪律建设有着特殊的背景和意义。面对血雨腥风、战火纷飞、敌强我弱的险恶环境，我们党之所以能够生存下来，并不断巩固和壮大，而且最终取得革命胜利，是因为党有着铁一般的纪律。毛泽东始终把纪律作为党和军队取得胜利的根本保证，在领导创建人民军队的过程中提出了“三大纪律

八项注意”，在全国革命胜利前夕又提出了“加强纪律性，革命无不胜”的著名口号。在他总结的中国共产党在中国革命中战胜敌人的“三大法宝”中，首先就是“一个有纪律的，有马克思列宁主义的理论武装的，采取自我批评方法的，联系人民群众的党”。

（一）党的纪律的产生

“十月革命一声炮响，给我们送来了马克思列宁主义。”中国共产党是在马克思主义同各种其他思潮的论战中诞生的。早期的共产主义者在对其他思潮的反思和论战中，就率先认识和提出了党的纪律，主张以俄国布尔什维克为榜样，党的组织必须集中统一，并且要有严格的纪律。蔡和森在1920年9月16日留法期间写给毛泽东的信中指出，党员“须守党的‘铁的纪律’。党的组织为极集权的组织，党的纪律为铁的纪律，必如此才能养成少数极觉悟极有组织的份子，适应战争时代及担负偌大的改造事业”。1921年3月，李大钊在《曙光》月刊第2卷第2号上发表《团体的训练与革新的事业》一文，指出“成立一个强固精密的组织，并注意促进其分子之团体的训练”。在建党的过程中，1921年2月，陈独秀在广州起草了一份党章草案并寄给了在上海的李汉俊，主张党的组织应当采取中央集权制，强调党的组织纪律的重要性。1921年7月，陈独秀虽然没有参加党的一大，但是他写信让陈公博带到了会上。他在信中提出了关于党的组织与政策的四条意见，其中包括“党的民主集中制的运用”和“党的纪律”。虽然一大没有明确提出这两个概念，但陈独秀的意见受到了大会的重视并被采纳。

（二）党的纪律的初创

1921年7月，党的一大制定了《中国共产党第一个纲领》。它起到了临时党章的作用。党纲虽然条文比较简单，也没有明确提出“纪律”的概念，但其中有10条或多或少涉及广义上党的纪律。例如，有关条文规定，“在加入我们队伍之前，必须与企图反对本党纲领的党派和集团断绝一切联系”，“候补党员必须接受其所在地的委员会的考查，考查期限至少为两个月。考查期满后，经多数党员同意，始得被接收入党”，“党员除非迫于法律，不经党的特许，不得担任政府官员或国会议员”，“在党处于秘密状态时，党的重要主张和党员身份应保守秘密”，“地方委员会的财务、活动和政策，应受中央执行委员会的监督”，等等。这些规定实质上都是党的纪律的内容。党的一大制定的《中国共产党第一个决议》对党的宣传纪律作出规定：“一切书籍、日报、标语和传单的出版工作，均应受中央执行委员会或临时中央执行委员会的监督……任何出版物，无论是中央的或地方的，均不得刊登违背党的原则、政策和决议的文章。”这些规定虽然比较简单，却为党组织的建立、管理、监督、巩固和发展发挥了作用，是党的纪律的萌芽。由于当时条件所限，加之党初创之时缺乏经验，一大党纲对党的纪律的规定比较简单，不够具体和明确，纪律的执行也得不到保障。1922 年 7 月，党的二大通过的第一部党章和有关决议，规定了多方面的纪律规范，在党的纪律建设史上具有开创性意义。一是首次在党章中专设“纪律”一章。党章第四章“纪律”包含九条，明确规定了党的政治纪律、组织纪律、宣传纪律、工作纪律、保密纪律等。例如，第十七条至二十四条关于党的中央执行委员会、区和地方执行委员会、党员之间关系的规定，是最重要的政治纪律和组织纪律；第二十五条中关于开除党员的规定，“言论行动有违背本党宣言、章程及大会各执行委员会之议决案”，“无故连续四个星期不为本党服务”，“泄漏本党秘密”，都属于违反党的纪律的行为。二是首次明确提出党的纪律的根本原则。《关于共产党的组织章程决议案》指出，“我们既然要组成一个做革命运动的并且一个大的群众党，我们就不能忘了两个重大的纪律：（一）党的一切运动都必须深入到广大的群众里面去。（二）党的内部必须有适应于革命的组织与训练”，同时还规定了“严密的集权的有纪律的组织与训练”必须遵循的七条原则，包括“要有集权精神与铁似的纪律”等。三是首次初步确立了民主集中制原则。党的二大通过的《中国共产党加入第三国际决议案》所附的《第三国际的加入条件》承认党“必须建筑于德莫克乃西的中央集权的原则之上”，这是对民主集中制的早期翻译。二大党章规定：“全国大会及中央执行委员会之议决，本党党员皆须绝对服从之”，“下级机关须完全执行上级机关之命令”，“一切会议均取决多数，少数绝对服从多数”，充分体现了民主集中制的基本原则。四是首次规定了纪律处罚。二大党章第二十五条规定了开除党员的六种情形，并要求“地方执行委员会开除党员后，必须报告其理由于中央及区执行委员会”。同时，还规定了对党组织的纪律处理，“下级机关须完全执行上级机关之命令，不执行时，上级机关得取消或改组之”，“区或地方执行委员会所发表之一切言论倘与本党宣言章程及中央执行委员会之议决案及所定政策有抵触时，中央执行委员会得令其改组之”。

1923年6月党的三大通过的《中国共产党第一次修正章程》（通常称为“三大党章”）、1925年1月党的四大通过的《中国共产党第二次修正章程》（通常称为“四大党章”），也都专门设立“纪律”一章，其内容基本沿袭二大党章的具体规定。这一时期，随着党组织和党员规模的迅速发展，党内出现了纪律松弛、组织涣散的现象。对此，陈独秀在党的三大政治报告中指出：“党内存在着严重的个人主义倾向。党员往往不完全信赖党。”1924年11月，中央下发通告，要求加强党务工作，严明党的组织纪律。党的四大通过的《对于组织问题之议决案》指出，“在现在的时候，组织问题为吾党生存和发展之一个最重要的问题”。四大党章增加了关于党内报告的纪律规定，要求“凡党员离开其所在地时必须经该地方党部许可，其所前往之地如有党部时必须向该党部报到”。1926年8月，中央扩大会议发出《坚决清洗贪污腐化分子》的通告，指出在革命高潮时期，许多投机腐败分子会跑到革命队伍中来，“应该很坚决地清洗这些不良分子，和这些不良倾向作斗争”，要求“迅速审查所属同志，如有此类行为者，务须不容情地洗刷出党，不可令留存党中，使党腐化，且败坏党在群众中的威望”。这是党的历史上颁布的第一个惩治腐败的文件。

（三）革命根据地的纪律建设和“三大纪律八项注意”

土地革命战争时期，毛泽东在领导开辟革命根据地、创建工农红军的过程中，极为重视根据地党和红军队伍的纪律建设。由于根据地在农村，农民出身的党员和红军占绝大多数，再加上革命斗争环境异常艰苦，根据地党内和红军内存在着严重的非组织、无纪律等思想和政治问题。1929年12月，毛泽东为古田会议起草了《中国共产党红军第四军第九次代表大会决议案》(以下简称《决议案》)，指出："红军第四军的共产党内存在着各种非无产阶级的思想，这对于执行党的正确路线，妨碍极大。"毛泽东特别批判了党内红军内存在的单纯军事观点、极端民主化、非组织观点等错误倾向，提出了严明纪律解决这些问题的办法。《决议案》强调，"在组织上，厉行集中指导下的民主生活"，"党的纪律之一是少数服从多数"，"党内批评是坚强党的组织、增强党的战斗力的武器"，"严格地执行党的纪律，废止对纪律的敷衍现象"，等等。《决议案》从思想上、政治上、组织上、纪律上初步回答了如何在农村环境中建设一支无产阶级革命队伍的问题，对于党和军队建设具有重大意义。

在这一时期，毛泽东提出的"三大纪律八项注意"是根据地党和红军纪律的生动体现。1927 年 10 月 24 日，毛泽东在江西遂川荆竹山作部队动员时宣布了三项纪律："一、行动听指挥；二、不拿群众一个红薯；三、打土豪要归公。"1928 年 1 月 25 日，毛泽东在遂川县向部队进行纪律教育，提出了六项注意："还门板，捆铺草，说话和气，买卖公平，不拉伕、请来伕子要给钱，不打人不骂人。"4 月 3 日，毛泽东在桂东沙田第一次完整地解释了工农革命军的"三大纪律六项注意"。三大纪律是：行动听指挥；不拿工人农民一点东西；打土豪要归公。六项注意是：上门板；捆铺草；说话和气；买卖公平；借东西要还；损坏东西要赔。后来，根据需要几经修改，逐渐演变为"三大纪律八项注意"。三大纪律是：一切行动听指挥；不拿群众一针一线；一切缴获要归公。八项注意是：说话和气；买卖公平；借东西要还；损坏东西要赔；不打人骂人；不损坏庄稼；不调戏妇女；不虐待俘虏。"三大纪律八项注意"是人民军队建军的纪律基础，对于确保政令畅通、培育纪律意识、严明军队纪律、密切党群军民关系、提高军队战斗力发挥了极其重要的作用，充分反映了中国共产党的严明纪律和优良作风。

（四）抗日战争时期党的纪律建设

遵义会议事实上确立了毛泽东在党中央和红军的领导地位，党在政治上开始走向成熟。抗日战争时期，党在极其艰苦的生存环境和严峻的对敌斗争中继续加强纪律建设，通过严明的纪律保证党的路线和各项政策的有力执行，维护党的团结和统一，领导人民军队英勇抗战，为党不断发展壮大和抗战胜利提供了坚强的纪律保障。

1. 党的扩大的六届六中全会与政治纪律、组织纪律

1938 年 9 月至 11 月，中共中央召开了扩大的六届六中全会。这次会议在党的历史上具有极为重要的意义。会议的重要成果之一就是对加强党的纪律建设作了深入研究和探索。会议制定通过《关于中央委员会工作规则与纪律的决定》《关于各级党部工作规则与纪律的决定》等一系列重要文件，为党的组织建设和纪律建设提供了具体规范，是党在革命年代十分重要的党内法规制度和纪律规范。会议特别重申了党的政治纪律和组织纪律，要求全党认真实行党的民主集中制。会议通过的《中共扩大的六中全会政治决议案》明确规定，“每个共产党员应该爱护党和党的团结统一有如生命”，“用以严格党的纪律，使党及其各级领导机关达到在政治上和组织上团结得如像一个人一样的程度”。毛泽东在会上作了《论新阶段》的报告，特别强调党的纪律，指出“纪律是执行路线的保证，没有纪律，党就无法率领群众与军队进行胜利的斗争”，强调“在今后，又必须坚持这种纪律，才能团结全党，克服新的困难，争取新的胜利……几个基本原则是不能忽视的：（一）个人服从组织；（二）少数服从多数；（三）下级服从上级；（四）全党服从中央”。

2. 整风运动开创纪律建设新形式

从 1942 年到 1945 年开展的整风运动，是一场全党范围内的普遍的马克思主义教育运动，为我们党增强党性、端正党风、严明党纪，推进党的建设伟大工程，进行了创造性的探索，积累了宝贵经验。1941 年 7 月，中央政治局审议通过《中共中央关于增强党性的决定》，指出党内存在的违反党性和纪律特别是政治纪律、组织纪律的种种表现，提出党的政治地位和肩负的革命事业“要求全党党员和党的各个组成部分都在统一意志、统一行动和统一纪律下面，团结起来，成为有组织的整体”，要求在党内开展反对“分散主义”“独立主义”“个人主义”的斗争，“要在全党加强纪律的教育，因为统一纪律，是革命胜利的必要条件”。整风运动是我们党在实践中探索出的加强党的建设的一种特殊形式和有效途径，起到了思想

建党、运动整党、纪律治党作用。通过党员“讨论和批评的自由”，达到“行动的一致”，加强党的集中统一，使遵守纪律成为自觉行动。经过整风运动，党员干部讲党性、守纪律、懂规矩蔚然成风。

3. 党的七大与纪律体系的完善

1945 年 4 月，党的七大在延安召开。党的七大是一次具有深远历史意义的大会，实现了全党思想上、政治上和组织上的空前团结。党的七大通过的《中国共产党党章》总结党的建设的历史经验教训，为丰富和发展党的纪律建设作出了重大贡献。作为党在新民主主义革命时期最完备的一部党章，七大党章在纪律建设方面主要有以下特点：一是把纪律作为党的组织基础写入总纲。二是深刻阐释了民主集中制原则。三是把遵守党纪作为党员的义务。四是专设“奖励与处分”一章，规定了纪律处分的类型、程序和方针等。五是设立“党的监察机关”一章，取消审查委员会。

但是，由于在党的七大召开后不久解放战争爆发，关于设立监察委员会的规定未能落实。这个时期，党的纪律检查工作由各级党委直接负责，日常具体工作由党委组织部门承担。党的七大关于纪律建设的一系列规定具有重要意义，标志着党的纪律的主要原则、基本内容、纪律执行等逐渐形成，为此后纪律建设的发展奠定了坚实基础，积累了宝贵经验。

（五）解放战争时期党的纪律建设

经过整风运动和党的七大，全党形成上下齐抓党风党纪的大好局面。解放战争时期，我们党的路线正确，党内生活正常，党的纪律严明，党的作风优良，党在人民群众中享有崇高威望，党内形成了上下团结一致、生动活泼的政治局面。我们党在严明党的纪律中迎来了新民主主义革命的伟大胜利和新中国的成立。

1. 请示报告制度的建立

1947 年下半年，人民解放战争进入了反攻阶段，各路大军捷报频传。但是，在胜利进军的大好形势下，党内发生了无组织无纪律的现象，在执行土改和工商业改革中出现了“左”的问题。为了加强党的集中统一领导和组织纪律性，为战争胜利提供根本组织保证，我们党在这一时期建立了一整套严格的请示报告制度。1948 年 1 月 7 日，毛泽东起草《中央关于建立报告制度的指示》，对中央局及分局向中央定期报告作出了具体规定，要求“由书记负责（自己动手，不要秘书代劳），每两个月，向中央和中央主席作一次综合报告”。3 月 25 日，中央又发出《关于建立报告制度的补充指示》，规定各中央局、分局、前委“对于下级发出的一切有关政策及策略性质的指示及答复……均须同时发给中央一份”，“下级向你们所作政策及策略性的报告，其内容重要者，亦须同时告知我们”，“每一个中央委员、中央候补委员均有单独向中央或中央主席随时反映情况及陈述意见的义务及权利”。6 月 25 日，毛泽东为中央起草《各中央局、分局、前委应向中央报告的事项》，具体规定了包括税收、工资政策、财政预算、征兵计划、土改、文教、政府、统战、司法、军队等方面 18 个领域的事项“必须在事先或事后报告中央”。8 月 14 日，毛泽东起草《中共中央、军委关于严格执行向中央作请示报告制度的指示》，明确指出军队中仍然存在的不请示不报告的问题，要求各兵团及各军区总结执行请示报告制度的情况，“严格执行及时的和完备的报告制度，将这件事作为一种绝对不允许违反的指令”。9 月，中央政治局扩大会议（即“九月会议”）召开，通过了《中共中央关于各中央局、分局、军区、军委分会及前委会向中央请示报告制度的决议》，对中央和地方在各类事项上的决定权属问题作出明确界定，要求各中央局、分局、军区、军委分会及前委会应具体规定所属的党组织向上级请示与报告的制度。此后，请示报告制度由上而下在全党全军普遍建立，从而有效结束了当时存在的无纪律无政府状态，达到了全党全军在方针政策和贯彻执行上的完全一致，为党夺取全国政权在政治上、思想上、组织上做了重要准备。

2. 严明城市工作纪律

随着解放战争的节节胜利，党和军队不断从农村进入城市。怎样进城？如何接管城市？进城后能否站稳脚？这对共产党来说，是一次十分严峻的考试。为此，我们党制定了一系列城市工作纪律。1945 年 9 月，中央专门作出《关于加强军队纪律坚决执行城市政策的指示》，规定军队应严整自己的政治纪律，认真执行三大纪律八项注意，教育部队爱护人民利益，执行政策与建立自觉的模范纪律，并从七个方面规定了党的城市政策。此后，中央先后制定颁布了《关于收复石家庄的城市工作经验》《关于注意总结城市工作经验的指示》《中央批转东北局关于保护新收复城市的指示》等多部城市纪律文件。1949 年 5 月，发布《中共中央关于入城部队遵守城市纪律的指示》，全面详尽地列出了十二条纪律规定，为人民解放军顺利接管城市，赢得广大群众和社会各界的支持和拥护创造了有利的条件。

3.“两个务必”和“六条规定”

1949 年 3 月，党的七届二中全会在西柏坡召开。这是我们党在解放战争胜利前夕召开的一次具有重大历史意义的会议。毛泽东在报告中告诫全党，要警惕“骄傲情绪，以功臣自居的情绪，停顿起来不求前进的情绪，贪图享乐不愿再过艰苦生活的情绪”，防止资产阶级“用糖衣裹着的炮弹的袭击”，郑重提出“两个务必”的要求。全会还根据毛泽东的建议，提出了防止资产阶级腐蚀、反对突出个人的“六条规定”：不作寿；不送礼；少敬酒；少拍掌；不以人名作地名；不要把中国同志和马、恩、列、斯平列。“两个务必”和“六条规定”，对于党夺取全国解放战争胜利和建设新中国做了政治上、思想上和纪律上的准备，对执政后党的作风建设和纪律建设具有极大影响。

二、社会主义革命和建设时期党的纪律建设

1949 年 10 月 1 日，中华人民共和国宣告成立。中国共产党成为执政党，在国家生活中所处的环境、地位以及肩负的任务都随之发生历史性转变，我们党在国家建设和自身建设中都面临各种全新的考验。以毛泽东同志为主要代表的中国共产党人围绕执政后党的纪律建设作了深入思考和探索，提出了一系列重要思想和举措。

（一）新中国成立初期党的纪律建设

新中国成立初期，是在全国执政条件下党的纪律建设的开端时期，我们党初步探索了党的纪律检查机关建设、整肃党风党纪、广泛开展执纪监

督等一系列工作，构建了党的纪律检查框架的雏形。

1. 建立党的各级纪律检查机关

1949 年 11 月，中共中央发出《关于成立中央及各级党的纪律检查委员会的决定》（以下简称《决定》），指出：“为了更好地执行党的政治路线及各项具体政策，保守国家的与党的机密，加强党的组织性与纪律性，密切地联系群众，克服官僚主义，保证党的一切决议的正确实施，特决定成立中央及各级党的纪律检查委员会。”《决定》规定，中央及各级纪律检查委员会的任务和职权是检查党的组织、党的干部及党员的违纪行为；受理、审查并决定纪律处分或取消处分；在党内加强纪律教育。《决定》规定，中央纪律检查委员会在中央政治局领导之下工作，地方各级党的纪律检查委员会由各该级党委提出名单，经上两级党委批准后，在各该党委会指导下进行工作，要求中央及各级党的纪律检查委员会，必须设置一定的工作机关，建立经常的工作，并规定自己的工作细则。到 1950 年底，全国绝大部分县以上党委都建立了纪律检查委员会，部分县委和地委以上的党委建立了经常的办事机构并配备专职干部。1950 年 2 月，中央发布《关于各级党的纪律检查委员会领导关系问题的指示》，规定各级党的纪律检查委员会是各级党委的一个工作部门，直接在各级党委的领导下进行工作；上级纪委在工作上、业务上对下级纪委有指导关系。此后，中央相继制定《中共中央纪律检查委员会工作细则》《中共中央关于加强纪律检查工作的指示》《关于处分党的组织及党员的批准权限和手续的规定》《关于处理控告、申诉案件的若干规定》《关于中央纪律检查委员会的组织机构和业务范围的规定》等一系列法规和文件，对各级纪律检查委员会的机构设置、职能任务和纪律执行程序、制度等作出了明确具体的规定，奠定了纪律检查工作的基本组织和制度框架。

2. 开展整风整党运动以整肃党的纪律

新中国成立后，针对部分党员干部身上存在的思想作风不纯的问题，主要是骄傲自满、个人主义、官僚主义甚至贪污腐化、违法乱纪等现象，1950 年 5 月 1 日，中共中央发出《关于在全党全军开展整风运动的指示》，开始严格地整顿全党作风，首先整顿干部作风。整风的主要任务是，提高干部和党员的思想水平和政治水平，克服工作中所犯的错误，克服以功臣自居的骄傲自满情绪，克服官僚主义和命令主义，改善党和人民的关系。整风运动至 1950 年底基本结束。此后，针对部分党组织思想不纯、成分不纯、作风不纯等问题，1951 年 2 月中央政治局扩大会议决定开展整党运动，计划用三年时间对党的组织有计划、有准备、有领导地进行一次普遍的整理。1951 年 3 月，第一次全国组织工作会议通过《关于整顿党的基层组织的决议》，对整顿工作作出具体部署，规定了党员标准的 8 项条件，提出了对符合 8 种情形的党内坏分子进行审查清除。至整党结束，全国共有 23.8 万名混入党内的异己分子和贪污腐化分子被清除出党，9 万余人因不具备党员条件而被劝退或自动退党。通过整风整党，提高了党员素质，纯洁了党的组织，转变了干部作风，密切了党群关系，严明了纪律规矩，为党的建设积累了重要经验。

3. 在“三反”“五反”运动中严明党的纪律

针对新中国成立初期机关和干部中存在的官僚主义和贪污浪费问题，1951 年 12 月 1 日，中央作出《关于实行精兵简政、增产节约、反对贪污、反对浪费和反对官僚主义的决定》，指出“一切从事国家工作、党务工作和人民团体工作的党员，利用职权实行贪污和实行浪费，都是严重的犯罪行为”，开展反对贪污、反对浪费和反对官僚主义的坚决斗争，要求党的纪律检查委员会将这件事作为当前的中心工作。12 月 8 日，中央发出《关于“三反”斗争必须大张旗鼓进行的指示》，全国规模的“三反”运动普遍开展起来。截至 1952 年 10 月“三反”运动结束，全国共查处县以上党政机关贪污千元以上者 10.8 万人。1952 年 1 月 26 日，中央发出《关于首先在大中城市开展“五反”斗争的指示》，提出向着违法的资产阶级开展大规模的“五反”斗争，以配合党政军民领域开展的“三反”斗争。1952 年 4 月，中央人民政府颁布了《中华人民共和国惩治贪污条例》，这是新中国第一部反腐条例。“三反”运动中最有影响的案件是刘青山、张子善贪污案，二者被开除党籍，判处死刑。

（二）党的八大前后对执政党纪律建设的探索

1956年，随着我国对生产资料私有制的社会主义改造基本完成，社会主义制度从此在中国正式确立起来。在这种形势下，以毛泽东同志为主要代表的中国共产党人围绕对中国社会主义建设道路的探索，在党的建设和国家发展等各方面提出了一系列新思想新举措，其中也包括对党的纪律建设的探索。

1. 成立党的各级监察委员会

随着经济建设和社会主义改造的不断深入，社会上存在的复杂尖锐的斗争延伸到党内，特别是在处理高岗、饶漱石事件的过程中，我们党进一步认识到严明党的纪律和加强党内监督的重要性、必要性。同时，随着党员干部违法乱纪现象的不断滋生，原有的纪律检查委员会由于受组织和职权所限，已不能适应新形势的要求。1955年3月，党的全国代表会议通过《关于成立党的中央和地方监察委员会的决议》（以下简称《决议》），决定“成立党的中央的和地方各级的监察委员会，代替中央的和地方各级的党的纪律检查委员会，借以加强党的纪律，加强反对党员中各种违法乱纪的斗争”。会议选举产生了由15名委员、6名候补委员组成的中央监察委员会，董必武任书记。《决议》明确规定，“监察委员会的任务是经常检查和处理党员违反党章、党纪和国家法律、法令的案件，应受党纪处分者即由党的监察委员会负责处理，监察委员会有权检查下级党的组织有关违反党章、党纪和国家法律、法令的案件”。同纪律检查委员会相比，监察委员会的职责范围和权力扩大了，监督的成分明显加强。《决议》还明确了监察委员会的设置和领导关系，规定监察委员会由党的代表大会或代表会议选举，党的各级监察委员会在各级党委指导下进行工作，“党的上级监察委员会有权检查下级监察委员会的工作，并有权审查、批准和改变下级监察委员会对案件所作的决定，下级监察委员会应向上级监察委员会报告工作”。这是我们党对纪律检查领导体制的有益探索，赋予了监察委员会更大的独立监察权。此后，地方各级监察委员会和设立党委的工矿企业监察委员会相继成立。随后，中央先后制定《中共中央监察委员会工作细则》

《中央监察委员会关于处分党员的批准权限的具体规定》《关于迅速配备党的各级监察委员会专职干部的决定》等，对监察委员会的工作规则、运行程序、机构设置和队伍建设等作出了明确部署。

2. 党的八大对纪律建设的新发展

1956 年 9 月，党的八大召开。这是党在全国执政后召开的第一次党代会，是党在社会主义探索过程中召开的一次极为重要的会议，对党和国家各项事业都具有深远影响。党的八大通过的党章针对执政党的特点，对党的纪律建设作出一系列新规定。党章规定：党的监察委员会由同级党的委员会全体会议选举产生，任务是“经常检查和处理党员违反党的章程、党的纪律、共产主义道德和国家法律、法令的案件；决定和取消对于党员的处分；受理党员的控诉和申诉”。在领导体制方面，党章明确规定，“各级监察委员会在各级党的委员会领导下进行工作”，将之前受同级党委“指导”修改为“领导”。八大党章没有设“纪律”专章，而是将纪律处分的内容放在了第一章“党员”中，而且内容十分详细，多达六条。党章规定，对违纪党员的纪律处分分为五种，包括警告、严重警告、撤销党内职务、留党察看、开除党籍，这一规定一直沿用至今。同时，党章还首次规定了关于“留党察看”的具体情况，首次规定了党员纪律处分必须经过支部大会决定，经过上级监察委员会或上级党委会批准等。

3. 党的各级监察委员会得到加强

党的八大后，各级监察委员会紧紧围绕党的中心工作，在党的纪律建设中发挥了越来越大的作用。1962 年 9 月，党的八届十中全会通过的《关于加强党的监察机关的决定》明确规定，“加强中央和地方各级的监察委员会，扩大各级监察委员会委员的名额”，“监察委员会的委员和候补委员，应当多数是专职的”，要求“各级党的委员会，必须加强对同级监察委员会的领导，定期讨论党的监察工作”。同时，首次提出“党的各级监察委员会，应当加强对同级国家机关的党员的监督工作”，明确规定“中央监察委员会可以派出监察组常驻国务院所属各部门”，各省、区、市党的监察委员会必要时也可以向政府各部门派驻监察组或监察员，并具体规定了派驻监察组的任务。这是今天实行的派驻纪检组的雏形。此后，中央先后制定或修订《中央监察委员会工作细则》《党的监察工作人员守则》《中央监察委员会常驻各中央局、国务院所属各部门监察组试行工作条例》等法规，对监察委员会的职责任务、办事机构、案件审理程序、派驻监察组、工作方法和工作人员纪律规范等作出具体规定，进一步推动了党的纪律建设和监督制度的发展。

（三）“文化大革命”期间党的纪律建设遭受严重破坏

1966年至1976年的“文化大革命”，使党、国家和人民遭受了灾难性挫折和损失。“文化大革命”期间，大搞“踢开党委闹革命”，党的各级组织普遍受到冲击，陷于瘫痪或半瘫痪状态，各级领导干部普遍受到批斗，广大党员丧失了正常组织生活。党的纪律遭受严重践踏和破坏，党的监察工作被全盘否定，大批监察干部受到迫害，各级监察委员会被撤销。九大、十大党章都取消了设立党的纪律检查（监察）机构的条款。这一时期，由于没有专门的纪律检查（监察）机构，革委会和各类“专案组”掌握着组织审查和处理工作，各种巧立名目的派别组织和群众组织也搞大量所谓“审查处理”，完全背离党的原则和方针，任意揪斗、关押、审讯党员干部，制造了大量冤假错案。党内纪律处分、组织审查和相关处理工作被派系斗争和反革命集团所利用，成为其排除异己、篡党夺权的工具。丧失了组织纪律性的群众运动，不但没有起到监督的作用，反而造成极大的混乱甚至灾难性后果，摧残了遵纪守法的社会根基和民众对法纪制度的敬畏意识。总之，“文化大革命”时期党的纪律建设遭到严重歪曲和全面破坏。

粉碎“四人帮”后，1977年8月党的十一大通过的党章在党的纪律建设方面作了一些修改。比如，在总纲及有关条款中增写了关于民主集中制的内容，要求“严格遵守党的纪律，维护党的集中统一，加强党的团结”，规定“党的中央委员会，地方县和县以上、军队团和团以上各级党的委员会，都设立纪律检查委员会”，并规定各级纪律检查委员会“在同级党委的领导下，加强对党员的纪律教育，负责检查党员和党员干部执行纪律的情况，同各种违反党的纪律的行为作斗争”。但是，由于受当时条件的影响，十一大党章没能清除“左”倾错误的影响，继续沿用了“文化大革命”

的错误理论、政策和口号。这些错误在党的十一届三中全会后才得到彻底的纠正。

三、改革开放和社会主义现代化建设新时期党的纪律建设

1978 年 12 月，党的十一届三中全会全面恢复和确立了马克思主义的正确路线，决定以经济建设为中心，将全党工作中心转移到社会主义现代化建设上来，开启了改革开放和社会主义现代化建设新时期。改革开放以后，我们党继承纪律严明的优良传统，根据新的形势和任务需要，不断丰富和发展党的纪律建设思想、制度和实践，开启了党的纪律建设新时期。

（一）改革开放初期党的纪律建设的恢复和发展

党的十一届三中全会以来，以邓小平同志为主要代表的中国共产党人科学回答了在改革开放新的历史条件下关于党的纪律建设的一系列重大问题，初步构建了新时期党的纪律建设的基本框架，为不断推进完善纪律建设奠定了基础。

邓小平极其重视党的纪律问题，提出了一系列重要思想，指出："我们过去革命，就是靠纪律，而且是自觉的纪律。中国共产党成立后，最好的风气就是这个。"党的十一届三中全会总结历史经验教训，决定健全党的民主集中制，健全党规党法，严肃党纪，并决定重建党的纪律检查委员会。全会选举产生了由 100 人组成的中央纪律检查委员会，选举陈云为第一书记，邓颖超为第二书记，黄克诚为常务书记，王鹤寿等 11 人为副书记。全会明确指出："全体党员和党的干部，人人遵守党的纪律，是恢复党和国家正常政治生活的起码要求。党的各级领导干部必须带头严守党纪。"规定："纪律检查委员会的根本任务，就是维护党规党法，切实搞好党风。"1979 年 1 月，十一届中央纪委一次全会通过了《中共中央纪律检查委员会关于工作任务、职权范围、机构设置的规定》，明确提出新时期党的纪律检查委员会的基本任务和纪律检查工作必须遵循的八项基本原则。中央纪委重

建后，地方各级纪律检查机关陆续恢复重建。1979 年，中央纪律检查委员会和中央组织部联合发出《关于设立纪律检查委员会有关问题的通知》《关于迅速建立健全各级纪律检查机构的意见》《关于地委一级改设纪律检查委员会的通知》，对省、地、县各级和中央各部门成立纪律检查委员会或纪律检查组提出明确要求。截至 1980 年 1 月，全国各省、地、县党的纪律检查机构组建率达到 98%；国务院机关各部门纪律检查机构组建率达 75%。此后，党的纪律建设逐步走上正轨。

（二）严明党纪为拨乱反正提供重要保障

党的十一届三中全会后，平反冤假错案成为党的纪律建设首先面临的一项重要任务。中央和地方各级纪委大规模为各级领导干部和党员平反，为在“文化大革命”中受到错误批判的或遭受陷害的一些部门平反，对“文化大革命”中全国各地发生的事件、案件进行复查平反。同时，1979 年初，党中央决定由中央纪委牵头，成立“两案审理领导小组”，负责审理林彪、江青反革命集团篡党夺权、祸国殃民的罪行。据统计，截至 1982 年底，各级纪律检查机关会同有关部门共复查处理了 150 多万人的案件，改正和部分改正的达 98 万多人。对各种冤假错案平反，大力落实干部政策，既维护了党的纪律，又保护了党员干部投身改革开放的积极性和创造性，对于医治“文化大革命”创伤，促进安定团结，恢复和发扬党的优良作风，切实保证贯彻执行党的十一届三中全会确定的基本路线起到了巨大作用。这一时期党的另一个重大举措是制定和实施《关于党内政治生活的若干准则》，重申和强化了坚持民主集中制、杜绝派性、不准搞特权等十二条内容，对党的历史上关于处理党内关系和严肃党性党风党纪等方面的经验教训作了总结，提出体现时代特征党的建设的任务和要求，是对党章必不可少的重要补充，是新时期提高党员干部思想政治水平、严肃党纪、端正党风的指导性文献，对加强党的建设具有重大意义。

（三）党的十三大提出“从严治党”方针

1987 年 10 月，党的十三大报告首次正式提出“从严治党”概念，并将之作为新时期加强党的建设的基本方针。在党的纪律建设方面，党的十三大报告提出“执政的考验”“改革开放的考验”是新时期党的建设必须解决的最重大的课题，“必须把反腐蚀寓于建设和改革之中”，“必须从严治党，严肃执行党的纪律”，“切实加强党的制度建设”，推进纪律检查工作改革，依靠制度严明党的纪律。党的十三大后，中央纪委先后制定了多个关于检查、查处、审理党员违纪案件的条例和具体工作制度、规定，进一步提高了纪律检查工作的制度化、规范化程度。同时，聚焦党员领导干部犯严重官僚主义失职错误，党员在涉外活动中违犯纪律、违反社会主义道德，经济领域违纪违法等问题制定了一系列党纪处分法规，在党的历史上第一次出现了专门针对某一方面违纪行为的纪律规范。这是我们党的纪律从过去长期以来偏重“原则调整”转变为“规范调整”的一个重要转折，党的纪律建设变得更加有章可循。

（四）在社会主义市场经济条件下对党的纪律建设的初步探索

党的十三届四中全会以来，以江泽民同志为主要代表的中国共产党人坚持推进中国特色社会主义建设，始终把严肃党风党纪和反腐败斗争放在重要位置，初步探索出一条在社会主义市场经济条件下严明党的纪律的新路子，为党的纪律建设积累了宝贵经验。

1. 集中力量加强党风和廉政建设，密切党群关系

1989 年 7 月，中共中央、国务院作出《关于近期做几件群众关心的事的决定》，提出在惩治腐败和带头廉洁奉公、艰苦奋斗方面先做七件事，主要包括清理整顿公司、坚决制止高干子女经商、取消对领导同志少量食品“特供”、严格按规定配车、严禁请客送礼、严格控制领导干部出国、严肃认真地查处犯罪案件。这些举措发挥了很大的震慑作用，取得了良好的社会效果。8 月，中央政治局会议通过《中共中央关于加强党的建设的通知》，要求做好 8 个方面的工作，强调“发扬党的优良作风，克服消极、腐败现象”。1990 年 3 月，党的十三届六中全会审议通过《中共中央关于加强党同人民群众联系的决定》，要求“坚定不移地加强廉政建设”，强调“在改革开放、发展商品经济的条件下，共产党员更加需要自觉保持清正廉洁，坚决反对腐败行为”，“对各级领导机关和领导干部必须加强监督”。11月，中央批转中央纪委《关于加强党风和廉政建设的意见》，作出具体部署。这段时期，在党中央直接领导下，各级党委政府把党风廉政建设摆上重要议事日程，初步形成了全党抓党风、各级政府抓廉政、全民关注党风廉政建设的大气候。

2. 以反腐败为重点推进党的纪律建设

1992年初，邓小平在南方谈话中反复强调：“在整个改革开放过程中都要反对腐败。”1992年10月，党的十四大首次将“从严治党”写入党章。从严治党成为管党治党、严明党纪的总方针和总遵循。党章还首次明确强调反腐败的任务，增写“党坚持不懈地反对腐败，加强党的作风和廉政建设”等内容。党的十四大后，我们党逐渐探索出一条在发展社会主义市场经济条件下，围绕经济建设这个中心，坚持“两手抓、两手都要硬”的方针，把反腐败同改革、发展、稳定有机结合起来，有效开展反腐败斗争的路子。1997年9月，党的十五大报告强调，“反对腐败是关系党和国家生死存亡的严重政治斗争”，提出“坚持标本兼治，教育是基础，法制是保证，监督是关键”的反腐败斗争方略，突出纪律建设的重要地位。党的十五大后，反腐败工作从侧重治标转向标本兼治、逐步加大治本力度，从源头上预防和治理腐败。比如，集中开展军队、武警部队和政法机关不再从事经商活动的工作；推进行政审批、财政管理和干部人事三项制度改革；扩大基层民主，实行村务公开、厂务公开和政务公开；等等。

3. 注重党内纪律法规和制度建设

党的十四大后，党中央尤其注重通过党内纪律法规和制度建设整体推进正风肃纪工作，制定一批加强纪律建设法规和制度，在党风廉政建设和反腐败中发挥了极其重要的作用。主要党内法规和文件有《中国共产党党员领导干部廉洁从政若干准则（试行）》《中国共产党纪律处分条例（试行）》《关于党政机关县（处）级以上领导干部收入申报的规定》《关于领导干部报告个人重大事项的规定》《中共中央、国务院关于党政机关厉行节约制止奢侈浪费行为的若干规定》《关于实行党风廉政建设责任制的规定》《省（部）、地（厅）级领导干部配偶、子女从业规定》《县级以下党政领导干部任期经济责任审计暂行规定》等，还制定了与一批党内法规相配套的规定或实施细则。各地区各部门结合实际，实行领导干部党风廉政建设责任制度、领导干部离任审计制度、重大问题集体决策制度等。1992年至1997年，各省、自治区、直辖市和中央、国家机关各部委制定了1400多项领导干部党风廉政规章制度。1997年至2002年，全国省（部）级以上机关共制定党风廉政方面的法律法规及其他规范性文件达2000余件。这些法规制度的制定和实施，对于规范党政机关和党员领导干部的行为，增强领导干部的纪律观念和法律意识，发挥了重要作用，为党风廉政建设和反腐败工作提供了制度依据。

4. 加强纪检监督机构建设，严肃查处违纪违法案件

党的十四大后，党的纪律检查机构根据党风廉政建设和反腐败斗争形势进行了一系列改革，着力打造坚强有力的纪检监察机构。一是强化各级纪委组成力量和权力。与党的十三大相比，十四届中央纪委委员增加了39人，党的纪检人员队伍得到壮大，纪检机构地位也越来越重要。中央纪委向党的十四大的工作报告指出，“地方各级纪委书记应由同级党委副书记一级干部担任，并参加同级党委常委”，“上级纪委应加强对下级纪委的领导和指导，并对其工作进行有效的监督和检查”，对于推动纪律检查领导体制改革具有重要意义。二是实现纪检监察机关合署办公。1993年1月，中央纪律检查委员会和国家监察部实行合署办公。这是我国政治监督体制改革的一项重大举措。合署后的中央纪委和监察部履行党的纪律检查和政府行政监察两项职能，克服了党政监督体制分离所带来的种种重复、交叉、推诿甚至冲突的问题，提高了党政监督的整体合力。三是加强中央直属机关和中央国家机关纪检监察机构建设。1993年5月，中央纪委发布的《关于中央直属机关和中央国家机关纪检监察机构设置的意见》指出，中央纪委和监察部现向52个中央部门派驻了纪检、监察机构66个，其中中央纪委、监察部双派驻的部门14个，中央纪委单派驻的部门6个，监察部单派驻的部门32个。42个部门内设纪检、监察机构65个。同时，该意见对派驻和内设纪检监察机构的设置、领导体制和工作关系、职务设置和干部管理、人员编制等作出详细规定。这一举措极大地加强了中央机关党的纪检

监察工作，是党的纪律建设的一项重大进展。

同时，中央纪委和各级纪委坚持把查处党员干部违纪违法案件，作为从严治党和惩治腐败的重要环节来抓，着重查处了贪污、贿赂、挪用公款、走私、失职渎职、贪赃枉法、腐化堕落等方面的案件，加大了对发案率较高的金融、证券、房地产、土地批租出租、建筑工程等领域案件的查处力度。

（五）新世纪新阶段党的纪律建设的新发展

进入21世纪特别是党的十六大以来，面对深刻复杂的国际形势和艰巨繁重的国内改革发展稳定任务，以胡锦涛同志为主要代表的中国共产党人针对党的建设面临的新形势，坚持维护党的纪律，继续深入推进党风廉政建设和反腐败斗争，推动纪律建设取得新发展。

1. 以建立健全惩治和预防腐败体系为重点推进纪律建设

2002年11月，党的十六大通过的党章在党的纪律检查机关的主要任务中增加了“协助党的委员会加强党风建设和组织协调反腐败工作”的内容，在党章中首次明确规定党委对反腐败工作的主体责任和纪委的组织协调任务。党的十六大后，党中央提出“标本兼治、综合治理、惩防并举、注重预防”的反腐倡廉方针，作出建立健全教育、制度、监督并重的惩治和预防腐败体系的战略决策，重点探索从源头上防治腐败。2005年1月，中央发布《建立健全教育、制度、监督并重的惩治和预防腐败体系实施纲要》，制定118项制度，标志着反腐败进入“体系反腐”阶段。这一时期，各级纪检监察机关把反腐败寓于各项重要改革措施中。2007年10月，党的十七大首次将“反腐倡廉建设”作为党的建设的基本任务之一，提出以完善惩治和预防腐败体系为重点加强反腐倡廉建设。十七大党章增加了“坚持标本兼治、综合治理、惩防并举、注重预防”“建立健全惩治和预防腐败体系”等新内容，以党内根本大法的形式将反腐倡廉方针和体系固定下来。2008年5月，中央印发《建立健全惩治和预防腐败体系2008—2012年工作规划》，从教育、制度、监督、改革、纠风、惩处等方面提出了惩治和预防腐败的工作目标和重点任务。

2. 以加强党内监督为重点推进党内纪律法规制度建设

十六大党章指出："加强对党的领导机关和党员领导干部的监督，不断完善党内监督制度。"2003 年 12 月，中央颁布的《中国共产党党内监督条例（试行）》是我们党第一部专门规范党内监督工作的基本法规，对于坚持党要管党、从严治党方针，加强党内监督，监督执行党的纪律，具有重要意义。《条例》规定了规范党内监督工作的 10 项制度，包括集体领导和分工负责、重要情况通报和报告、述职述廉、民主生活会、信访处理、巡视、谈话和诫勉、舆论监督、询问和质询罢免或撤换要求及处理。此后，与《条例》配套的监督政策规定和制度相继出台，如《中国共产党纪律处分条例》《中国共产党党员权利保障条例》《关于进一步加强和改进舆论监督工作的意见》《关于对党员领导干部进行诫勉谈话和函询的暂行办法》《关于党员领导干部述职述廉的暂行规定》《关于党员领导干部报告个人有关事项的规定》《地方党委委员、纪委委员开展党内询问和质询办法（试行）》等。各级纪检监察机关认真落实述职述廉、谈话、诫勉、函询等制度。据统计，2007 年 11 月至 2012 年 4 月，全国共进行领导干部述职述廉 917.6 万多人次，诫勉谈话 24.5 万多人次，函询 15.2 万人次，任前廉政谈话 200.3 万人次，纪委负责人同下级党政主要负责人谈话 127.8 万多人次。党的十七大后，中央加大对领导干部问责力度，制定修订《关于实行党风廉政建设责任制的规定》《关于实行党政领导干部问责的暂行规定》《党政主要领导干部和国有企业领导人员经济责任审计规定》等党内法规。一系列党内监督和问责法规制度的制定完善和贯彻实施，为各项纪律的有效执行提供了重要保障。

3. 以巡视和派驻机构为重点加强纪检监察机构建设

党的十六大后，中央坚持改革和完善党的纪律检查体制，推动党内监督执纪机构建设得到进一步加强。一是明确纪律检查机关的职能定位。十六届中央纪委二次全会首次明确提出：各级纪律检查机关是党的监督机关。《中国共产党党内监督条例（试行）》以党内法规的形式明确党的各级纪律检查委员会是党内监督的专门机关，确立了党的纪律检查机关的监督职能。二是建立专门巡视机构，加强巡视监督。2003 年 8 月，中央纪委、中组部巡视工作办公室正式成立，并设立5个巡视组，建立专门的巡视机构和专职巡视队伍。2004年2月，中央纪委、中组部颁布《关于巡视工作的暂行规定》，对巡视工作的机构和人员、职责和方式等作出具体规定。2009年7月，中央印发的《中国共产党巡视工作条例（试行）》，共六章四十九条内容，为完善巡视制度、规范巡视工作提供了法规依据和制度规范。11月，中央决定成立中央巡视工作领导小组，将中央纪委、中组部巡视组更名为中央巡视组，进一步提升了巡视机构的地位，加强了对巡视工作的组织领导。三是加强对派驻机构的统一管理。《中国共产党党内监督条例（试行）》明确规定："纪委对派驻纪检组实行统一管理。"2004年4月，中央制定《关于对中央纪委监察部派驻机构实施统一管理的实施意见》，规定"将派驻机构由中央纪委监察部和驻在部门双重领导改为由中央纪委监察部直接领导，切实加强对驻在部门党组和行政领导班子及其成员的监督。中央纪委监察部首先对派驻机构的业务工作和干部工作实行统一管理"。至2005年年底，中央纪委、监察部对派驻中央国家机关56个部门的纪检组和监察局全面实行统一管理。四是加强基层纪检监察机构建设。党的十七大后，中央纪委相继制定《关于加强地方县级纪检监察机关建设的若干意见》《关于加强和改进中央企业和中央金融机构纪检监察组织建设的若干意见》《关于加强乡镇纪检组织建设的指导意见》等，进一步完善了党的纪律检查组织体系。

4. 加强纪律教育和领导干部廉洁自律工作

党的十六大后，党中央高度重视反腐倡廉建设宣传教育特别是纪律教育，将其作为惩治和预防腐败体系的重要组成部分。2005年印发的《建立健全教育、制度、监督并重的惩治和预防腐败体系实施纲要》，第一次正式提出"大力加强廉政文化建设，积极推动廉政文化进社区、家庭、学校、企业和农村"，为严肃党的纪律夯实思想文化基础。结合开展保持共产党员先进性教育活动、学习实践科学发展观活动、创先争优活动等，加强对党员干部的党性党风党纪教育，广泛开展学习先进典型和警示教育活动，深入开展廉政文化创建活动，增强了全党全社会的反腐倡廉意识和纪律意识。这一时期中央制定修订了一批关于廉洁纪律的党内法规文件，比如，

《中国共产党党员领导干部廉洁从政若干准则》《国有企业领导人员廉洁从业若干规定》《关于加强农村基层党风廉政建设的意见》《中共中央纪委关于严格禁止利用职务上的便利谋取不正当利益的若干规定》，等等，对于完善党员领导干部在市场经济条件下廉洁从政的纪律规范，加强领导干部廉洁自律具有重要作用。特别是《中国共产党党员领导干部廉洁从政若干准则》，详细规定了领导干部从政行为 8 大方面的“禁止”，详细列出了 52 个“不准”，充实完善了相应的实施与监督制度，是一部规范党员领导干部廉洁从政行为的基础性党内法规。

5. 严肃查处和惩办违纪案件

党的十六大后，各级党委和纪检监察机关坚持从严治党，保持查处违纪案件强劲态势，纪律建设取得新的成效。一是颁布实施《中国共产党纪律处分条例》。2003 年 12 月，中央正式颁布实施《中国共产党纪律处分条例》，共 178 条，对 10 类违纪行为的处分作出了明确规定。《条例》作为党的建设的重要法规对于严明党的纪律、规范纪律处分、加强党的纪律建设具有极其重要的意义。二是改革规范对违纪案件的查处工作。坚持依纪依法、安全文明办案，改进办案措施，规范办案程序，加强案件审理、申诉复查和案件监督管理工作，健全查办案件组织协调机制。畅通信访举报渠道，开通举报电话和网站。三是严肃查处违反党纪案件。2002 年 12 月至 2007 年 6 月，全国纪律检查机关共立案 677924 件，结案 679846 件，给予党纪处分 518484 人。2007 年 11 月至 2012 年 6 月，全国纪检监察机关共立案 643759 件，结案 639068 件，给予党纪政纪处分 668429 人。

四、中国特色社会主义新时代党的纪律建设

党的十八大以来，以习近平同志为核心的党中央全面加强党的领导和党的建设，将纪律建设纳入党的建设总体布局，作为全面从严治党的治本之策，将其摆在更加重要和突出的位置，为党和国家事业发展提供了坚强的纪律保障。我们党对纪律建设的规律性认识不断深化，围绕加强纪律建设提出一系列新思想、新制度、新举措，党的纪律建设进入全面发展的新

阶段和“快车道”。

（一）集中制定修订党内纪律法规

党的十八大以来，以习近平同志为核心的党中央坚持依规治党、制度治党，立体式、全方位推进党内法规制度体系建设，党内法规建设的力度空前加大。通过制定新法规、完善修订已有法规、废止不适应的法规，基本形成了以党章为根本，以准则、条例等中央党内法规为主干，若干配套党内法规和规范性文件为支撑的党内法规体系，搭建起党内法规体系的“四梁八柱”。党的十八大以来的 10 年，党内法规制定工作推进力度之大、质量之高前所未有，仅中央党内法规就制定和修订了 193 部，占 271 部现行中央党内法规的 71%。从党的纪律建设的角度来看，党内法规和纪律规范的制定修订集中体现在以下几个方面。

1. 规范党内法规的制定和集中清理

加强对党内法规建设的统筹协调。中央先后制定修订《中国共产党党内法规制定条例》和《中国共产党党内法规和规范性文件备案规定》，标志着我们党首次拥有正式的党内“立法法”，为党内法规制度体系建设提供了基本依据和规范。2013 年和 2018 年，中央先后印发《中央党内法规制定工作五年规划纲要（2013—2017 年）》《中央党内法规制定工作第二个五年规划（2018—2022 年）》，这是党的历史上首次制定党内法规五年规划，对党内法规建设进行顶层设计。2016 年 12 月，中央印发《关于加强党内法规制度建设的意见》，对加强新时代党内法规制度建设提出明确要求、作出系统部署。党的十八大以来，中央还集中清理了新中国成立以来的党内法规和规范性文件。到 2014 年底，经过两个阶段的党内法规清理工作，系统全面清理了新中国成立至 2012 年 6 月期间中央出台的全部文件，共清理党内法规和规范性文件 1178 件，其中 322 件在清理中被废止、369 件被宣布失效，二者合计占 58.7%。

2. 制定修订一批与党的纪律内容相关的党内法规

党的十八大以来，围绕严肃党的各项纪律，中央制定修订一系列党内法规和规范性文件，丰富了党的纪律的内容体系，纪律建设更加“有纪可依”。在政治纪律方面，制定或修订《关于新形势下党内政治生活的若干准则》《中国共产党重大事项请示报告条例》《中共中央政治局关于加强和维护党中央集中统一领导的若干规定》《领导干部报告个人有关事项规定》《中共中央关于加强党的政治建设的意见》《党委（党组）书记抓基层党建工作述职评议考核办法（试行）》等。在组织纪律方面，制定或修订《党政领导干部选拔任用工作条例》《党政领导干部考核工作条例》《干部人事档案工作条例》《中国共产党党员权利保障条例》《中国共产党党务公开条例（试行）》《推进领导干部能上能下若干规定（试行）》《县以上党和国家机关党员领导干部民主生活会若干规定》《关于加强国家工作人员因私事出国（境）管理的暂行规定》《中国共产党发展党员工作细则》《关于防止干部“带病提拔”的意见》等。在廉洁纪律方面，制定或修订《中国共产党廉洁自律准则》《党政机关厉行节约反对浪费条例》《党政机关国内公务接待管理规定》《党政主要领导干部和国有企事业单位主要领导人员经济责任审计规定》《党政机关办公用房管理办法》《党政机关公务用车管理办法》《中央和国家机关差旅费管理办法》《中央和国家机关会议费管理办法》《关于进一步规范党政领导干部在企业兼职（任职）问题的意见》《关于落实中央八项规定精神坚决刹住中秋国庆期间公款送礼等不正之风的通知》《关于严禁党政机关到风景名胜区开会的通知》等。在群众纪律方面，制定或修订《十八届中央政治局关于改进工作作风、密切联系群众的八项规定》《信访工作责任制实施办法》《中共中央、国务院关于打赢脱贫攻坚战的决定》《关于深化“四风”整治、巩固和拓展党的群众路线教育实践活动成果的指导意见》《关于创新群众工作方法解决信访突出问题的意见》《关于开展扫黑除恶专项斗争的通知》等。在工作纪律方面，制定或修订《中国共产党地方委员会工作条例》《中国共产党党组工作条例》《中国共产党工作机关条例（试行）》《中国共产党支部工作条例（试行）》《中国共产党宣传工作条例》《中国共产党政法工作条例》《中国共产党统一战线工作条例》《干部教育培训工作条例》《中国共产党农村工作条例》《中国共产党国有企业基层组织工作条例（试行）》《中国共产党党和国家机关基层组织工作条例》《领导干部干预司法活动、插手具体案件处理的记录、通报和责任追究规定》《关于贯彻落实习近平总书记重要指示精神　集中整治形式主义、官僚主义的工作意见》《关于加强新形势下党的督促检查工作的意见》《关于解决形式主义突出问题为基层减负的通知》《关于统筹规范督查检查考核工作的通知》等。在生活纪律方面，制定了《关于进一步整治“会所中的歪风”的通知》等。

3. 制定修订一批与党的纪律执行相关的党内法规

党的十八大以来，中央高度重视党内法规和纪律的执行，围绕加强党内监督执纪问责，制定修订一系列侧重于纪律执行的党内法规和规范性文件，极大地增强了纪律执行的科学性、规范性、系统性和严肃性。其主要包括《中国共产党纪律处分条例》《中国共产党党内监督条例》《中国共产党问责条例》《中国共产党巡视工作条例》《中国共产党纪律检查机关监督执纪工作规则》《纪检监察机关处理检举控告工作规则》《中国共产党党内法规执行责任制规定（试行）》《党组讨论和决定党员处分事项工作程序规定（试行）》《干部选拔任用工作监督检查和责任追究办法》《党政领导干部考核工作条例》《党政领导干部生态环境损害责任追究办法（试行）》等。

（二）挺纪在前，严格执行党的纪律

党的十八大以来，以习近平同志为核心的党中央坚决把纪律挺在前面，坚持纪严于法、纪在法前，坚持抓早抓小、红脸出汗，从严执行党的纪律，使各项纪律规矩真正成为“带电的高压线”，用严明的纪律管全党治全党。

1. 以政治纪律为重点严明党的各项纪律

党的十八大以来，习近平总书记突出强调政治纪律，要求把严明政治纪律和政治规矩放在首位。2014 年 10 月，党的十八届四中全会第二次全体会议提出坚决反对“七个有之”现象；2015 年 10 月修订的《中国共产党纪律处分条例》首次将党的纪律整合为政治纪律、组织纪律、廉洁纪律、群众纪律、工作纪律、生活纪律；党的十九大正式将“六大纪律”写入党章。坚持把遵守和执行政治纪律情况作为巡视和派驻监督的重点，执纪审查首先检查违反政治纪律的问题。党的十八大至 2022 年 10 月，全国纪检监察机关共立案 464.8 万余件，立案审查调查中管干部 553 人，处分厅局级干部 2.5 万多人、县处级干部 18.2 万多人，共给予党纪政务处分 399.8 万人。2023 年新修订的《中国共产党纪律处分条例》坚决落实党的二十大关于坚持和加强党的全面领导和党中央集中统一领导的各项部署要求，进一步严明政治纪律和政治规矩。例如，在总则第二条指导思想中增写“坚持自我革命”“推动解决大党独有难题、健全全面从严治党体系”“为以中国式现代化全面推进强国建设、民族复兴伟业提供坚强纪律保障”等内容；在总则第四条工作原则中增写“把严的基调、严的措施、严的氛围长期坚持下去”。在政治纪律部分，完善保障党中央政令畅通的纪律条款，增加对不顾党和国家大局、搞部门或者地方保护主义行为的处分规定，将贯彻党中央决策部署只表态不落实行为由违反工作纪律调整到违反政治纪律。

同时，严明政治纪律，带动组织纪律、廉洁纪律、群众纪律、工作纪律、生活纪律全面从严。例如，组织纪律方面，充实对因私出国（境）中无正当理由超期未归等行为的处分规定，引导党员干部摒弃个人主义、自由主义，增强组织观念；廉洁纪律方面，加强对党员干部全方位管理和经常性监督，对离岗后和在职时一并提出严要求，完善对党员干部离职或者退（离）休后违规从业行为，以及利用原职权或者职务上的影响为亲友谋利行为的处分规定。

2. 提出和践行监督执纪“四种形态”

党的十八大以来，党中央总结历史经验和全面从严治党实践，坚持抓早抓小、防微杜渐，提出并运用监督执纪“四种形态”，实现纪律建设的重大实践和理论创新。2015 年 9 月，时任中央政治局常委、中央纪委书记王岐山在福建调研时首次提出监督执纪“四种形态”这一概念。2016 年 1 月，十八届中央纪委六次全会首次对运用监督执纪“四种形态”作出具体部署。2016 年 10 月，党的十八届六中全会通过《中国共产党党内监督条例》，正式明确了“四种形态”的含义，即“经常开展批评和自我批评、约谈函询，让‘红红脸、出出汗’成为常态；党纪轻处分、组织调整成为违纪处理的大多数；党纪重处分、重大职务调整的成为少数；严重违纪涉嫌违法立案审查的成为极少数”。2017 年 10 月，党的十九大正式将监督执纪“四种形态”写入党章，规定“运用监督执纪‘四种形态’，让‘红红脸、出出汗’

成为常态，党纪处分、组织调整成为管党治党的重要手段，严重违纪、严重触犯刑律的党员必须开除党籍”。截至2022年6月，全国纪检监察机关实践“四种形态”，共处理204.8万人次。其中，运用第一种形态95.5万人次，占46.7%；第二种形态81.8万人次，占39.9%，第三种形态15.6万人次，占7.6%；第四种形态11.9万人次，占5.8%。2024年1月1日施行的《中国共产党纪律处分条例》第五条规定，深化运用监督执纪“四种形态”，经常开展批评和自我批评，及时进行谈话提醒、批评教育、责令检查、诫勉，让“红红脸、出出汗”成为常态；党纪轻处分、组织调整成为违纪处理的大多数；党纪重处分、重大职务调整的成为少数；严重违纪涉嫌犯罪追究刑事责任的成为极少数。这与党内监督条例的相关规定一致。

3. 以严明的纪律推进正风反腐

十八届中央政治局把落实中央八项规定精神作为改进工作作风的突破口，习近平总书记以身作则、率先垂范，各级党组织把严格落实中央八项规定精神作为重要纪律要求，力戒形式主义、官僚主义、享乐主义和奢靡之风。各级纪检监察机关把监督执行中央八项规定作为监督执纪的一项经常性工作，将违反中央八项规定精神的行为列入纪律重点审查范围，作为纪律处分的重要内容。党的十八大以来，以习近平同志为核心的党中央把党的纪律作为反腐倡廉的治本利器，挺在法律前面、将之挺在反腐败斗争的前沿，坚持反腐败无禁区、全覆盖、零容忍，坚定不移“打虎”“拍蝇”“猎狐”，用铁的纪律筑牢拒腐防线，严惩党内腐败分子和腐败行为，反腐败斗争压倒性态势已经形成并巩固发展。新时代十年，根据党中央部署，全国纪检监察机关坚持无禁区、全覆盖、零容忍，坚持重遏制、强高压、长震慑，坚持受贿行贿一起查，坚持有案必查、有腐必惩。据统计，十年来，全国纪检监察机关共立案464.8万余件，其中立案审查调查中管干部553人，处分厅局级干部2.5万多人、县处级干部18.2万多人。

4. 深化党的纪律检查体制改革

党的十八大报告明确提出：要健全纪检监察体制。2013年11月，党的十八届三中全会通过《中共中央关于全面深化改革若干重大问题的决定》，对深化党的纪律检查体制改革作出规定和部署，要求“改革党的纪律检查体制，健全反腐败领导体制和工作机制”。2014 年 6 月，中央政治局审议通过《党的纪律检查体制改革实施方案》，从多个方面对纪律检查体制改革作出具体安排。2018 年 2 月，党的十九届三中全会审议通过《中共中央关于深化党和国家机构改革的决定》和《深化党和国家机构改革方案》，对完善坚持党的全面领导制度、推进党的纪律检查体制和国家监察体制改革作出战略部署，为在新时代推动纪检监察体制改革向纵深发展指明了方向。

（1）落实“两个责任”，压实全面从严治党责任制

《中共中央关于全面深化改革若干重大问题的决定》指出，“落实党风廉政建设责任制，党委负主体责任，纪委负监督责任”。这是党的历史上首次以党内法规形式明确规定党委的主体责任和纪委的监督责任。2016 年 7 月，《中国共产党问责条例》首次将主体责任和监督责任的范围由“党风廉政建设”发展为“全面从严治党”。十九大党章在总纲中增加了“强化管党治党主体责任和监督责任”的内容。“两个责任”，从党风廉政建设扩展到全面从严治党，再发展为管党治党，内涵更加丰富和全面，责任范围更宽、标准更高、要求更严。党的十八大以来，党中央紧抓“主体责任”这个牛鼻子，坚持失责必问、有责必追、问责必严，推动各级党组织和领导干部履行管党治党责任。

（2）明确“两个为主”，推动双重领导体制改革

《中共中央关于全面深化改革若干重大问题的决定》提出：“推动党的纪律检查工作双重领导体制具体化、程序化、制度化，强化上级纪委对下级纪委的领导。查办腐败案件以上级纪委领导为主，线索处置和案件查办在向同级党委报告的同时必须向上级纪委报告。各级纪委书记、副书记的提名和考察以上级纪委会同组织部门为主。”2014 年，中央纪委制定实施下级纪委向上级纪委报告工作的具体制度，并在试点的基础上制定出台《关于查办腐败案件体制机制改革的实施意见》，在全国推开“查办腐败案件以上级纪委领导为主”的制度改革。2015 年 1 月，中央审议通过了《省（自治区、直辖市）纪委书记、副书记提名考察办法（试行）》《中央纪委派驻纪检组组长、副组长提名考察办法（试行）》《中管企业纪委书记、副书

记提名考察办法（试行）》，明确规定纪委书记（纪检组组长）、副书记（副组长）的提名、考察以上级纪委会同组织部门为主。2016 年制定的《中国共产党党内监督条例》明确规定："强化上级纪委对下级纪委的领导，纪委发现同级党委主要领导干部的问题，可以直接向上级纪委报告；下级纪委至少每半年向上级纪委报告 1 次工作，每年向上级纪委进行述职。"十九大党章明确规定：上级党的纪律检查委员会加强对下级纪律检查委员会的领导，将党的十八大以来双重领导体制改革的成果以党内根本大法的形式确定下来。二十大党章进一步规定：党的中央纪律检查委员会在党的中央委员会领导下进行工作。党的地方各级纪律检查委员会和基层纪律检查委员会在同级党的委员会和上级纪律检查委员会双重领导下进行工作。上级党的纪律检查委员会加强对下级纪律检查委员会的领导。

（3）聚焦主业主责，纪律检查机关深化"三转"

党的十八大以来，习近平总书记多次强调，纪律检查机关的根本职责是监督执纪问责。2014 年 1 月，十八届中央纪委三次全会提出，纪检监察机关要聚焦中心任务，转职能、转方式、转作风，明确职责定位，把不该管的工作交还主责部门，做到不越位、不缺位、不错位。各级纪委贯彻党中央决策部署，找准职责定位，深入推进"三转"。通过深化"三转"，各级纪律检查机关进一步聚焦监督执纪问责，为加强党的纪律建设提供了坚强的组织保障。二十大党章第四十六条规定：党的各级纪律检查委员会是党内监督专责机关，主要任务是：维护党的章程和其他党内法规，检查党的路线、方针、政策和决议的执行情况，协助党的委员会推进全面从严治党、加强党风建设和组织协调反腐败工作，推动完善党和国家监督体系。从而进一步明确了党的纪律检查机关作为党内监督专责机关的主业和主责。

（三）实现巡视和派驻监督全覆盖

1. 发挥巡视"利剑"作用，实现一届任期内巡视全覆盖

党的十八大报告强调，要更好发挥巡视制度监督作用。党的十八大以来，以习近平同志为核心的党中央把巡视作为全面从严治党的"尖兵""利器"，高度重视巡视工作。《中共中央关于全面深化改革若干重大问题的决

定》明确要求："改进中央和省区市巡视制度，做到对地方、部门、企事业单位全覆盖。"五年间，党中央两次修订《中国共产党巡视工作条例》，制定《中央巡视工作规划（2018—2022 年）》《关于市县党委建立巡察制度的意见》《被巡视党组织配合中央巡视工作规定》等党内法规文件，为巡视工作提供了根本依据。中央巡视工作领导小组召开 115 次会议，组织开展 12 轮巡视，共巡视 277 个党组织，完成对省区市、中央和国家机关、中管企事业单位和金融机构、中管高校等的巡视，在党的历史上首次实现一届任期内巡视全覆盖。在中央纪委审查的案件中，超过 60% 的线索来自巡视。各省区市党委完成了巡视全覆盖，全部开展市县巡察，67 家中央单位探索开展巡视工作，对中央企业实现全面巡视，形成了巡视巡察上下联动、全党一盘棋的格局。2017 年 10 月，党的十九大报告明确提出"在市县党委建立巡察制度"，并首次将"巡察制度"正式写入党章。党的二十大报告强调，发挥政治巡视利剑作用，加强巡视整改和成果运用。

2. 发挥派驻的"探头"作用，推动派驻监督全覆盖

党的十八大之前，近三分之二的中央和国家机关没有纳入派驻监督范围。《中共中央关于全面深化改革若干重大问题的决定》明确要求："全面落实中央纪委向中央一级党和国家机关派驻纪检机构，实行统一名称、统一管理。"2014 年底，中央审议通过《关于加强中央纪委派驻机构建设的意见》，从六个方面提出了加强中央纪委派驻机构建设的思路和要求。2015 年 3 月，中央纪委首次向中央办公厅、中央组织部、中央宣传部、中央统战部、全国人大机关、国务院办公厅、全国政协机关等 7 家单位派驻纪检组，负责对 50 多家中央和国家机关进行派驻监督，迈出实现派驻全覆盖的重要一步。2015 年 11 月，中央印发《关于全面落实中央纪委向中央一级党和国家机关派驻纪检机构的方案》，决定中央纪委设置 47 家派驻纪检机构，实现对 139 家中央一级党和国家机关派驻纪检机构全覆盖。各省区市实现省级纪委全面派驻，稳步推进市地一级纪委派驻全覆盖。2017 年 10 月，党的十九大将十八大以来派驻监督改革的成果写入党章。对于十八大党章中规定的中央纪委"根据工作需要""可以"向中央一级党和国家机关派驻党的纪律检查组或纪律检查员，纪律检查组组长或纪律检查员"可

以列席”该机关党的领导组织的有关会议等内容，二十大党章作出了重大修改，明确规定：“党的中央和地方纪律检查委员会向同级党和国家机关全面派驻党的纪律检查组，按照规定向有关国有企业、事业单位派驻党的纪律检查组。纪律检查组组长参加驻在单位党的领导组织的有关会议。他们的工作必须受到该单位党的领导组织的支持。”

（四）推进国家监察体制改革

党的十八大以来，以习近平同志为核心的党中央在不断深化党的纪律检查体制改革、加强党内监督的同时，还创造性地推进了国家监察体制改革，强化对国家机器的监督。深化国家监察体制改革是以习近平同志为核心的党中央作出的重大决策部署，是事关全局的重大政治体制改革。改革的目的和任务，就是加强党对反腐败工作的统一领导，构建集中统一、权威高效的党和国家监察体系，实现党内监督和国家机关监督、党的纪律检查和国家监察有机统一，实现对所有行使公权力的公职人员监察全覆盖。

1. 试点并推开国家监察体制改革

2016 年 1 月，习近平总书记在十八届中央纪委六次全会上强调：“扩大监察范围，整合监察力量，健全国家监察组织架构，形成全面覆盖国家机关及其公务员的国家监察体系。”此后，习近平总书记多次主持召开会议研究审议国家监察体制改革和试点方案，对改革作出顶层设计，明确试点工作的时间表和路线图。11 月，党中央成立深化国家监察体制改革试点工作领导小组，印发《关于在北京市、山西省、浙江省开展国家监察体制改革试点方案》，部署在 3 省市设立各级监察委员会，从体制机制、制度建设上先行先试、探索实践，为在全国推开积累经验。2017 年 10 月，党的十九大报告提出，“深化国家监察体制改革，将试点工作在全国推开，组建国家、省、市、县监察委员会”。10 月 23 日，中央印发《关于在全国各地推开国家监察体制改革试点方案》。11 月 4 日，十二届全国人大常委会第三十次会议表决通过《关于在全国各地推开国家监察体制改革试点工作的决定》。截至 2018 年 2 月底，省、市、县三级监察委员会全部完成组建。

2. 制定国家监察法，组建国家监察委员会

2017 年 1 月，习近平总书记在十八届中央纪委七次全会上强调，“把行政监察法修改为国家监察法，使党的主张通过法定程序成为国家意志”。中央纪委牵头负责监察法立法工作，同全国人大常委会密切配合，研究制定《中华人民共和国监察法（草案）》。党的十九大报告明确提出“制定国家监察法”的任务。2018 年 1 月，党的十九届二中全会通过《中共中央关于修改宪法部分内容的建议》，其中包括国家监察委员会的相关内容。3 月，十三届全国人大一次会议通过《中华人民共和国宪法修正案》，以国家根本大法的形式确立了监察机关作为国家机构的宪法地位，并增设“监察委员会”一节。之后，会议通过《中华人民共和国监察法》。这为深化国家监察体制改革提供了宪法和基本法律依据。

2018 年 2 月，党的十九届三中全会通过《中共中央关于党和国家机构改革的决定》和《深化党和国家机构改革方案》，对组建国家监察委员会作出明确部署。3 月，十三届全国人大一次会议选举和任命了国家监察委员会主任、副主任和委员，标志着国家监察委员会的正式组建。国家监察委员会将原监察部、国家预防腐败局的职责，最高人民检察院查处贪污贿赂、失职渎职以及预防职务犯罪等反腐败相关职责整合，同中央纪律检查委员会合署办公，履行纪检、监察两项职责，实行一套工作机构、两个机关名称。从 2017 年 10 月至 2018 年 3 月，短短几个月内，国家、省、市、县四级监察委员会全部组建产生，在党和国家机构建设史和纪检监察史上具有里程碑意义，国家监察体制改革迈入全面深化新阶段。

100 多年来，在党领导革命、建设和改革的伟大斗争中，党的纪律建设经历了从萌芽、发展到不断完善、成熟的过程，在理论和实践方面都积累了许多宝贵经验，对于深入推进新时代党的纪律建设具有十分重要的参考和借鉴意义。

参考阅读

山东青岛推动家风建设融入日常
筑牢拒腐防变家庭防线

近日，“家风正 万事兴”廉洁家教家风主题宣讲活动在山东省青岛市委党校举行。该校负责人从学习优秀家风、深刻汲取违纪违法案件教训、做家风建设的表率三个方面进行宣讲，教育引导党员干部筑牢反腐倡廉家庭防线。

青岛市纪委监委开展家教家风主题宣讲活动，由市纪委监委进行监督指导，各单位分管负责人上台宣讲，范围覆盖全市党政机关和国有企事业单位的党员干部。

青岛市纪委监委联合市委宣传部、市文明办、市委市直机关工委、市妇联、市委党史研究院启动“清廉家风助清廉之岛”系列主题教育活动，号召全市党员干部注重家庭、注重家教、注重家风。通过一封家庭助廉倡议、一次“家风正 万事兴”主题宣讲、一次家庭助廉参观活动、一次廉洁治家“最美家庭”创建寻找等系列活动，提升以德治家、以俭养家、以规立家的意识，弘扬传统家庭美德和红色家风，涵养新时代良好家风，引导党员干部树立清廉家风，筑牢反腐倡廉的思想堤坝。

青岛市纪委监委将反面警示作为家教家风建设的一个重要部分，充分发挥典型案件以案示警、以案促教综合效应。该市纪委监委利用案件通报、《清廉之岛故事会》广播剧等形式，编（播）发《一个家风败坏的典型》《家风不严 被枕边人推向深渊》《家风转变的代价》等典型案例故事，开展警示教育，引导党员干部管好家人，培育好家风。

（摘编自中央纪委国家监委网站 2022 年 8 月 27 日，作者:王迪、彭媛、高君峰）

加强纪律建设是全面从严治党的治本之策。我们党是用革命理想和铁的纪律组织起来的马克思主义政党，组织严密、纪律严明是党的优良传统和政治优势，也是我们的力量所在。全面从严治党，重在加强纪律建设。我们现在要强调的是扎紧党规党纪的笼子，把党的纪律刻印在全体党员特别是党员领导干部的心上。

——2015 年 10 月 8 日，习近平总书记在十八届中共中央政治局常委会第一百一十九次会议关于审议中国共产党廉政准则、党纪处分条例修订稿时的讲话

第十一讲

加强纪律建设是全面从严治党的治本之策

纪律是我们党的生命线，严明纪律，作风建设、党性教育才能持久地进行下去。党的十八大以来，以习近平同志为核心的党中央全面加强党的领导和党的建设，把加强纪律建设作为全面从严治党的治本之策，摆在更加重要和突出的位置。党的十九大将纪律建设纳入新时代党的建设总体布局，把纪律建设提升到前所未有的新高度。党的二十大报告对“坚持以严的基调强化正风肃纪”作出战略部署，强调“全面加强党的纪律建设”。2024年4月至7月，全党开展了党纪学习教育。党的二十届三中全会又专门就“深入推进党风廉政建设和反腐败斗争”作出部署。在党的二十届中央纪委四次全会上，习近平总书记强调，加强党的纪律建设是一项经常性工作，要引导党员干部把他律转化为自律，内化为日用而不觉的言行准则。

一、党的纪律是党的生命

国有国法，家有家规，党有党纪。高度的组织性和严明的纪律性是无产阶级政党的标志性特点。马克思、恩格斯最早论述了无产阶级政党纪律的科学内涵。中国共产党作为以马克思主义为指导思想的无产阶级政党，自诞生之日起就与严明的纪律密不可分。

在当代社会，纪律作为一种社会行为规则已经普遍存在和作用于社会生活的各个领域、各个层面和各种组织。每个组织、群体、行业和职业都有自己的纪律，它们各自纪律的层次、内容也各不相同。有的纪律是针对某一部分人的，比如，政党纪律、军事纪律；有的纪律是针对某一社会行业或职业的，比如，财经纪律、政法纪律；有的纪律则约束社会活动或工作中的某一方面行为，比如，劳动纪律、保密纪律、宣传纪律，等等。

中国共产党的纪律是按照党的性质和民主集中制原则，由党的特定组织和机构创制并且以强制力保证实施的，党的各级组织和全体党员必须共同遵守的行为规则。党的纪律是执行党的路线、方针、政策，维护党的团结统一，完成党的使命任务，巩固党同群众的密切联系，提高党的凝聚力、战斗力、领导力的重要保证，是我们党区别于其他政党的重要标志。党组织必须严格执行和维护党的纪律，党员必须自觉接受党的纪律约束。

二、违纪行为和纪律处分

违纪行为是与守纪行为相对应的一个概念，是党的纪律发挥作用的客体目标，也是党的纪律建设专门要防止和解决的问题。也就是说，党制定纪律、实施纪律的直接目的就是遏制违纪行为。党内决不允许有任何不受纪律约束的党组织和党员，凡是违反党的纪律的行为都必须予以追究责任，应当受到纪律处分的必须给予相应的纪律处分。

（一）违纪行为的特征

根据2023年新修订的《中国共产党纪律处分条例》第二章关于“违纪与纪律处分”的规定，违纪行为是指党组织和党员违反党章和其他党内法规，违反国家法律法规，违反党和国家政策，违反社会主义道德，危害党、国家和人民利益，依照党的纪律处分规定和其他党内处罚规定应当受到追究的行为。

违纪行为具有以下三个基本特征。

第一，违纪行为必须是危害党、国家和人民利益的行为，即对党和社会具有一定的危害性。这是一切违纪行为最本质的属性和特征。如果某种行为对党、对国家和人民的利益没有造成危害，即不具有危害性，那么它就不能被认定为违纪行为。违纪行为的本质特征是危害性，即构成一定危害程度的行为。那么，什么样的危害性行为才算违纪？这需要根据党的纪律规范来判断。在实践中，如果党员的行为虽然违反有关道德或法律法规，造成一定危害，但在党内法规等纪律规范中没有任何直接或间接的规定，便不能认定为违纪行为。比如，党员某些违反治安管理的行为、行政违法行为、民事违法行为（如闯红灯、违法停车等），虽然也具有一定程度的危害性，但在党内并没有相关纪律规定，就不能以违纪行为论处。

第二，违纪行为必须是违犯党的纪律规范的行为，即具有违纪性。违纪行为不仅是危害党、国家和人民利益的行为，而且违背或者触犯党的纪律规范的规定或要求，具有违纪性，才构成违纪。

第三，违纪行为必须是依据规定应当受到处罚的行为，即应受处罚性。这里所指的“应受处罚”的依据是党的纪律处分规定和其他党内处罚规定。对违纪行为的判断，是根据其是否应受纪律处分或有关处罚来界定的。

违纪行为的三个特征是密不可分的，也是从原则上判断违纪行为的界定标准。行为不具有危害性，不构成违纪行为；行为具有危害性，但危害性没有达到违反纪律处分规定或应当受到党内处罚的程度，也不构成违纪行为。因此，任何违纪行为都必须同时具备这三个基本特征。

（二）纪律处分的特征

党的纪律处分是指党的组织按照党的纪律规定，对违犯党的纪律应当承担责任的党组织、党员采取的带有强制性的处罚措施，是党的纪律实施的重要手段。纪律处分的性质和宽严程度应当与纪律责任的性质和大小相适应，而纪律处分和纪律责任又都取决于违纪行为的性质和危害程度。不依据违纪行为而滥用纪律处分，是党的纪律所禁止的。根据党章规定，对党员的纪律处分有五种：警告、严重警告、撤销党内职务、留党察看、开除党籍；对于严重违犯党纪、本身又不能纠正的党组织的纪律处理有两种：改组、解散。

党的纪律处分主要具有以下四个方面的基本特征：

第一，纪律处分是一种强制性的处罚措施。所谓“处罚”，就是通过使做错了事的人感受到痛苦、付出代价或者承担损失，使其对自己的错误行为引以为戒，吸取教训，不再重犯。纪律处分就是对违纪党员采取的一种处罚方法。同时这种处罚还具有强制性。也就是说，党员只要实施了违犯党的纪律的行为，且达到了一定危害程度，符合党的纪律规定的相应的纪律处分的要求，就应当受到处罚，不论被处罚者是否同意和接受。

第二，纪律处分只能利用组织手段来实施。所谓“组织手段”，就是由党章和其他党的纪律规范规定的，党组织所特有的强制手段。除了这些强制手段以外，在党内不允许运用其他手段实施纪律处分。在国际共产主义运动史和中国共产党历史上，都曾出现运用非组织手段对党内同志“残酷斗争、无情打击”的极端行为，产生了严重错误。对此，党章在“党的纪律”一章中明确规定：“党内严格禁止用违反党章和国家法律的手段对待党员，严格禁止打击报复和诬告陷害。”

第三，纪律处分只能依据党的纪律的规定来适用。由于党的纪律和国家法律法规都有着共同的本质，具有一致的价值取向，且党的纪律严于国家法律，因而党员违反国家法律法规的行为，往往首先违犯了党的纪律，即“违法必先破纪”。但是，党组织在适用党纪处分时的直接依据应当是党的纪律规范，而不能直接依据国家法律法规和行政纪律适用党纪处分。既不能以党纪处分代替法律制裁、政务处分，也不能以法律制裁、政务处分代替党纪处分。

第四，纪律处分只能由特定的党组织具体实施。党的纪律是党的组织和集体意志的集中体现，纪律处分只能由党的组织来适用。任何党员，无论地位有多高、权力有多大，都无权以个人意志凌驾于党的组织意志之上，随意对其他党员施行纪律处分。同时，不同层次或级别的党组织依据党章规定所能够行使的适用纪律处分的权限不一样，每一级党组织只能在自己的权限范围内行使纪律处分权，不能越权作出纪律处分决定。

（三）纪律处分与组织处理的关系

并非所有违纪行为都必须给予纪律处分，只有当违纪行为的性质和程度达到纪律处分的标准和条件时，才给予纪律处分。但是，这并不意味着不给予纪律处分，就不是违纪行为，就可以不受到处罚。也就是说，凡是违纪行为，必然受到处罚，这种处罚可能是纪律处分，也可能是组织处理或其他处理。

关于组织处理，从目前党内法规关于组织处理的界定来看，尚未形成统一的规范和标准。《中央纪委、中央组织部关于在查处违犯党纪案件中规范和加强组织处理工作的意见（试行）》规定，组织处理包括停职、调整和免职。《党政领导干部选拔任用工作条例》规定，组织处理的方式包括免职、降职等。《中国共产党问责条例》规定，组织处理包括停职检查、调整职务、责令辞职、降职、免职等。然而，在实际工作中，组织处理并不是局限于狭义的岗位、职务调整，与岗位、职务调整不直接相关的批评教育、通报批评、诫勉等也可视为广义上的组织处理方式。这里所指的“组织处理”是广义上的组织处理，即党组织按照干部管理权限，对违犯党的纪律的党员干部，进行必要的批评教育、责令检查、通报批评、诫勉、停职检查、调整职务、引咎辞职、责令辞职、降职、免职等组织措施。

纪律处分和组织处理作为党组织实施的处罚违纪行为的两种不同的手段，其执行主体、适用条件、实施程序、惩戒方式和结果等都不尽相同。在处理党员违纪问题时，应当综合运用纪律处分、组织处理等措施，发现问题该提醒的提醒，该教育的教育，该处理的处理，更加及时有效地教育、管理、监督党员，从而严肃党的纪律，维护党的形象。一方面，二者互为补充。纪律处分和组织处理可以并处，从而更好地达到对违纪党员教育惩戒的目的。给予违纪党员党纪轻处分的，可同时建议党委和组织部门采取停职、职务调整、降职、免职等组织处理措施。组织处理也可以单独处理，以体现从严要求，抓早抓小。如果违纪情节较轻，尚未达到纪律处分的程度，或者只应给予党内轻处分，且有从轻、减轻处分情形，仅采取组织处理方式也能达到惩戒目的，可以免予党纪处分。另一方面，二者不能相互代替。组织处理不能替代纪律处分，按照违纪行为的性质和情节轻重，应追究党纪责任的，即使已经采取组织处理，仍然要给予相应的纪律处分。组织处理和纪律处分不存在谁轻谁重的问题，是两种不同的处理手段。

三、把纪律建设纳入党建布局

党的十九大提出了新时代党的建设总要求，明确新时代党的建设的根本原则、指导方针、主线、总体布局和根本目标，对推进党的建设新的伟大工程作出顶层设计和战略部署。纪律建设作为党的建设系统工程的重要组成部分，必然应当遵循新时代党的建设总要求。党的十九大报告把“坚持党要管党、全面从严治党”确定为新时代党的建设根本方针，并写入党章。在“从严治党”前加上“全面”二字，是对党的十八大以来管党治党实践经验的规律性总结，也对新时代从严治党提出了新的更高要求。十九大党章总纲关于党的建设基本要求，专门增加了第五条“坚持从严管党治党”，特别强调纪律建设，要求“把严的标准、严的措施贯穿于管党治党全过程和各方面。坚持依规治党、标本兼治，坚持把纪律挺在前面，加强组织性纪律性，在党的纪律面前人人平等”。新时代党的纪律建设就是要按照全面从严治党的部署和要求，坚持敢管敢严、真管真严、长管长严，将“全面”和“从严”要求贯穿纪律建设的全过程。制定系统的纪律规范，为全党制定共同遵守的行为准则，划出行为底线和红线；广泛开展纪律教育，使党的纪律和规矩转化为党员干部自觉的价值取向和行为习惯，做到内化于心、外化于行；严格执行各项纪律，使纪律真正成为管党治党的硬约束，通过严管体现厚爱，通过监督支撑信任，切实做到有纪必依、执纪必严、违纪必究。

新时代党的建设总要求还明确了新时代党的建设总体布局，即“全面推进党的政治建设、思想建设、组织建设、作风建设、纪律建设，把制度建设贯穿其中，深入推进反腐败斗争”，抓住了新时代党的建设的重点和关键，突出了政治建设的统领地位和纪律建设这个管党治党的治本之策。根据纪律建设的特性，必须将纪律建设融入党的建设各方面各领域，既要有序推动自身“内循环”，也要围绕党的建设总体布局做好“外循环”。从党的建设整体来看，无论哪一方面的建设，都与纪律建设密切相关，都需要用纪律这条“红线”将其贯穿起来。纪律建设要发挥规则之治的作用，将分散在党的建设各方面、各领域的纪律和规则整合，不断健全完善纪律规范体系，实现对党的建设各方面的纪律化。用纪律这个“利器”讲政治、管思想、强组织、抓作风、建制度、反腐败，真正“走活党的建设这盘棋”，起到牵一发而动全身的效果。从纪律建设的功能来看，不仅要强调纪律的惩戒功能，更要突出其复合型、综合性功能，充分发挥其正面导向、负面禁止、规范约束、事前预防、强制惩戒等多方面功能，既明确规定全党“必须做什么”，又通过禁止性规定列出“不能做什么”的负面清单，为推进党的各方面建设提供纪律保证。

四、全面加强党的纪律建设

2023 年 12 月，中共中央印发新修订的《中国共产党纪律处分条例》，着眼解决大党独有难题、健全全面从严治党体系，与时俱进完善纪律规范，为以中国式现代化全面推进强国建设、民族复兴伟业提供坚强纪律保障。党中央先后于 2015 年、2018 年和 2023 年三次修订《中国共产党纪律处分条例》，始终坚持严的基调，不断完善纪律规矩，释放了全面从严治党越来越严、越往后执纪越严的强烈信号，充分彰显了我们党推进自我革命的坚定决心和坚强意志。

（一）明确功能定位，把纪律建设摆在更加突出的位置

党的十八大以来，全面从严治党的一个重要内容，就是深化了对纪律建设重要性的认识。以习近平同志为核心的党中央把纪律建设摆在更加突出的位置，作为全面从严治党的治本之策，与时俱进推进理论、实践和制度创新，纪律建设成为新时代党的建设总体布局的突出亮点。

在理论创新方面，确立了纪律建设的治本地位。党的十八大以来，习近平总书记在中央纪委历次全会上都阐述了加强党的纪律建设的重要性，从突出纪律的刚性约束、惩治功能，强调党面临的形势越复杂、肩负的任务越艰巨，就越要加强纪律建设，到突出纪律的行为调整、价值指引功能，提出加强纪律建设是全面从严治党的治本之策，再到提出并阐述全

面加强纪律建设。习近平总书记关于纪律建设的重要论述有力唤醒了全党的纪律意识，推动了纪律建设理论和实践创新。全面从严治党通过把党的纪律立起来、严起来、执行到位，改进了党的作风，重塑了党的形象，使党焕发出新的生机活力。

在规范体系建设方面，明确党章在党的纪律中的最高位阶。习近平总书记高度重视党章在管党治党中的作用，指出党章是“党的根本大法”，强调“建立健全党内制度体系，要以党章为根本依据；判断各级党组织和党员、干部的表现，要以党章为基本标准；解决党内矛盾，要以党章为根本规则”。全党思想统一，首先是对党章认识的统一；全党行动一致，首先是在执行党章上的一致。党的十八大以来，党中央制定或修订出台的所有党内法规都是以党章为根本遵循，所有纪律条文都是党章要求的具体化。

（二）突出执纪重点，把政治纪律和政治规矩摆在首位

旗帜鲜明讲政治，是马克思主义政党的鲜明特征，也是我们党一以贯之的政治优势。党章第三条关于党员必须履行的义务明确规定，“自觉遵守党的纪律，首先是党的政治纪律和政治规矩”。在党的六大纪律中，政治纪律是牵头管总的，如果政治纪律立不起来、严不起来或者执行不到位，势必导致其他纪律全面失守，党就会陷入软弱涣散的境地。二十届中央纪委三次全会再次明确要求，突出“两个维护”深化政治监督，把严明党的政治纪律和政治规矩摆在突出位置。从党的十八大以来《中国共产党纪律处分条例》的历次修订，也可以看出不断明确和完善政治纪律和政治规矩的导向。这说明，我们党在与时俱进地将全面从严治党丰富实践经验和重要理论成果转化为纪律规定，充分体现了党中央纵深推进全面从严治党和党的自我革命的坚定决心和坚强意志。

政治纪律是各级党组织和全体党员在政治方向、政治立场、政治言论、政治行为等方面必须遵守的刚性约束，是最重要、最根本、最关键的纪律，是维护党的团结统一的根本保证。遵守党的政治纪律是遵守党的全部纪律的重要基础。因此，要永远把遵守政治纪律和政治规矩摆在首要位置。习近平总书记指出：“要抓住这个纲，把严肃其他纪律带起来。”党的

十八大以来，我们党突出严明政治纪律和政治规矩，强化对党的政治认同、思想认同、情感认同，为党的各项纪律的执行打下坚实的思想和政治基础。

严明党的政治纪律，是党的十八大以来全面从严治党的一条红线。我们党在历史上第一次把党章的纪律要求细化为“六项纪律”，解决了长期以来纪律分类不清晰的问题；把严明政治纪律拎出来，带动其他各项纪律严起来、硬起来。纪委监督执纪把政治纪律摆在第一位，严查“七个有之”，力促“五个必须”，排除了党内重大政治隐患，使各级党组织和党员干部时刻绷紧政治纪律这根弦，自觉做到“四个服从”，有力维护了以习近平同志为核心的党中央权威和集中统一领导。巡视监督突出政治巡视，以“四个意识”为标杆，把维护党中央权威和集中统一领导作为根本政治任务，抓住“六项纪律”这个标尺，盯住普遍性、倾向性问题，有力维护了党的纪律的权威性。《关于新形势下党内政治生活的若干准则》以党章为根本遵循，把党的政治纪律细化为“十二个不准”，覆盖党员干部政治方向、政治立场、政治言论、政治行为等各个方面，努力在全党形成又有集中又有民主、又有纪律又有自由、又有统一意志又有个人心情舒畅生动活泼的政治局面。

严明党的政治纪律，最根本的是维护党中央权威和集中统一领导。习近平总书记强调:“要严守政治纪律，在政治方向、政治立场、政治言论、政治行为方面守好规矩，自觉坚持党的领导，自觉同党中央保持高度一致，自觉维护党中央权威。”严明党的政治纪律，必须旗帜鲜明讲政治，增强“四个意识”，严格遵守党的政治纪律和政治规矩，强化忠诚核心、拥戴核心、维护核心、捍卫核心的自觉性，坚定执行党的政治路线，坚决维护习近平同志党中央的核心、全党的核心地位，坚决维护以习近平同志为核心的党中央权威和集中统一领导。

（三）创新执纪理念，不断完善执纪体系

党的性质决定党纪严于国法，对党员的要求严于普通群众。党的十八大以来，以习近平同志为核心的党中央深刻把握“破法必先破纪”的规律，提出“纪严于法、纪在法前、纪法分开”等理念，创造性地实践监督执纪

“四种形态”，为全面从严治党规划了具体实施路径，摆正了纪律和法律的逻辑关系，使执纪理念从侧重惩治向标本兼治转变，执纪导向从“办大案”向管住大多数、维护整个“森林”转变，执纪话语体系从法言法语向纪言纪语转变，纪律建设有了更宽广的格局。

监督执纪“四种形态”辩证统一，各形态之间环环相扣、层层递进，是一个完整、科学的体系。早在2013年党的群众路线教育实践活动工作会议上，习近平总书记指出，教育实践活动要着眼于自我净化、自我完善、自我革新、自我提高，以“照镜子、正衣冠、洗洗澡、治治病”为总要求，着力加强党性教育、作风建设。这些论述为党的纪律建设理论创新提供了重要启迪。从分类施教、分层执纪，到提出监督执纪“四种形态”理论，纪律建设在实践探索中不断创新。“四种形态”从理念创新到付诸实践，从工作要求到制度安排，直到写入十九大党章，其在全面从严治党中的地位作用日益凸显。在十九届中央纪委二次全会上，习近平总书记在总结党的十八大以来全面从严治党的重要经验时，对监督执纪“四种形态”的运用予以充分肯定，深刻阐述运用“四种形态”、挺纪在前对党的事业发展和党员干部队伍建设的极端重要性，指出要贯彻“惩前毖后、治病救人”的一贯方针，坚持维护党的纪律严肃性和信任爱护干部相统一，抓早抓小、防微杜渐，最大限度防止干部出问题，最大限度激发干部积极性。习近平总书记关于“四种形态”的重要论述，使党的纪律建设的理论基础更加扎实、厚重，作用发挥更加持久、深远。

新修订的《中国共产党纪律处分条例》第五条明确规定：深化运用监督执纪“四种形态”，经常开展批评和自我批评，及时进行谈话提醒、批评教育、责令检查、诫勉，让“红红脸、出出汗”成为常态；党纪轻处分、组织调整成为违纪处理的大多数；党纪重处分、重大职务调整的成为少数；严重违纪涉嫌犯罪追究刑事责任的成为极少数。监督执纪“四种形态”是防止小问题演变为大问题、违纪行为恶化为违法犯罪行为的牢固防线。只有挺纪在前、严防死守，才能最大限度防止党员干部滑向腐败深渊，从“好同志”变成“阶下囚”。党的十八大以来的执纪工作，根据违纪的不同形态采取不同的应对措施，通过分层次、分类别执行党的纪律，历史性地提高了执纪的精准度，全覆盖、全方位、全流程发挥纪律的作用、体现纪律的价值，实现了从惩治极少数向管住大多数的转变。随着国家监察体制改革的深入推进，“四种形态”也被应用到监察工作中，通过分层设防、分类保护，把严管和厚爱结合起来，让被调查人清醒认识自己的问题、深刻反省自己的过错，真诚认错悔过，回到干净干事的正确轨道。

（四）坚持严字当头，充分发挥纪律建设的治本作用

习近平总书记在关于全面从严治党的重要论述中多次谈到历史周期率的问题，强调“党风廉政建设和反腐败斗争是一场输不起的斗争”。勇于自我革命是我们党区别于其他政党的显著标志。只有坚持自我革命，才能确保党不变质、不变色、不变味。习近平总书记强调：“如何跳出治乱兴衰的历史周期率？毛泽东同志在延安的窑洞里给出了第一个答案，这就是‘只有让人民来监督政府，政府才不敢松懈’。经过百年奋斗特别是党的十八大以来新的实践，我们党又给出了第二个答案，这就是自我革命。”习近平总书记对历史周期率的重要论述，透着强烈的忧患意识，启示我们要以严字当头、一严到底执行党的纪律，把党建设得更加坚强有力。

党的十八大以来，全面从严治党始终保持永远在路上的政治定力。坚持以人民为中心，下大气力解决人民群众反映强烈、对党的长期执政基础威胁最大的突出问题，反腐败斗争取得压倒性胜利并全面巩固。同时党不断深化对管党治党规律的认识，着力在常和长、严和实、深和细上下功夫，打出一整套正风肃纪、反腐惩恶的“组合拳”，推出一系列事关长远、影响深远的战略举措，使全面从严治党避免跌入“抓一抓、松一松，出了问题再抓一抓、又松一松”的循环，在探索党长期执政条件下的自我监督、自我净化方面积累了宝贵经验，坚定了必胜信心。

习近平总书记在十九届中央纪委二次全会上总结的全面从严治党六条重要经验，即坚持思想建党和制度治党相统一、坚持使命引领和问题导向相统一、坚持抓“关键少数”和管“绝大多数”相统一、坚持行使权力和担当责任相统一、坚持严格管理和关心信任相统一、坚持党内监督和群众监督相统一。每一条经验都离不开纪律的严格约束和有力支撑，都体现

了纪律建设作为治标之举和治本之策的双重功效。我们要坚持严厉正风肃纪，始终保持惩治腐败的高压态势，使纪律成为带电的“高压线”；加强严肃纪律教育，使党的纪律内化于心、外化于行，转化为价值取向和行为习惯，刻印在全体党员心上；严密纪律体系，使党的纪律实现与时俱进，不仅约束各级党组织和全体党员，而且调整领导干部亲属子女的从业行为；不仅引领为政公德，而且规范生活私德，覆盖党员干部做人做事的方方面面。

2024 年 1 月召开的党的二十届中央纪委员三次全会强调，习近平总书记关于党的自我革命的重要思想，深刻回答了我们党“为什么要自我革命”的重大问题，指明了确保全党永葆初心、担当使命的根本任务；深刻回答了我们党“为什么能自我革命”的重大问题，坚定了全党用好“第二个答案”、解决大党独有难题的信心决心；深刻回答了我们党“怎样推进自我革命”的重大问题，展现了党永葆生机活力、走好新的赶考之路的光明前景。因此，在习近平新时代中国特色社会主义思想科学指引下，在以习近平同志为核心的党中央坚强领导下，以伟大自我革命引领伟大社会革命，我们完全有信心把党建设好，使我们党永远保持马克思主义执政党本色，从而跳出治乱兴衰的历史周期率。

参考阅读

焦裕禄的子女不搞特殊

焦守云是焦裕禄的次女，1953 年出生，父亲去世那年，她 11 岁。“我们站在父亲的‘光环’下，就更要守得住寂寞、耐得住清贫。‘焦裕禄的孩子’这个身份在生活中就像一把尺子，度量着我们的日常行为。这么多年来，我们一家没有一个在人生的道路上被别人说三道四。”焦守云说道。

“家是最小国，国是千万家。”家风不正则政风难平，焦裕禄精神与焦氏家风一脉相承。焦裕禄从小就教育孩子热爱劳动、艰苦朴素。子女记得最清楚的一句话是——“千万不能搞特殊！”简简单单几个字，并不惹眼，但这条家训，焦家上上下下20多口人都记得。

焦裕禄的大女儿焦守凤初中毕业没考上高中，在家闲着没事干，有人介绍她去当小学教员，有人介绍她去邮政局当话务员，也有人介绍她去当营业员，但是焦裕禄都没有同意。他说：“年轻人应干点脏活、累活，要找一个体力劳动比较重的职业去锻炼锻炼。”最后，焦守凤到县食品加工厂当临时工。上班那天，焦裕禄带着女儿对加工厂厂长张树森交代：“我的女儿在这里做临时工，你们不要以为我是县委书记，另眼相待，应该对她严格要求。请把她安排在酱菜组，这对改造她的思想有好处。”

焦裕禄11岁的儿子焦国庆有一次挤在礼堂门口想看戏，看门的老肖知道了焦国庆是焦书记的儿子，没要票就让他进去了。焦国庆看完戏回到家，焦裕禄问清他看“白戏”的情况后，十分生气地说：“你小小年纪可不能养成占便宜的习惯。看‘白戏’是剥削别人的劳动果实。”说着从兜里掏出两角钱，让焦国庆第二天一早把戏票钱送去。

一天早晨，焦裕禄带着二儿子焦跃进到中山南街路西理发店理发。一会儿，6岁的焦跃进着急了，哭闹着要走。理发师张国贞说：“先给焦书记理吧，他的工作忙。”焦裕禄看看旁边几个比他来得早的顾客说：“我还是等一会儿，让来得早的同志先理吧。”

焦裕禄理完发，又带着焦跃进到城关粮管所买面。一位负责人连忙热情地迎上去说：“焦书记，买粮的人很多，排队得等一会儿，我给你代买吧。”焦裕禄回答道：“你们不要光照顾我，要想办法让来买粮的群众都不排队。还有，你们在这个地方搭个棚子，下雨淋不着群众，天热晒不着群众，那不是更好吗？”买粮的群众都说焦书记工作忙，几次让出位置让他先买，他还是坚持站了半个多小时的队，才买了面。几天后，粮管所在开票窗口前搭起了棚子。

“父亲生前一直教育我们不能有任何特权思想。他到戏院看到群众陆续入场，而前三排的位置一直空着，后来知道，这前三排都是给县委领导留的，而中间最好的那个位置又叫‘前三排排长’，正是给书记留的，父亲听后很痛心，回来专门起草了《干部十不准》，规定任何干部在任何时候都不能搞特殊化。”

《干部十不准》是:(1)不准用国家和集体的粮食大吃大喝，请客送礼。(2)不准参加封建迷信活动。(3)不准赌博。(4)不准挥霍浪费粮食，用粮食做酒做糖。(5)不准用集体粮款或向社员摊派粮款演戏、演电影。谁看戏谁拿钱，谁吃饭谁拿粮。(6)业余剧团只能在本乡、本队演出，不准借春节演出为名，大买服装、道具，铺张浪费。(7)各机关、学校、企业单位的党员干部，都要以身作则，勤俭过年，一律不准请客送礼，不准拿国家物资到生产队换取农、副产品，不准用公款组织晚会，不准送戏票。礼堂十排以前的戏票不能光卖给国家机关干部，要按先后顺序卖票，一律不准到商业部门要特殊照顾。(8)不准利用职权到生产队或其他部门索取物资。(9)积极搞好集体的副业生产，增加收入，改善生活，不准弃农经商，不准投机倒把。(10)不准借春节之机，大办喜事，祝寿吃喜，大放鞭炮，挥霍浪费。

（摘编自《焦裕禄那些鲜为人知的故事》，人民政协报网 2014 年 12 月 25 日，作者：张磊、靳燕）

党的纪律既有教育约束功能，又有保障激励作用。党的纪律和干事创业是内在统一的。纪律既明确了不能触碰的底线和边界，也为党员、干部干净干事、大胆干事提供了行动准绳。遵规守纪，就会拥有干事创业的充分自由和广阔空间。

——2024 年 12 月 26 日至 27 日，习近平总书记在主持二十届中共中央政治局民主生活会时的讲话

第十二讲

使党的纪律真正成为带电的高压线

习近平总书记指出，党要管党、从严治党，靠什么管，凭什么治？就要靠严明纪律。党面临的形势越复杂、肩负的任务越艰巨，就越要加强纪律建设。新时代新征程加强党的纪律建设，必须重点强化政治纪律和组织纪律，带动廉洁纪律、群众纪律、工作纪律、生活纪律严起来，落实好这六个方面的具体任务，使党的各项纪律全面严起来。

一、严明党的政治纪律

党的政治建设是党的根本性建设，决定党的建设方向和效果。政治纪律，顾名思义就是关于党的政治建设的纪律，是围绕政治建设开展、为政治建设服务的。严明党的纪律，首要的就是严明政治纪律。习近平总书记明确指出："党的纪律是多方面的，但政治纪律是最重要、最根本、最关键的纪律，遵守党的政治纪律是遵守党的全部纪律的重要基础。"新时代新征程加强党的纪律建设，必须把严明政治纪律摆在首位，引导、规范、约束各级党组织和全体党员增强政治意识、坚定政治信仰、把准政治方向、坚持政治领导、站稳政治立场、净化政治生态、防范政治风险、永葆政治本色、提高政治能力，实现党的政治性与纪律性的有机统一和高度融合。

（一）坚决维护党中央权威和集中统一领导

维护党中央权威和集中统一领导，是马克思主义政党的重大建党原则，是我们党带领人民取得革命、建设和改革事业成功的宝贵经验，是全体共产党人必须遵循的最高政治原则和根本政治要求。恩格斯指出："联合活动就是组织起来，而没有权威能够组织起来吗？""没有权威，就不可能有任何的一致行动。"在总结巴黎公社失败的原因时恩格斯指出："巴黎公社遭到灭亡，就是由于缺乏集中和权威。"邓小平强调："中央要有权威。改革要成功，就必须有领导有秩序地进行。没有这一条，就是乱哄哄，各行其是。"习近平总书记指出："党的历史、新中国发展的历史都告诉我们：要治理好我们这个大党、治理好我们这个大国，保证党的团结和集中统一至关重要，维护党中央权威至关重要。"这不是一般性问题，而是方向性、原则性问题，是关系党和国家前途命运的政治大局。作为一个拥有9900多万名党员、在14亿多人口国家执政的党，如果党中央缺乏权威，没有强大的统一领导力，那么这个党将会是一盘散沙，也必定难以长期执政。习近平总书记明确指出："遵守政治纪律，最核心的，就是坚持党的领导，同党中央保持高度一致，自觉维护党中央权威。"

一要坚定拥护"两个确立"，坚决做到"两个维护"。严明党的政治纪律，最重要的是坚决维护党中央权威和集中统一领导；坚决维护党中央权威和集中统一领导，最关键的是坚定拥护"两个确立"坚决做到"两个维护"。新时代新征程，我们必须深刻领悟"两个确立"的决定性意义，把握党的中心任务，坚定不移把"两个确立"真正转化为坚决做到"两个维护"的思想自觉、政治自觉、行动自觉，为全面建成社会主义现代化强国、全面推进中华民族伟大复兴提供根本政治保证。

二要健全党中央对重大工作的领导体制。党的中央委员会、中央政治局、中央政治局常委会是党的最高领导核心，领导党的全部工作，是全党的大脑和中枢。要坚持总揽全局、协调各方的基本原则，加强党中央对涉及党和国家事业全局的重大工作的集中统一领导，设置和完善重要领域的中央决策议事协调机构，推动顶层设计、总体布局和统筹协调。强化党的组织在同级组织中的领导地位，健全党领导国家权力机关、行政机关、监察机关、司法机关和各类经济组织、社会组织的制度机制。根据形势和任务需要，科学设置党和国家机构，优化职能配置。

三要推动党的路线、方针、政策和重大决策贯彻落实。党中央制定的路线方针政策、作出的决策部署，是在民主基础上集中全党智慧作出的，所有党组织和全体党员都必须不折不扣地贯彻落实。要坚决反对和制止各行其是、各自为政的“山头主义”，拒不执行党中央确定的大政方针，甚至背着党中央另搞一套的行为；要坚决反对贯彻党中央决策部署只表态不落实，或者落实党中央决策部署不坚决，有令不行、有禁不止，搞“上有政策、下有对策”，打折扣、做选择、搞变通的行为。完善推动党中央重大决策落实机制，制定责任清单，加强定期督导检查和问责。

四要严格执行向党中央请示报告制度。要严格按照党章党规特别是《中国共产党重大事项请示报告条例》的规定，坚持权责明晰、授权有限，该请示的必须请示，该报告的必须报告；坚持规范有序，严格按照党章党规规定的主体、范围、程序和方式开展重大事项请示报告工作。同时，又要把请示报告和履职尽责统一起来，该负责的必须负责，该担当的必须担当。请示报告必须做到实事求是、真实全面、及时高效，既报喜又报忧、既报功又报过、既报结果又报过程，坚决避免虚报浮夸、弄虚作假，掩盖问题、粉饰太平，华而不实、欺上瞒下。

（二）增强党的意识，对党忠诚老实

对党忠诚是党员最重要的政治品格。党员对党忠诚，不是抽象的而是具体的，不是有条件的而是无条件的，体现在忠诚于党的信仰、忠诚于党的组织、忠诚于党的事业和理论路线方针政策。新修订的《中国共产党纪律处分条例》第五十八条规定：对党不忠诚不老实，表里不一，阳奉阴违，欺上瞒下，搞两面派，做两面人，在政治上造成不良影响的，给予警告或者严重警告处分；情节较重的，给予撤销党内职务或者留党察看处分；情节严重的，给予开除党籍处分。

一要增强党的意识，做到政治忠诚。对于任何党员来说，无论工作在什么部门、担任什么职务，都必须始终牢记自己的第一身份是党员，第一职责是为党工作，做到忠诚于组织，任何时候都与党同心同德。要牢记政治身份，提高政治站位，坚守政治定力，增强政治觉悟，善于从政治高度认识、判断和分析问题，以政治标准和政治要求规范自己的言行，始终做到政治信仰不变色、政治立场不动摇、政治方向不偏移，不断增强政治敏锐性和政治鉴别力，在大是大非面前要保持清醒的政治头脑，遇到问题要挺身而出、亮明态度、坚决斗争，不能态度暧昧，不能动摇基本政治立场，不能被错误言论所左右，自觉做政治上的明白人。

二要坚定理想信念，做到思想忠诚。政治上的坚定源于理论上的清醒，理论素质的高低决定党员干部政治水平的高低。只有思想上弄通了理论上清醒了，才会自觉接受理论、拥护理论，把这种理论当成信仰；只有理论成了信仰，政治上才会更坚定，行动上才会更自觉。党员干部要自觉加强理论学习，把坚定理想信念作为立根铸魂、固本培元的基础性工程，把马克思主义理论作为必修课，深入学习领会习近平新时代中国特色社会主义思想，用党的创新理论武装头脑、指导工作、推动实践。要坚定“四个自信”，积极宣传党的历史、理论和路线方针政策，对意识形态领域的各种错误思潮、模糊认识、不良现象要敢于亮剑、坚决斗争，自觉抵制庸俗腐朽政治文化的侵蚀，做“斗士”不做“绅士”，筑牢对党绝对忠诚的思想根基。

三要注重实际表现，做到行动忠诚。实践是检验真理的唯一标准，也是检验党员是否真正对党忠诚的“试金石”。党员干部对党忠诚不能靠说大话、喊口号，不能台上讲一套、台下做一套，当面一套、背后一套，而是要通过具体行动体现出来，自觉把讲政治、铸忠诚融入自己的工作和生活中。无论是对待组织、对待工作还是对待同志，都要始终做到忠诚老实、光明磊落，表里如一、言行一致，胸怀坦荡、公道正派，说老实话、办老实事、做老实人，如实向党组织反映和报告情况，决不搞阳奉阴违、欺上瞒下，决不当两面派、做两面人。

（三）坚决反对非组织活动，维护党的团结统一

维护党的团结统一是马克思主义政党的建党原则，也是中国共产党的优良传统和独特优势。“维护党的团结和统一”是党章规定的每一名党员必须履行的义务。党章明确规定：“坚决反对一切派别组织和小集团活动。”《关于新形势下党内政治生活的若干准则》规定：“党员、干部特别是高级

干部不准在党内搞小山头、小圈子、小团伙，严禁在党内拉私人关系、培植个人势力、结成利益集团。”这里所说的“派别组织”“小集团活动”“搞小山头、小圈子、小团伙”和“结成利益集团”等，本质上都是分裂党、破坏党的团结统一的非组织活动，是严重违背政治纪律和政治规矩的行为。我们党的历史已经充分证明全党团结统一的重要性。比如，新民主主义革命时期王明奉行“左”倾错误搞任人唯亲的宗派主义和惩办主义，张国焘搞分裂党、分裂红军的阴谋活动；“文化大革命”时期，林彪、“四人帮”组织秘密集团，大搞人身依附和派系斗争，阴谋篡党夺权。这些分裂党的派系活动，造成的影响极其恶劣，历史教训极其深刻。目前，党内虽然已经不存在公开的派别集团，但少数党员干部搞小圈子、小团体、拉帮结派等非组织现象仍然存在。党的十八大以来，一系列因为领导干部落马牵出的窝案、串案，甚至一些地方或部门出现塌方式腐败，都与大大小小的“圈子”和“团伙”有关。习近平总书记明确指出，“党内决不能搞封建依附那一套，决不能搞小山头、小圈子、小团伙那一套，决不能搞门客、门宦、门附那一套”。

一要严格监督执纪，严厉惩治各类非组织活动。加强日常监督，及时发现和处理党内存在的拉关系、走后门，“拜码头”、“搭天线”，攀高枝、找靠山等非组织活动。对于存在拉帮结派、团团伙伙、排除异己和权钱交易等违纪行为的党员干部，要坚持原则，敢于动真碰硬，按照从严治党、依规治党的要求，严肃查办处理。加大对窝案串案的惩治力度，不管涉及谁，不论职位高低，一经发现坚决一查到底，绝不姑息。

二要坚持五湖四海、任人唯贤。党员干部特别是领导干部，在处理党内关系时应该坚持五湖四海原则，始终团结一切忠于党、忠于人民的同志，处理同志关系要看他是不是忠诚干净担当的好同志，而不应以关系亲疏、个人好恶而厚此薄彼，更不能为了个人利益搞人身依附、政治攀附，效忠于某个人或小圈子。任何人都不准把党的干部当作私有财产，党内不准搞人身依附关系。选拔任用干部应坚持任人唯贤，反对任人唯亲，发扬公道正派的作风，严禁以所谓“划线”“站队”“谁的人”等派系方式来选拔任用干部，严禁利用职权在党内拉私人关系、培植私人势力。严格按照新时代好干部标准发现、选拔、使用干部，发挥“风向标”作用，让忠诚干净担当的干部得到褒奖和重用，让拉帮结派、搞团团伙伙的干部没市场受惩处。

三要发展积极健康的党内政治文化，涵养风清气正的政治生态。坚决破除关系学、厚黑学、官场术等封建糟粕，坚决防止和反对宗派主义、圈子文化、码头文化，大力倡导清清爽爽的同志关系、规规矩矩的上下级关系、干干净净的政商关系，谨防党内政治文化产生“劣币驱逐良币”的逆淘汰效应。同时必须清醒地认识到，想要从根本上彻底清除“山头主义”“圈子文化”等，并不是一朝一夕、轻而易举的事情。“圈子文化”的要害是“畸形利益结盟”，只有不断健全完善制度，严明各项纪律规矩，真正把权力关进制度的笼子里，才能彻底剪断其生存的各种利益链和关系链，从根本上铲除拉帮结派、投机钻营的空间和土壤。

二、严明党的组织纪律

党的力量来自组织，组织能使力量倍增。正如列宁所指出的：“无产阶级在争取政权的斗争中，除了组织，没有别的武器。”如何才能使党的组织变得更坚强有力呢？这需要严明的组织纪律。中国共产党是按照马克思主义建党原则、以民主集中制为根本组织原则建立起来的政党。组织严密、纪律严明是我们党的光荣传统和独特优势，也是区别于其他政党的显著特征。党的组织纪律是各级党组织和全体党员在组织原则、组织关系、组织观念、组织行为等方面必须遵守的规范和要求，党内不存在组织管不到的特殊党员和特殊领域。新时代新征程实现第二个百年奋斗目标和中华民族伟大复兴的中国梦，关键在于坚持和加强党的领导。如果党组织松松垮垮、各行其是，就不可能有统一的意志和行动，不可能形成强大的组织力和领导力。党的十八大以来，习近平总书记高度重视严明组织纪律，强调要严明组织纪律和组织规矩，“组织观念、组织程序、组织纪律都要严起来”，“要好好抓一抓组织纪律，加强全党的组织纪律性”。

（一）严格贯彻执行民主集中制

民主集中制是党的根本组织原则和领导制度，是其他组织制度的基础和依据。它正确反映和规范了各种党内关系和特定社会关系，规定了党内政治生活必须遵循的基本准则，是保证正确制定和执行党的路线方针政策的科学的、合理的、有效率的制度，是我们党最大的制度优势，也是我们党最根本、最核心的组织纪律。长期以来，我们党能够保持思想上政治上行动上的高度统一，保持坚强的战斗力和凝聚力，其中一条基本经验就是在组织上坚持实行民主集中制。但在具体实践中，部分党组织和党员干部违反民主集中制原则和制度的现象还时有发生，有的甚至比较严重和突出。新时代新征程贯彻执行民主集中制，必须严格执行党章和《关于新形势下党内政治生活的若干准则》关于民主集中制的各项制度安排，按照民主集中制原则处理党内组织和组织、组织和个人、同志和同志、集体领导和个人分工负责等重要关系，发扬党内民主，实行正确集中，真正把民主集中制的优势变成党的政治优势、组织优势、制度优势、工作优势。

一要正确处理民主与集中的关系。民主集中制不是简单的“民主 + 集中”，也不是先民主后集中的两个互不相干的程序，而是民主与集中的辩证统一，是广泛民主基础上的正确集中和高水平集中指导下的民主的有机融合。有些领导班子和领导干部执行民主集中制不到位，一个主要问题就在于把民主和集中割裂开来，只讲民主不要集中，或者只讲集中不要民主。贯彻民主集中制，要克服民主不够和集中不够两方面的问题。既要充分发扬民主，鼓励讲真话、说实话，营造民主氛围；又要善于正确集中，集中集体智慧作出科学决策，避免议而不决、决而不行。

二要坚持做到“四个服从”。“个人服从组织，少数服从多数，下级服从上级，全党服从中央”是民主集中制的核心，也是最基本的组织原则和组织纪律。做到“四个服从”的关键是要处理好下级与上级、局部利益与全局利益的关系。党的下级组织对于上级组织的决定、决议、指示，必须坚决地贯彻执行，做到令行禁止。决不允许对上级指示搞实用主义，合意的就执行，不合意的就不执行。

三要坚持和完善党委集体领导和个人分工负责相结合的制度。坚持党委集体领导，凡属重大问题都必须由党委按照集体领导、民主集中、个别酝酿、会议决定的原则，作出集体讨论和决定，不允许用其他个人或少数人的形式取代党委及其常委会（或党组）的领导。要明确和细化党委及其常委会（或党组）集体决策的具体事项和范围，遵守和健全集体议事规则和决策程序，提高集体决策规范化科学化水平。在坚持集体领导的同时必须实行个人分工负责，按照职责对班子成员作适当分工。班子成员必须自觉服从组织分工安排，坚决执行组织决定，既要落实分工职责，又要积极参与和维护集体领导，在职责上分、思想上合，在工作上分、目标上合，做到分工不分家。党委主要负责同志作为“班长”必须带头发扬民主、善于集中团结、敢于担当负责，支持班子成员在职责范围内独立负责开展工作，坚决防止和克服名为集体领导、实际上是个人或少数人说了算，以及名为集体负责、实际上是无人负责等状况，充分发挥好领导班子的整体合力。

（二）增强组织观念和组织纪律性

组织观念实际上是一种团队精神，是大局意识、服从意识、协作精神和服务精神的集中体现，它的出发点和落脚点都是维护组织行为规则的遵守和组织高效的运转，反映的是个体利益和整体利益的统一。这里所指的“组织观念”特指党员对党组织的忠诚和执着，主要体现在拥护党的纲领，遵守党的章程，履行党员的义务，执行党的决定，严守党的纪律，完成党的工作任务，正确处理个人与组织的关系，等等。组织观念是衡量党员组织纪律性的依据之一，组织纪律性反映的是党员与党组织之间的内在联系，包括组织融入程度、思想认同程度、行动服从程度等。在计划经济时期，社会资源配置主要靠各级组织完成，组织的作用十分明显和强大，个人对组织的依靠感和归属感很强，组织观念也就非常强。随着改革开放和社会主义市场经济的发展，原有的资源配置方式和组织管理模式发生转变，越来越多的单位人变成社会人，各种复杂的社会关系和利益关系给党内生活带来巨大影响。其中，组织观念薄弱、组织纪律性弱化就是一个严重问题。正如习近平总书记所指出的：“组织纪律松弛已经成为党的一大忧患。”现实中，有的党员干部个人主义、自由主义倾向严重，目无组织纪律，跟组织讨价还价，不服从组织人事安排、工作分工、任务分配等决定，甚至把自己凌驾于组织之上；有的该请示的不请示，该汇报的不汇报，有事瞒着组织，搞“先斩后奏”“边斩边奏”，甚至“斩而不奏”；有的党组织对党员干部疏于管理，缺乏严肃认真的组织生活；等等。这些问题如果不抓紧解决，任其发展蔓延，党的团结统一必然遭到破坏，党的战斗力凝聚力就会受到削弱，执政根基就会发生动摇。因此新时代新征程如何增强全党的组织观念、加强组织纪律性，是需要认真思考和解决的重大课题。

一要正确处理个人与组织的关系。习近平总书记强调：“组织纪律性是党性修养的重要内容。加强组织纪律性必须增强党性。”党员无论党龄长短、职务高低、贡献大小，都要自觉坚持党性原则，自觉把个人置于党的组织之中。“时刻想到自己是党的人，是组织的一员，时刻不忘自己应尽的义务和责任，相信组织、依靠组织、服从组织”，同时要拥护组织、维护组织、服务组织。要无条件服从和执行组织决定和决策，不得以任何理由阻挠、延缓、消极抵制，决不搞表态式服从、选择性执行、应付型落实。要自觉接受和服从组织安排，决不能组织没提拔就有意见、岗位不满意就发牢骚、待遇不合意就生怨言，对组织分配的工作和任务，决不能挑三拣四、拈轻怕重，更不能讨价还价、斤斤计较。

二要坚持和完善党的组织生活制度。党内组织生活是严格锤炼党性、提高思想觉悟和组织观念的熔炉。习近平总书记曾形象地比喻：“如果炉子长期不生火，或者生了火却没有足够的温度，那是炼不出钢来的。”要把坚持参加党的组织生活作为加强党员干部组织纪律性的重要实践途径和方式，坚持“三会一课”制度、民主生活会和组织生活会制度、谈心谈话制度、民主评议党员等制度，加强党性锻炼和党性分析，认真开展批评和自我批评，确保党的组织生活经常、认真、严肃，引导党员在党内政治生活中锤炼党性、严守党纪。

（三）严格遵守和执行组织人事纪律

习近平总书记指出：“我们党历来高度重视选贤任能，始终把选人用人作为关系党和人民事业的关键性、根本性问题来抓。”在100多年的发展历程中，我们党对党员的入党条件、资格和程序，对干部选拔任用的条件、程序、制度和责任等，都建立了一整套严格完备的组织规范和纪律要求。选人用人是头等大事，这些问题如果不解决，必然严重危害党的肌体健康，破坏党的先进性和纯洁性，不仅会弱化党的执政能力，而且会影响党的群众基础和执政基础。这就要求各级党组织和党员干部严格遵守和执行党的组织人事纪律，严格按照党章和党内法规的具体要求选人用人，关键是要做到公道正派地为组织选人，而不是为个人或小集团选人。

一要坚持严格发展党员。发展党员工作是党的组织建设一项经常性、基础性的重要工作。党的力量和作用，既取决于党员数量，更取决于党员质量，关键是正确处理好党员数量和质量的关系。要严格贯彻执行《中国共产党发展党员工作细则》，按照“控制总量、优化结构、提高质量、发挥作用”的总要求，坚持党章规定的党员标准，始终把党员政治标准放在首位，严把“入口关”，确保新发展的党员政治合格、素质优秀。对于采取弄虚作假或其他手段把不符合党员条件的人发展为党员的，对于不严格坚持标准、不严格履行程序和培养考察失职、审查把关不严的党组织及其负责人，要根据情节轻重依照纪律规定予以严肃处理。

二要尊重和保障党员民主权利。党内民主是民主集中制的重要内容。党内民主的核心就是尊重党员的主体地位，保障党员民主权利。民主是集中的前提和基础，只有党员充分行使民主权利，民主集中制才能真正得到实现。要严格贯彻执行《中国共产党党员权利保障条例》，健全制度，拓宽渠道，保障全体党员履行党章规定的义务、平等享有党章规定的权利，重点落实党员的知情权、教育培训权、参加讨论权、建议倡议权、监督权、罢免权、表决权、选举权和被选举权、申辩权、意见权。当前，特别要切实保障党员的选举权和监督权。规范和完善选举制度规则，坚决反对和防止以强迫、威胁、欺骗、拉拢等手段妨害党员自主行使表决权、选举权和被选举权的行为，以零容忍态度严肃查处和惩治各种拉票贿选行为。畅通党员检举、揭发、申诉、控告等各类党内监督渠道，完善对监督人的保护制度，对于压制、阻挠甚至打击报复党员监督的行为，必须给予严厉的纪律处分。

三要坚持正确选人用人导向，严格规范干部选拔任用。严格遵循党章和《党政领导干部选拔任用工作条例》等党内法规，坚持习近平总书记提出的“信念坚定、为民服务、勤政务实、敢于担当、清正廉洁”好干部标准和忠诚干净担当等要求，严格选用标准、健全选用制度、完善选用政策、规范选用程序，坚决把好政治关、能力关、作风关、廉洁关，真正把好干部选拔出来、把“带病”干部挡在门外，形成能者上、庸者下、劣者汰的选人用人导向。

三、严明党的廉洁纪律

违反廉洁纪律的行为是最常见、数量最多的违纪行为。从政治学意义上来讲，廉洁是与腐败相对的一个概念，其主要内涵就是要求掌握公共权力资源的行为主体，应当将公共利益放在第一位，坚持公正公平，正确认识和行使公共权力，绝不利用手中的权力损公肥私、损人利己，做到平等对待所有人，保证对权力委托人负责。中国共产党的性质、宗旨和执政地位决定了我们的党和国家必须实行廉洁政治，党的组织和全体党员必须清正廉洁。我们党自成立以来，就始终要求自身保持清正廉洁，始终把反腐败作为关系人心向背和党的生死存亡的重大政治问题。党的廉洁纪律，就是专门保证党的组织和党员清正廉洁的行为准则，是预防和惩治腐败的重要武器。党的十八大以来，以习近平同志为核心的党中央把反腐败作为治国理政的鲜明特征和重要抓手，制定和实施最严格的廉洁纪律，推动反腐败斗争取得压倒性胜利并全面巩固。特别是制定实施《中国共产党廉洁自律准则》和《中国共产党纪律处分条例》，分别从正面倡导和负面清单两个维度，明确和细化党的廉洁纪律的高线标准和行为底线，是党的廉洁纪律的基础性法规，为党的组织和全体党员遵守和执行廉洁纪律提供了基本依据。反腐败斗争永远在路上，要从根源上杜绝腐败滋生，就必须始终严明党的廉洁纪律，让全体党员牢固树立廉洁自律意识，自觉抵制腐败诱惑，真正实现干部清正、政府清廉、政治清明。

（一）坚持廉洁用权，严禁任何滥用职权、谋取私利的行为

党员干部手中的权力归根到底都是人民赋予的，不论从事什么工作，担任何种职务，必须始终把权力用于为国家为人民谋利益，决不能用于谋取不正当利益。党章明确规定，党的各级领导干部必须正确行使人民赋予的权力，坚持原则，依法办事，清正廉洁，勤政为民，反对任何滥用职权、谋求私利的行为。《中国共产党廉洁自律准则》明确规定，党员要坚持公私分明，先公后私，克己奉公；党员领导干部要廉洁从政，廉洁用权。新修订的《中国共产党纪律处分条例》第九十四条规定，党员干部必须正确行使人民赋予的权力，清正廉洁，反对特权思想和特权现象，反对任何滥用职权、谋求私利的行为。这些都是党的廉洁纪律最基本的内容，要求每一名党员干部都必须忠于职守，不徇私情，克己奉公，廉洁公正地行使权力，做到权为民所用，而不是为个人或少数人服务。这不仅是对党员干部本人的要求，也是对其亲属、身边工作人员和其他特定关系人的要求。这就需要党员干部严格教育、严格管理、严格监督家人、亲属和身边工作人员。

（二）严防商品交换原则侵入党内政治生活，严禁违规从事营利活动

商品交换是市场经济的普遍现象，秉持等价交换、金钱交易原则，追求利益最大化，这是经济领域和经济活动中的正常现象。然而，中国共产党的性质和宗旨是与商品交换原则格格不入的，党性原则和商品交换原则是根本对立的，党内政治生活和社会经济领域是两个完全不同的系统，绝不能把两者混淆和掺杂在一起。对于我们党来说，党内关系是清爽纯洁的同志关系，决不是利益交换关系；党性原则是坚持全心全意为人民服务，把人民利益作为最高价值取向，决不是金钱至上、个人利益至上。在改革开放和社会主义市场经济环境下，党员干部腐败现象之所以比较突出，一个重要原因就是商品交换原则公开或隐蔽地侵入党内政治生活，腐蚀一些意志薄弱者的灵魂，使他们把金钱作为与人交往和政治生活的准则，把权力当成待价而沽的商品，不讲党性、不择手段地谋取私利。如果任其发展，

必然会扭曲正常的党内政治生活秩序，使纪律规矩被各种乌烟瘴气的潜规则所取代，最终污染整个政治生态，动摇党的执政根基。因此，《关于新形势下党内政治生活的若干准则》明确要求："全体党员、干部特别是高级干部必须拒腐蚀、永不沾，坚决同消极腐败现象作斗争，坚决抵制潜规则，自觉净化社交圈、生活圈、朋友圈，决不能把商品交换那一套搬到党内政治生活和工作中来。"

（三）遵守公共财物管理和使用规定，严禁假公济私、化公为私、挥霍公款

公共财物是国家和集体的财产，主要包括国有财物、劳动群众集体所有的财物、用于公益事业的社会捐助或者专项基金的财产、以公共财物论的私人财物等。我国宪法明确规定："社会主义的公共财产神圣不可侵犯。国家保护社会主义的公共财产。禁止任何组织或者个人用任何手段侵占或者破坏国家的和集体的财产。"《关于新形势下党内政治生活的若干准则》对党员提出明确要求，强调"禁止用各种借口或巧立名目侵占、挥霍国家和集体财物"。党员干部假公济私、化公为私，实质上是在滥用职权、以权谋私，是与宪法原则和党的廉洁纪律规范相违背的。当然，这不是否定党员干部的个人利益，也不是要求党员干部劳而不获。党员干部的个人利益，党和国家已经按照按劳分配原则予以充分考虑和保障，集中体现为党员干部的工资和待遇。如果在此之外，还要借助个人职权或其他不正当手段谋求更多利益，或者挥霍、乱用公款，则违犯党纪国法。因此，党员干部特别是领导干部必须时刻清醒认识这一点，严格遵守《中国共产党廉洁自律准则》，严格遵守党和国家的各项财经制度规定和纪律规范，在法律、纪律、政策、程序和社会道德规范内工作和办事，杜绝任何形式的特殊化，坚决做到公私分明、先公后私、克己奉公。

四、严明党的群众纪律

人心向背历来是关系一个政权、一个政党生死存亡的根本性问题。

100 多年来，我们党之所以能够不断从胜利走向胜利，归根结底是因为始终把群众利益放在第一位，时刻保持同人民群众的血肉联系，从而赢得最广大人民群众的支持和拥护。党的群众纪律就是专门规范党和人民群众关系的行为规则，是指导、约束各级党组织和党员执行群众路线、维护群众利益、密切党群关系的行为规范。严明党的群众纪律是党的性质和宗旨最生动的体现，也是我们党区别于其他政党的政治优势和显著标志。历史经验和教训反复证明，什么时候党的群众纪律执行得好，党群关系就密切，党和人民的事业就能够顺利发展；反之，什么时候党的群众纪律执行得不好，党群、干群关系就会受到损害，党和国家的事业就会遭受挫折。新时代新征程，如何保持密切联系群众这个最大政治优势、克服脱离群众这个最大危险，是我们党面临的关乎兴衰成败的最重大、最现实的挑战和考验。在长期执政条件下，党所处的地位和环境发生根本性变化，党员领导干部手中掌握一定的权力，各种外部诱惑和私人欲望也不断增加，导致许多党员干部对保持党同人民群众血肉联系的重要性、必要性和迫切性缺乏清醒的认识，宗旨意识和群众观念淡薄，出现不遵守群众纪律、不践行群众路线、不维护群众利益的现象，甚至走到人民群众的对立面。党的十八大以来，党中央先后 3 次修订《中国共产党纪律处分条例》，明确把违反群众纪律行为的处分单设一章，既体现了党一以贯之重视群众纪律优良传统，又表明严惩违反群众纪律的行为，用铁的纪律保持党同人民群众血肉联系的决心。

（一）牢固树立马克思主义群众观点，反对脱离群众的官僚主义

树立马克思主义群众观点是遵守和执行党的群众纪律的基础。群众观点作为马克思主义唯物史观的基本观点，反映了马克思主义政党对待群众的立场和态度，是马克思主义第一位的政治观点，鲜明表达了马克思主义政党的根本政治立场。中国共产党在推进马克思主义中国化的过程中，继承和发展了马克思主义群众观点。只有各级党组织和党员干部始终坚持群众观点，我们党才能始终得到人民的拥护和支持。

严明党的群众纪律，首先要解决思想问题，要让党员干部真正认识到

人民群众的力量，培养同人民群众的感情。党的群众观点与群众利益有着密切的内在联系，前者是后者的思想基础，后者是前者的现实载体。如果党员干部在思想上没有牢固树立群众观点，看不清人民群众的历史地位和根本作用，就很难在现实中真正代表和维护群众利益，更别提自觉遵守群众纪律了。这就要求广大党员干部必须把牢固树立马克思主义群众观点作为重大政治任务和纪律要求，坚定人民群众是历史创造者的观点、向人民群众学习的观点、全心全意为人民服务的观点、干部的权力是人民赋予的观点、对党负责和对人民负责相一致的观点、党要依靠群众又要教育和引导群众的观点。要始终把群众立场作为根本政治立场，在思想上尊重人民群众，在感情上亲近人民群众，在工作上为了人民群众，坚决同人民群众站在一起。要真正把群众摆在心中最高位置，视人民群众为亲人、把人民群众当主人，找准“勤务员”的定位，坚决反对形形色色的官僚主义现象，切实把尊重人民主体地位的要求落实到一言一行之中。

（二）坚持全心全意为人民服务，严禁任何侵害群众利益的行为

党章明确规定：“党除了工人阶级和最广大人民群众的利益，没有自己特殊的利益。党在任何时候都把群众利益放在第一位。”新修订的《中国共产党纪律处分条例》第一百二十二条规定：“有下列行为之一，对直接责任者和领导责任者，情节较轻的，给予警告或者严重警告处分；情节较重的，给予撤销党内职务或者留党察看处分；情节严重的，给予开除党籍处分：（一）超标准、超范围向群众筹资筹劳、摊派费用，加重群众负担；（二）违反有关规定扣留、收缴群众款物或者处罚群众；（三）克扣群众财物，或者违反有关规定拖欠群众钱款；（四）在管理、服务活动中违反有关规定收取费用；（五）在办理涉及群众事务时刁难群众、吃拿卡要；（六）其他侵害群众利益行为。在乡村振兴领域有上述行为的，从重或者加重处分。”衡量党和群众的关系，说到底是看党能否真正满足群众利益需求。人民群众评判我们党，最直接的方式就是看我们党是不是真心实意为他们谋幸福，是不是给他们带来了实际利益。党的群众纪律最核心的内容、最根本的要求，就是要坚持全心全意为人民服务的宗旨，随时随地维护人民群众的利益，

不允许以任何借口、任何形式侵占和损害人民群众的利益。

（三）自觉接受群众监督，保障人民群众的民主权利

不受监督的权力必然产生腐败。党章规定，党的各级领导干部要“自觉地接受党和群众的批评和监督”。早在延安时期，毛泽东就明确提出依靠群众监督跳出历史周期率的新路，“只有让人民来监督政府，政府才不敢松懈”。他还强调：“共产党是为民族、为人民谋利益的政党，它本身决无私利可图。它应该受人民的监督，而决不应该违背人民的意旨。”党的十八大以来，党内监督和群众监督得到进一步加强。习近平总书记在党的群众路线教育实践活动总结大会上指出：“群众的眼睛是雪亮的，群众的意见是我们最好的镜子。只有织密群众监督之网，开启全天候探照灯，才能让‘隐身人’无处藏身。各级党组织和党员、干部的表现都要交给群众评判。”然而在现实中，部分党组织和党员干部对群众的知情权、监督权等民主权利认识不到位、保障不充分，甚至侵犯群众权利。

我国是人民民主专政的社会主义国家，人民是国家的主人，依法享有广泛、充分、真实的权利和自由，任何人不得非法侵犯和剥夺公民依法享有的权利和自由。党的二十大报告强调，积极发展基层民主。严明党的群众纪律，落实到具体制度层面就是要切实保障人民群众的民主权利。要把权力放在阳光之下，遵循公开是原则、不公开是例外的要求，除涉及国家秘密、商业秘密、个人隐私等不能公开的内容，其他信息应当以便捷的方式向社会公开。要尊重人民群众的主体地位和正当权利，凡是涉及人民群众切身利益的事项，都应该向群众公开，听取群众意见，接受群众监督，切实保障人民群众的知情权、参与权、表达权、监督权。对于不按规定公开公共事务、侵犯群众知情权的行为，要严格追究党纪责任；对于阻挠、压制群众监督甚至打击报复监督举报人的，必须予以严肃查处。

五、严明党的工作纪律

党的工作纪律，是指党的各级组织和全体党员在党的各项具体工作中

必须遵守的行为规则，是党的各项工作正常开展的重要保证。党的工作是指党从事的全部工作活动，包括党的领导工作、纪律检查工作、组织工作、宣传工作、教育工作、政法工作、财经工作、群众工作、军事工作、统一战线工作以及机构编制工作、对外联络工作、巡视工作、机关工作等。党的特殊地位及其工作的广泛性，决定了必须要靠严密的工作规范来保障各项工作的顺利运行，这些规范就是工作制度和工作纪律。2015 年修订的《中国共产党纪律处分条例》，首次提出“党的工作纪律”这个概念，并作为党的纪律的一个门类，用专门一章作出具体规定。十九大党章以党内根本大法的形式正式确立了党的工作纪律是党的六大纪律之一。《中国共产党纪律处分条例》从 2015 年首次提出“党的工作纪律”这个概念，到 2018 年将其作为党的纪律专门一章作出具体规定，再到 2023 年对“违反工作纪律行为的处分”条文增加到 19 条，体现出对工作纪律的重视。党的工作纪律的定位就是规范党的工作和处罚违反工作纪律的行为，是保障党的工作正常进行的基本遵循。

（一）自觉履职尽责、勤政务实，严禁不担当、不作为等行为

习近平同志曾指出：“是否具有担当精神，是否能够忠诚履责、尽心尽责、勇于担责，是检验每一个领导干部身上是否真正体现了共产党人先进性和纯洁性的重要方面。”党员干部对党和国家事业履职尽责担当作为，是最重要的为政之德、最根本的党性修养，是党员干部的职责所系、从政准则、成事之道。党的十八大以来，习近平总书记提出了新时代好干部标准，其中一条就是“勤政务实”。勤政务实，就是要求党员干部恪尽职守，勤于干事，担当作为，务求实效。这是选拔任用党员干部的基本组织要求，也是规范党员干部的基本工作纪律。然而，现实中由于受个人成长经历、社会环境和政治生态等多方面因素的影响，工作失职、不作为、乱作为现象在一定程度和部分党员干部身上表现得较为突出，主要表现为消极懈怠，不想作为；畏首畏尾，不敢作为；花拳绣腿，不真作为；能力不足，不善作为。这些不担当、不作为的表现，社会关注度高、负面影响很大，并非简单的作风问题，而是违反党的工作纪律的行为，必须靠严明的纪律来整

治和预防。

一要加强教育培训，引导党员干部坚定理想信念、自觉担当作为。加强党性教育，使党员干部牢固树立正确的权力观、事业观、政绩观，真正把个人的追求和目标融入党和国家的事业，做到以干事为责、以干事为荣、以干事为乐。加强能力培训，突出针对性和实效性，强化干部业务素质和专业能力培训，使干部各方面的本领都能跟上时代步伐、满足任务需要。

二要坚持正确用人导向，完善激励干部担当作为的保障机制。完善干部考核评价体系，及时将敢担当、善作为的干部识别出来、使用起来，为想干事、能干事、干成事的干部提供更多机会和舞台。深化干部人事制度改革，严格落实干部能上能下、能进能出的要求，扎紧让干部不敢懈怠、不敢失职渎职的制度笼子，推动形成能者上、优者奖、庸者下、劣者汰的用人导向和从政环境。健全干部激励和保护机制，完善职务职级并行制度、薪酬激励机制、党内表彰和关怀帮扶等机制、容错纠错机制等，真正为担当作为、敢抓敢管的干部撑腰。

三要从严监督管理，促使干部不敢懈怠、不得不为。坚持从严管思想、管工作、管作风、管纪律，严格抓好日常管理，全面动态掌握干部的日常履职情况，发现问题早打招呼、及时提醒。严格执纪问责，对于一贯不担当不作为、情节较重或者群众反映强烈、造成恶劣影响的，必须坚决查处，及时作出组织处理和纪律处分。

（二）坚持实事求是、求真务实，严禁形式主义、官僚主义

形式主义、官僚主义同我们党的性质宗旨和优良作风格格不入，是我们党的大敌、人民的大敌。形式主义实质是主观主义、功利主义，根源是政绩观错位、责任心缺失，用轰轰烈烈的形式代替了扎扎实实的落实，用光鲜亮丽的外表掩盖了矛盾和问题。官僚主义实质是封建残余思想作祟，根源是官本位思想严重、权力观扭曲，做官当老爷，高高在上，脱离群众，脱离实际。我们党历来就把形式主义、官僚主义作为作风建设的顽瘴痼疾，重视反对和惩治形式主义、官僚主义问题。党的十八大以来，以习近平同志为核心的党中央从政治高度认识和对待作风问题，严厉整治形式主义、

官僚主义、享乐主义和奢靡之风，党风政风为之一新。然而，与享乐主义、奢靡之风相比，形式主义、官僚主义问题更具有顽固性、反复性、变异性、危害性，整治难度也更大。党的十九大后，习近平总书记反复强调，必须把整治形式主义、官僚主义作为正风肃纪的重要任务、长期任务。2023 年修订的《中国共产党纪律处分条例》，在“工作纪律”一章修改第一百三十二条，对形式主义、官僚主义行为及其适用的处分作出明确规定，增写了 3 项形式主义、官僚主义典型问题和新表现。预防和整治形式主义、官僚主义不仅仅要靠作风上的倡导，还要解决思想层面、制度层面的深层次问题，更要靠严明的纪律来规范、约束和惩戒。

一要从思想源头抓起。通过多种渠道和形式的宣传教育，引导党员干部深刻认清形式主义、官僚主义的本质和危害，自觉抵制主观主义、功利主义和官本位思想的干扰和侵蚀，不断增强干事创业的责任感和使命感。教育引导党员干部牢固树立以人民为中心的发展思想和价值追求，把精力集中到为人民服务上，真正把对上负责和对下负责统一起来。

二要解决体制机制问题。按照权责对等、权责一致的原则，完善权责配置体制，充分激发各层级的内生动力，避免因“只唯上”和“疲于应付”而产生的形式主义、官僚主义。完善绩效管理和考核评价体系，区分不同类型工作和任务的考核手段和方法，提高考核结果运用的科学性有效性，避免使检查考核成为上级部门追求权力、下级部门敷衍应付的手段。

三要坚持以上率下。上级机关、领导部门制定政策部署工作要坚持实事求是，深入开展调研，“通天线”“接地气”，既体现中央精神又符合基层实际。要深化改革会议公文制度，严格控制层层发文、层层开会，着力解决过度留痕、表格资料名目繁多、层层填表报材料等基层反映强烈的形式主义问题。主要领导干部要发挥带头示范作用，对于地区和部门内存在的形式主义、官僚主义现象，要直面问题动真碰硬。

（三）严格按照规定履职用权，严禁滥用职权、玩忽职守

禁止违规干预和插手市场经济活动。市场经济的本质是竞争经济同时也是法治经济、信用经济。党员干部特别是领导干部违反规定干预和插手

市场经济活动，使公共权力与市场经济活动发生不正常联系，不仅会扰乱市场经济秩序、破坏公平竞争原则、影响经济社会发展，还会滋生贪污腐败。当然，这里所指的滥用职权违规和干预主要是指不当使用公权力干预市场经济，不是为了谋求私利。如果存在以权谋私行为，则违反了廉洁纪律。党的工作纪律要求，各级党员领导干部必须严格按照规定行使职权，绝不能“有权任性”“用权随性”，不该做的事即便不是为了私利也绝不能做。同时，要通过深化改革和完善制度，加快政府职能转变，进一步减少和规范行政审批事项，切断行政权力和微观经济活动的利益关系，减少和消除权力“寻租”空间。当然，严禁党员领导干部违规干预和插手经济活动，不是不允许参与经济活动，不能将党员干部领导、参与、协调经济活动的正常工作视作干预和插手市场经济活动。

禁止违规干预和插手司法、执纪执法活动。司法独立是现代法治的核心精神，是司法公正的基本前提。干预、插手正常的司法和执纪执法活动，人为增添了工作难度，严重影响司法公正和执纪执法活动的公正性，甚至会导致冤假错案、司法腐败以及金钱案、权力案、人情案等问题，严重破坏党纪国法的权威性，损害党群干群关系。党的十八届四中全会通过的《中共中央关于全面推进依法治国若干重大问题的决定》提出，加强执法监督，坚决排除对执法活动的干预，防止和克服地方和部门保护主义，惩治执法腐败现象。要建立领导干部干预司法活动、插手具体案件处理的记录、通报和责任追究制度。任何党政机关和领导干部都不得让司法机关做违反法定职责、有碍司法公正的事情，任何司法机关都不得执行党政机关和领导干部违法干预司法活动的要求。对干预司法机关办案的，给予党纪政务处分；造成冤假错案或者其他严重后果的，依法追究刑事责任。

六、严明党的生活纪律

生活纪律是党员在日常生活和社会交往中应当遵守的行为规则，涉及党员个人品德、家庭美德、社会公德等各个方面，关系党的形象。党的先进性不仅体现在理论上、制度上，还体现在每一名党员的日常言行上。党章将“发扬社会主义新风尚，带头实践社会主义核心价值观和社会主义荣辱观，提倡共产主义道德，弘扬中华民族传统美德”作为党员义务，就是对党的生活纪律的规定。党的十八大以来，以习近平同志为核心的党中央高度重视党的生活作风和生活纪律问题，围绕大兴艰苦奋斗之风、带头厉行节约、反对铺张浪费等作出一系列规定和要求，整治享乐主义和奢靡之风也是专门针对生活纪律存在的突出问题提出的。新修订的《中国共产党纪律处分条例》不仅用专门一章对违反生活纪律行为的处分作出规定，而且在条文内容增加了关于“铺张浪费”“网络空间言行”的规范表述，体现了全面从严治党的严格要求，为广大党员在生活中的行为划出了明确的底线。从表面上看，虽然生活纪律规定的都是日常“小事”“小节”，但“千里之堤，溃于蚁穴”，如果生活“小事”把握不好、把持不住、把口不严，就会逐渐成为大问题、出大事。

（一）坚持艰苦朴素、勤俭节约，坚决抵制享乐主义、奢靡之风

“历览前贤国与家，成由勤俭破由奢。”艰苦朴素、勤俭节约是中华民族的传统美德，也是中国共产党人的优良作风。共产党人历来提倡艰苦朴素、勤俭节约。新中国成立前夕，毛泽东向全党提出了“两个务必”的告诫，其中之一就是“务必使同志们继续地保持艰苦奋斗的作风”。在改革开放条件下，邓小平指出：“我们的国家越发展，越要抓艰苦创业。”党的十八大以来，习近平总书记重申发扬勤俭节约、艰苦奋斗的作风，指出，“抓改进工作作风，各项工作都很重要，但最根本的是要坚持和发扬艰苦奋斗精神”，强调，“能不能坚守艰苦奋斗精神，是关系党和人民事业兴衰成败的大事”。然而，在现实生活中，有的党员干部生活讲排场、比阔气，奢靡浪费，贪图享乐，热衷于庸俗的不良嗜好。这些享乐主义和奢靡之风的行为，不仅会像“温水煮青蛙”一样，腐蚀党员干部的心志，促使党员干部利用手中的公权力“寻租”，直至欲壑难填，最终走向腐败堕落的深渊，而且会破坏党的形象，败坏党风政风和社会风气，动摇党的执政根基。《中国共产党廉洁自律准则》第三条明确要求全体党员要“坚持尚俭戒奢，艰苦朴素，勤俭节约”，有着特殊意义。

一要夯实艰苦奋斗的思想基础。各级党组织要深入持久地开展艰苦朴素、勤俭节约的思想教育，紧密结合党性党风党纪教育，从政治和理论、党的性质和宗旨、党的历史和传统、现实国情和党情等多个方面和角度，引导广大党员充分认识到艰苦奋斗的重要性，强化党员的廉洁自律意识、艰苦朴素意识和纪法观念。

二要培养积极健康的兴趣爱好。掌握公权力的党员干部的个人爱好并非完全是私人小事，而是关系到能否廉洁公正用权、抵御拉拢腐蚀的大问题。党员干部要培养积极健康的兴趣爱好，自觉抵制各类庸俗、低级趣味和不良嗜好。个人爱好应当要“爱”之有道，“好”之有度，不应公开、高调地“秀”爱好，不能被爱好“绑架”，进行权钱交易、权物交易。

三要健全尚俭戒奢的监督机制。把反对享乐主义和奢靡之风作为党内监督和社会监督的重要内容，畅通监督渠道，向全党全社会释放倡导艰苦奋斗、反对奢侈浪费的明确信号，促使党员干部形成内在自觉和外在压力。加大监督检查力度，强化抓早抓小，从身边常见的问题抓起，从司空见惯的“小事”“小节”严起，从党员干部习以为常、群众关注和反感的问题管起，发现情况就要及时教育、提醒和纠正，情节严重的必须严肃查处和通报。

（二）带头遵守社会公德、家庭美德，严禁违背社会公序良俗的行为

党员的先进性决定了既然选择加入党这个先锋队，就意味着要主动放弃一部分普通群众享有的权利和自由，就要在思想上、行为上有更高标准、更严要求。习近平同志曾明确指出：“在道德问题上，党员、干部无疑应该比普通群众有更高的标准和要求。”党员的党性修养和道德水准对社会具有示范引领作用，特别是党员在公共场所、网络空间的不当言行，直接影响人民群众对党员个人乃至整个党的印象和评价。在现实中发生的一些党员干部违反社会公德、家庭美德的现象，造成了不良的社会影响和负面舆论，损害了党的形象。比如，有的党员干部在男女关系问题上不检点，危害社会伦理道德；有的不承担抚养教育义务或者赡养义务，违反家庭美德；

有的在公共场合行为放肆，甚至寻衅滋事、打架斗殴，违背社会公序良俗；等等。党章对党员领导干部加强道德修养提出了明确要求，要求讲党性、重品行、作表率，做到自重、自省、自警、自励。《中国共产党廉洁自律准则》要求，全体党员“必须自觉培养高尚道德情操，努力弘扬中华民族传统美德”，党员领导干部要“廉洁修身，自觉提升思想道德境界”。

（三）自觉带头树立良好家风，防止家人亲属出问题犯错误

中华民族自古以来就重视家庭、重视家风。在中国人的观念里，“国”与“家”是紧密联系、不可分割的，“修身、齐家、治国、平天下”是层层递进的阶梯。中国共产党人继承和弘扬了中华民族重视家风建设的优良传统，毛泽东、周恩来、刘少奇、朱德等老一辈无产阶级革命家都带头培育和倡导红色家风，为共产党人树立了典范。党的十八大以来，习近平总书记对党员干部家风问题的重视程度可以说是前所未有，多次提出“领导干部的家风，不仅关系自己的家庭，而且关系党风政风”，强调“要重视家庭建设，注重家庭、注重家教、注重家风”。《中国共产党廉洁自律准则》对党员领导干部提出了“廉洁齐家，自觉带头树立良好家风”的要求；《关于新形势下党内政治生活的若干准则》规定：“领导干部特别是高级干部必须注重家庭、家教、家风，教育管理好亲属和身边工作人员。”新修订的《中国共产党纪律处分条例》将家风建设纳入“生活纪律”，明确规定：党员领导干部不重视家风建设，对配偶、子女及其配偶失管失教，造成不良影响或者严重后果的，给予警告或者严重警告处分；情节严重的，给予撤销党内职务处分。从查处的领导干部违纪违法案例看，家风败坏往往成为领导干部违纪违法、腐败犯罪的重要原因，大量落马官员都普遍存在家风不正的问题。党员干部特别是领导干部的家风绝不是个人小事、家庭私事，而是直接影响党风、政风、社会风气的大事，关系着党员干部的命运和党的形象。党员干部要自觉把树立良好家风作为加强作风建设和纪律建设的重要内容，坚持从自己做起，从家庭做起，正好家风、管好家人、处好家事、建好家庭。

一是坚持以身作则，率先垂范。树立良好家风，党员干部自身是关键，

只有自己行得端、做得正，模范带头，其言行才能有威信，才会对家人具有说服力、感召力和约束力。党员干部必须坚持以身作则、身正为范，自觉增强纪律意识和规矩意识，严禁他人做的，自己首先不做，以实际行动带动家人模范遵守党规党纪和国家法律，模范树立良好家风。

二是坚持从严治家，严格教育管理家属亲友。牢固树立严是爱、宠是害的家庭观念，坚决摒弃“封妻荫子”“一人得道，鸡犬升天”等腐朽思想，摆正权力与亲情、家风与党风、小家与大家的关系，防止权力被亲情“绑架”。要把管好家人作为职责任务和纪律要求，加强对家人的教育引导和严格管理，及时了解掌握他们的言行和动态，发现问题要及时纠正制止。如果家属亲友出了问题，应积极配合，不徇私情，不遮掩护短。

三是健全监督制度机制。严格执行领导干部个人有关事项报告制度，完善领导干部任前公示制度。建立常态化教育机制，加强对领导干部家属的警示教育，引导他们当好“监督员”，常念“纪律经”，多吹“清正风”。完善监督举报机制，探索对领导干部“八小时之外”监督的有效方式，构建组织、社会、家庭相互配合、密切交织的干部监督网络。

参考阅读

涵养新时代共产党人的良好家风

党的十八大以来，以习近平同志为核心的党中央高度重视领导干部家风问题，把领导干部家风建设提到前所未有的高度，作为作风建设的重要内容来抓，取得明显成效。

领导干部的家风，是领导干部作风的重要表现。党的十八大以来，党中央把领导干部家风建设纳入作风建设范畴，以党内法规形式予以制度化。同时，习近平总书记围绕注重家庭、注重家教、注重家风建设发表一系列重要论述，把对领导干部家风建设的规律性认识提到新的高度。比如，总书记多次在中央纪委全会上对党员领导干部的家风建设提出明确要求。在十八届中央纪委五次全会上，要求必须管好亲属和身边工作人员；在十八届中央纪委六次全会上，要求每一位领导干部都要把家风建设摆在重要位置；在十九届中央纪委五次全会上，强调各级领导干部要带头廉洁治家。最近，又在二十届中央纪委三次全会上强调要注重家庭家教家风，督促领导干部从严管好亲属子女。

领导干部的家风，关系党风政风、社风民风。党的十八大以来，我们党着眼于以优良党风带动民风社风，发挥优秀党员、干部、道德模范的作用，把家风建设作为领导干部作风建设重要内容，弘扬真善美、抑制假恶丑，营造崇德向善、见贤思齐的社会氛围，推动社会风气明显好转。习近平总书记曾用“莫用三爷，废职亡家”的典故叮嘱领导干部对家里那点事“要留留神，防微杜渐，不要护犊子”，还形象地用“家”和“冢”两个字来比喻家庭建设，强调“对家属子女要求高一点才能成为幸福之家，低一点就可能葬送一个好家庭”。领导干部要带头注重家庭、家教、家风，保持共产党人的高尚品格和廉洁操守，以实际行动带动全社会崇德向善、尊法守法，以好家风引领全社会的好风气。

带头树立良好家风，为全党作出表率。习近平总书记强调，领导干部特别是高级干部要明大德、守公德、严私德，做廉洁自律、廉洁用权、廉洁齐家的模范。在这一方面，习近平总书记以身作则，每到一处工作，他都会告诫亲朋好友“不能在我工作的地方从事任何商业活动，不能打我的旗号办任何事，否则别怪我六亲不认。”担任总书记后，他曾严厉地表示，“谁给他们办了，就是陷我于不仁不义之地！我不仅不会感谢你，而且一定会追究责任！”各级领导干部特别是高级干部要继承和弘扬中华优秀传统文化，继承和弘扬革命前辈的红色家风，把对党忠诚纳入家庭家教家风建设，引导亲属子女坚决听党话、跟党走，做家风建设的表率，把修身、齐家落到实处。

（摘编自《中国纪检监察》2024 年第 6 期，原标题为《注重家庭家教家风建设》，作者：胡晓青、牛冠恒、于林洋）

后　记

在全党开展深入贯彻中央八项规定精神学习教育，是党中央作出的重大战略部署。这是继2024年开展党纪学习教育之后，全党又一次重大主题教育。党的十八大以来，以习近平同志为核心的党中央从制定和落实中央八项规定开局破题，解决了新形势下作风建设抓什么、怎么抓的问题。党的二十大报告强调，“坚持党性党风党纪一起抓”。坚持党性党风党纪一起抓，就要深刻理解习近平总书记所说的“党性党风党纪是有机整体，党性是根本，党风是表现，党纪是保障”这一内涵，坚持发展地而不是静止地、全面地而不是片面地、系统地而不是零散地、普遍联系地而不是单一孤立地认识，正确处理好强党性、正党风、严党纪三者之间的辩证关系。

中国共产党之所以能够不断发展壮大、充满生机活力，一个重要原因就是具备了坚强的党性、优良的党风和严明的党纪。本书在框架结构上设置“党性篇”“党风篇”“党纪篇”，共十二讲，从历史与现实、理论与实践等不同维度，着力回答我们党为什么要重视党性党风党纪，在新时代新征程如何强党性、正党风、严党纪等问题，而且在实践中注重规范性、操作性和实用性，对广大党员干部和基层一线工作者在实践中所需的各方面相关知识，以及如何正确处理和解决工作中可能遇到的各种问题等作了比较全面、具体的论述，是广大党员干部进行党性教育、政策培训和学习运用的重要参考读物。

参与本书编写的都是中共中央党校（国家行政学院）及中共山东省委党校（山东行政学院）从事党的学说与党的建设的理论研究者。具体分工如下：第一讲、第五讲、第六讲的写作者是王昱人；第二讲、第三讲、第四讲的写作者为张庆宇；第七讲、第八讲、第九讲的写作者为李佳宁；第十讲、第十一讲、第十二讲的写作者为潘雨薇。中共山东省委党校（山东行政学院）党的建设教研部王启超，设计了书稿的提纲框架，提供了关于党性党风党纪的学习和研究资料，按章节内容进行了编排，并对全书进行了统稿。中共中央党校（国家行政学院）党的建设教研部张荣臣，最后对全书进行了细致的修改和审定。本书在写作过程中参考了一些期刊文章、宣传文献、学习资料、新闻报道，恕不一一列举，特表示感谢。